김종대
정욱식의

진짜
안보

김종대 · 정욱식의
진짜안보

초판 1쇄 인쇄 2014년 9월 30일 ＼**초판 1쇄 발행** 2014년 10월 10일
지은이 김종대 · 정욱식 ＼**펴낸이** 이영선 ＼**편집 이사** 강영선 ＼**주간** 김선정
편집장 김문정 ＼**편집** 임경훈 김종훈 김경란 하선정 ＼**디자인** 정혜미
마케팅 김일신 이호석 김연수 ＼**관리** 박정래 손미경

펴낸곳 서해문집 ＼**출판등록** 1989년 3월 16일(제406-2005-000047호)
주소 경기도 파주시 광인사길 217(파주출판도시) ＼**전화** (031)955-7470 ＼**팩스** (031)955-7469
홈페이지 www.booksea.co.kr ＼**이메일** shmj21@hanmail.net

ISBN 978-89-7483-687-0 03300
값 **13,700원**

이 도서의 국립중앙도서관 출판시도서목록(CIP)은 e-CIP 홈페이지(http://www.nl.go.kr/ecip)에서
이용하실 수 있습니다.(CIP제어번호: CIP2014027157)

대한민국을 위협하는 '가짜안보'를 해부한다

김종대 정욱식의

진짜 안보

서해문집

| 감사의 글

정말 시간은 쏜살같이 지나갑니다. 번갯불에 콩 구워 먹듯 시작한 팟캐스트 〈진짜안보〉가 벌써 1년이 되었습니다. 공교롭게도 1년째에 이렇게 단행본을 출간하게 되어 감회가 더욱 새롭습니다.

저희 두 사람, 특히 김종대 편집장은 사람들을 만나면 "〈진짜안보〉 팬입니다"라는 말을 심심치 않게 듣는다고 합니다. 한때는 팟캐스트 다운로드 순위 1~2위를 오르내리기도 했고, 이후에도 꾸준히 상위권을 유지하고 있습니다. 안보를 주제로 한 방송이 이렇게 호응을 받으리라곤 저희도 미처 예상하지 못했습니다. 이 자리를 빌려 애청자 여러분께 감사의 말씀을 드립니다. 또한 미디어협동조합 국민TV 관계자들께도 각별히 감사의 말씀 전합니다. 편집을 담당해주신 김용민PD, 박성제PD, 정승조 아나운서 등이 계셔서 〈진짜안보〉가 순항할 수 있었습니다.

이 책은 도서출판 서해문집의 용단(?)으로 빛을 보게 됐습니다. 해가 갈수록 출판 시장이 어려워지고 있음에도 불구하고, 누구나 쉽게 접할 수 있는 안보 서적이 필요하다는 저희의 제안에 흔쾌히 동의해주셨습니다. 소중한 인연을 이어오고 있는 서해문집의 김선정 주간과 임경훈 차장께 감사의 말씀 전합니다. 또한 자발적으로 방송 녹취록을 만들어주신 국민TV 자원봉사 조합원들께도 감사드립니다. 이분들이 만들어주신 녹취록은 이 책의 출판에 큰 힘이 되었습니다. 아울러 방송을 풍성하게 해주신 많은 초대 손님들과 '주간브리핑 하이파이브'를 맡아준 평화네트워크의 이제영 간사, 문채원·이종민·김민지 인턴들도 〈진짜안보〉의 빼놓을 수 없는 주역들입니다.

이 많은 분들의 은혜에 보답하는 길은 '진짜안보'를 실현할 수 있는 그날까지 뚜벅뚜벅 걸어가는 데 있다고 생각합니다. 그 길을 여러분과 함께 걸어갈 수 있기를 희망합니다.

2014년 9월 초, 가을의 문턱에서
김종대(《디펜스21+》 편집장), 정욱식(평화네트워크 대표) 드림

차 례

| 들어가며: 진짜안보란 무엇인가?

정욱식 〈김종대·정욱식의 진짜안보〉, 첫 방송입니다. 저와 함께 방송을 진행할 분은 안보계의 슈퍼스타 김종대 편집장입니다.

김종대 안녕하세요.《디펜스21+》의 김종대입니다.

정욱식 여러분들께서 이 방송을 어떻게 시작하게 되었는지 궁금해하실 것 같은데요. 2주 정도 지났나요? 제가 김 편집장님과 함께 술잔을 기울이면서 '평화와 안보'를 주제로 대중과 소통하고 공감을 이루기 위해 무엇을 할 수 있을까 고민을 한 적이 있는데요. 그 자리에서 "요즘 대세인 팟캐스트를 해보자"는 얘기가 나왔죠.

김종대 '술김에' 말이죠. 사실 제가 운영위원장을 맡게 된 평화네트워크 회의에서도 평화의 가치를 사회적으로 확산할 수 있는 여러 방안이 논의됐어요. 그중 팟캐스트 얘기가 나왔는데, 정욱식 대표가 국민TV에 타진해보자마자 예고 방송이 나가버렸어요. 번갯불에 콩을 구워 먹어도 이런 속전속결이 없어요. 그래서 어제 팟캐스트에 대해 얘기 좀 들으러 나왔다가 오늘 방송을 시작해버린 것 아닙니까.

정욱식 사실 저는 국민TV 김용민PD께 팟캐스트 자문을 구하려고 연락했는데, 김PD가 "그럼 우리랑 하시죠." 하는 바람에 시작하게 된 거죠. 국민TV의 속도전에 완전히 말려버린 셈입니다.

김종대 뭐, 앞으로 말조심하면서 삽시다. 이번엔 방송으로 잘 수습하고 말이죠.

정욱식 저희들이 진행하는 방송의 이름은 '진짜안보'입니다. 이름을 지을 때, 고민을 많이 했는데요. 혹자는 '김종대·정욱식의 인간어뢰'로 하자고 제안했는데, 저희가 단칼에 베어버리고 '진짜안보'로 정했습니다. 김종대 편집장께서도 흔쾌히 동의하셨는데, 왜 이 이름을 내걸게 되었는지, 청취자들과 소통하고 공감을 이루려는 목적이 무엇인지를 먼저 풀어 주시겠습니까.

김종대 우리 사회에서 안보라는 것은 하나의 '공동체적 가치'인데요. 최근에는 안보가 본래의 목적에서 이탈하여 자꾸 정치화되거나 권력의 한쪽으로 치우치고 있습니다. 이렇게 되면 시민적 가치에 뿌리를 내리고 녹아야 하는 '안보'라는 개념이 마치 군사조직과 권력이 독점하는 전유물처럼 기능하게 됩니다. 이런 식의 안보는 시민적 요구나 필요에 의해 진행되지 않고 권력 유지와 정치적 목적에 활용되어 국민의 신뢰를 잃어버리는 참담한 결과를 빚게 됩니다. 그것은 '가짜안보'입니다. 정 대표님도 평화 운동을 하고 있어 알겠지만 진짜'안보'라는 것은 궁극적으로 평화를 위한 것이에요. 저는 평화의 초석이 되는 안보, 국민들이 다 같이 즐기고 공유하고 참여할 수 있는 안보가 '진짜안보'라고 생각합니다.

정욱식 안보 관련 서적을 보면 국가안보란 다른 가치를 실현하는 아주 기본적인 토대라고 합니다. 그러니까 안보라는 토대가 있어야 민주화와 경제성장, 인권 가치의 실현, 복지 등 모든 것이 가능하다는 것입니다. 그러나 '국가안보가 지켜야 할 가치가 반대로 국가안보라는 이름으로 훼손되고 탄압받고 있지는 않은가'라는 의문을 갖게 되는 경우가 많아지고 있습니다.

김종대 좋은 말씀입니다. 미국의 심리학자 아브라함 매슬로우가 인간의 욕구단계설을 얘기하면서 가장 첫 번째 단계로 든 것이 '안전의 욕구'입니다. 즉, 자기가 안전하다는 것이 모든 욕구의 출발이자 국가나 공동체가 존립하는 기본이 되는 조건이 된다는 말인데요, 이것처럼 절실한 말이 어디 있겠습니까. 일단은 안전해지고 싶다는 말이죠. 그런데 이렇게 한번 생각해보죠. 아기가 조금 컸을 때 엄마가 겁을 주려고 "요놈!" 하고 소리치면 까르르 웃어요. 이때 아기는 '당신은 나를 위협하지만, 나는 그것이 위험하지 않다는 걸 알아요'라는 걸 웃음으로 표현하는 것입니다. 이렇듯 위험과 안전은 사람이 학습하는 것입니다. 사회가 발전하고 공동체가 진화함에 따라서 '우리에게 진짜 위협이 무엇인가'는 국민과 국가 스스로 학습하게 됩니다. 그렇기 때문에 시대와 역사에 따라 안보 개념이 다를 수 있습니다. 우리는 지속해서 더 나은 평화와 개인·국가의 자아실현, 나아가 인류의 자아실현이란 과정으로 나아갑니다. 그런데 이것을 자꾸 과거로 되돌려, 이전 단계에 묶어두려는 퇴행적 흐름도 있는 것 같아요. 바로 그때 '평화·진짜안보란 무엇인가'라는 논쟁이 벌어지는데, 사실 그 부분은 정 대표도 오랫동안 고민해왔던 문제 아닙니까?

정욱식 제가 1990년대 후반에 평화네트워크를 만들었던 당시, 북한은 대기근을 겪으며 수십만의 사람들이 굶어죽거나 고향 땅을 등지고 중국이나 러시아, 멀리는 동남아까지 유리걸식하게 되었습니다. 1997년부터 남한은 IMF 위기를 겪으면서 많은 분들이 일자리를 잃고 거리로 내몰리기도 했고요. 그런 것들을 보면서 '우리는 안보와 평화를 얘기하지만 정작 한반도에 살고 있는 주민들의 안전은 근본적으로 위협당하고 있는 것이 아닌가.' '남북한 모두 군비경쟁에 소모하고 있는 막대한 자원을 더 행복한 사회, 인간다운 사회를 만드는 데로 돌릴 수 있지 않을까.' 하는 것에 대한 문제의식도 있었습니다. 따라서 우리가 안보의 관점을 단순히 군사나 국가안보에 국한할 것이 아니라 '인간안보'로 보면 어떨까 싶습니다. 사람 중심의 안보 혹은 국가와 개인이 공존할 수 있는 안보로요.

최근 논란이 되고 있는 차세대 전투기 도입과 무장비용, 운영유지비가 30년 동안 적게 잡아 대당 1조 원 정도 듭니다. 박근혜 대통령의 대선 공약 중 하나가 모든 노인에게 매달 20만 원씩 생활비를 지급하겠다는 것이었죠. 그런데 재원, 즉 돈이 없다는 이유로 공약은 공수표가 되었습니다. 전투기 한 대에 드는 1조 원을 노인복지예산으로 돌리면 어떻게 될지 계산해봤더니 약 1만4000명에게 30년간 매달 20만 원씩 지급할 수 있는 걸로 나옵니다. 이런 문제들을 같이 고민하는 것이 국가안보 중심에서 인간안보로 패러다임을 전환하는 것이겠지요.

김종대 인간안보라는 개념은 유럽에서 나오는 것으로, 미국은 여전히 안보의 중심 개념에 국가주의 성향이 강합니다. 이때의 안보는 군사적 승리인가, 상대방을 이길 수 있고 억제할 수 있는 것인가, 또는 전쟁 가능성 그 자체가 안보의 대상인가, 이런 것들을 모두 따져봐야겠지요.

1962년 쿠바 미사일 위기를 겪은 이후, 케네디 대통령이 전략사령부를 방문한 적이 있습니다. 이때 케네디는 사령관 토마스 파워 장군에게 "각하, 핵전쟁이 일어나서 소련인이 한 명 살아남고 미국인이 두 명 살아남으면 우리가 이긴 겁니다"라는 말을 들었지요. 이 말을 들은 케네디는 이 듬해 UN총회 연설에서 "인류가 전쟁을 끝내지 못하면 전쟁이 인류를 끝 낼 것이다"라고 절규하면서 핵무기 감축을 주장하게 됩니다. 이때 전략 사령관과 케네디가 봤던 안보는 서로 다른 개념입니다. 사령관이 본 것 은 군사적 승리이지만, 케네디는 안전 그 자체를 본 것이죠.

서해에서 남북 간 교전이 여러 차례 있었고, 안보를 위해서도 많은 국방 비를 씁니다. 그것이 다 무의미하지는 않지만, 대부분 군사적인 승리를 지향할 뿐입니다. 물론 이겨야 됩니다. 그렇지만 안전 그 자체는 이기고 지는 것과 다르게 작동하는 메커니즘이 있는 것 같아요.

정욱식 또 한편으로는 〈진짜안보〉가 진영 논리에 매몰될 필요는 없다고 생각합니다. 이 방송 타이틀인 '진짜안보'의 정신은 최근 몇 년 사이 유 력한 보수 지도자들이었던 이회창 전 대선 후보, 이명박 전 대통령, 박근 혜 대통령 이 세 분들의 말에도 담겨 있습니다.

이회창 2002 · 2007년 대선 후보는 "억제력에 기반을 둔 불안한 평화를 넘어, 상호공존과 협력이 공고한 평화를 정착시켜야 한다"라고, 〈진짜안 보〉의 정신을 가장 잘 담고 있는 말씀을 하셨습니다. 2009년 8 · 15 경축 사에서 이명박 대통령은 한 걸음 더 나아가, "무기와 병력을 서로 줄이 고 뒤로 물러서야 진정한 평화로 나아갈 수 있을 겁니다"라고 말했습니 다. 그러면서 "남북이 재래식 무기와 병력을 감축하면 막대한 예산과 비 용을 줄일 수 있고, 이는 남북이 함께 경제를 일으키는 데도 도움이 됩 니다"라고 덧붙였습니다. 상호군축을 통해서 평화와 경제란 두 마리 토 끼를 같이 잡자는 말이죠.

김종대 아니, 진짜 MB가 그렇게 말했다고요? 그거 이상하네. 사실 그땐 무기도 잘 안 사셨어요. 2008년이지만 "우리는 국방부가 원하는 장난감을 사주기 위해 수표를 써주지 않을 것이다"라고 아주 모욕적으로 얘기한 적도 있죠.

정욱식 그러자 이때 가장 긴장한 부서가 바로 국방부였죠. 갑자기 상호군축론을 제기했으니까요. 그런데 MB의 상호군축론은 해프닝으로 끝나고 말았습니다. 박근혜 대통령도 얼마 전 8·15 경축사를 통해서 "평화를 지키기 위해서는 억제력이 필요하지만, 평화를 만드는 것은 상호신뢰가 쌓여야 가능하다"고 말했습니다. 다시 말해 억제 위주의 안보정책이 평화를 지키는 데는 유용하지만, 평화를 만드는 단계로 가기 위선 상호신뢰가 필요하다는 뜻이었죠.

그래서 저는 〈진짜안보〉는 진영 논리에 갇혀 있는 것이 아니라, 세 분의 보수적 지도자들의 안보관을 이 방송을 통해서 실현하는 데 기여하고자 하는 취지도 있다는 말씀을 드리겠습니다.(웃음) 보통 '안보'가 보수적인 표현이고 '평화'가 진보적인 표현이라고 하지 않습니까? 그런데 어떻게 보면 가장 보수적인 지도자들이 즐겨 쓴 표현이 '평화'입니다. 개혁진보 세력이 좀 더 우리 사회에서 소통하고 공감대를 넓히기 위해서는 안보에 강해질 필요도 있다고 봅니다. 이렇게 두루두루 퍼져 있는 문제의식이 저희 방송에 담겨 있는 것으로 보시면 될 것 같습니다.

김종대 말은 그렇게 아름답게 하시고서, 왜 하는 일은 이 모양이죠? 박근혜 정부 들어 거의 남한식 선군정치가 이뤄지고 있어요. 지금 육사 25기부터 28기가 다 해먹고 있어요. 국정원장, 경호실장, 국방부 장관, 안보실장, 그 밑에 부하들도 보면 거의 다 육사예요. 군에서도 육사가 싹쓸이하면 문제가 되는데, 국가적 차원에서 싹쓸이를 하고 있는 셈이죠. 흥미로운 현상 중 하나는, 북한에서는 김정은 체제 등장 이후 막가파식 행동도 많이 보였지만, 지난 1년 반 동안 그래도 일관되게 보여준 흐름이 군의 세대교체와 군에 대한 당의 장악력 강화입니다. 군 경제에서 내각 중심의 경제로의 이동 같은 징후들이 많이 보이고 있지 않습니까?

정욱식 북한은 나름대로 선군정치 체제에서 변화를 시도하려는 움직임을 보이고 있는데 거꾸로 남쪽에서는 노병들이 복귀하는 것 같습니다.

김종대 그런데 말이죠, 북한에서는 권력이 교체되는 과정에서 군을 중시했던 것이 확실해 보입니다. 김정은 제1비서가 김일성 종합대학 군사학부에서 쓴 논문이 〈현대전에서의 포병의 역할에 대하여〉이고, 그때 논문을 지도한 사람이 지금은 숙청된 리영호죠. 그 과정에서 군부와 굉장히 밀착된 관계를 형성했고, 그 무렵에 천안함, 연평도 사건도 일어났거든요. 그러면서 군부 쪽과의 긴밀한 결속을 통해 새로운 정치권력이 형성되는 과정도 있었는데, 방금 정 대표 말씀하신 대로 최근 와서 대폭 물갈이가 됐어요. 김정은 시대의 핵심 군부, 메인스트림이라고 봤던 사람이 하나둘 없어지고 있어요.

일선으로 가 보면 군단장까지도 4성 장군에서 3성 장군으로 다 물갈이 됐습니다. 완전히 한 세대가 바뀌고 있는 겁니다. 그런데 재밌는 건 북한군의 외화벌이 이권을 당에서 다 가져가서 군에 돈이 없잖아요. 그런데 부하들 밥도 사주고 가끔 회식도 해야 할 것 아닙니까? 이걸 카드로 한답니다. 우리 군도 군대 운영을 투명하게 하려고 2005~2006년에야 일선

부대에 카드를 지급했어요. 지금 북한도 그런다니요. 허허.

정욱식 아주 흥미로운 뉴스인데요. 저는 김정은 체제 1년 반을 보면서 과거 미국의 아이젠하워 행정부와 굉장히 흡사한 점이 많다고 생각했습니다. 아이젠하워가 군을 잡는 데 동원한 무기가 핵이었습니다. 미국이 막강한 핵전력을 유지하는 만큼, 경제를 살리기 위해선 재래식 무기를 줄여야 한다고 군을 다그쳤습니다. 이걸 '뉴 룩(New Look)'이라고 불렀죠. 그러자 미국 군부가 상당히 반발하던 것이 1950년대 미국 역사에서 아주 중요한 부분을 차지하거든요. 이런 부분들이 김정은이 취하고 있는 '경제 건설과 핵무력 건설 병진노선'과 아주 흡사합니다. 그러나 결과적으로 아이젠하워는 실패했죠. 퇴임하면서 군산복합체의 부당한 영향력을 경고하는 아주 유명한 퇴임사를 남겼는데요. 김정은의 병진노선과 관련해서도 북한 지도부들은 아주 심사숙고할 부분들이 많이 있을 겁니다. 핵 무력을 건설한다고 해서 군비를 줄여 경제 살리기에 투입한다는 게 생각처럼 쉬운 일은 아니거든요.

김종대 미국의 어제를 보면 북한의 오늘이 보인다? 재밌는 말씀이군요. 자, 오늘은 프롤로그 형태로 우리가 생각하는 진짜안보에 대해서 말씀을 드렸고요. 앞으로 하나하나 짚어볼 수 있는 기회들이 많이 있을 겁니다.

1부
가짜안보가 판친다

사이버사령부, 국민을 겨냥하다
남재준과 종북파동
보이지 않는 차세대 전투기
무인가 파동
제주해군기지와 강정마을

사이버사령부, 국민을 겨냥하다

국가정보원(국정원)의 선거 개입 충격이 채 가시기도 전인 2013년 10월, 또 하나의 충격적인 뉴스가 국민들을 어리둥절하게 만들었다. 국방부 소속 사이버사령부도 2012년 총선과 대선 기간에 불법적으로 선거에 개입했다는 것이다. 파문 초기에 국방부는 "북한이 대한민국 정부의 실체를 부정하기 때문에 이에 대응하기 위한 차원"이라고 변명했다. 그러나 '대북 심리전'이라기보다는 우리 국민들을 상대로 한 '대남 심리전'이었다는 게 확인되면서 국방부도 조사에 착수했다. 국방부는 2013년 12월에 중간수사결과를 발표했는데, 3급 군무원의 '개인적 일탈'로 결론지었다. 이러한 조사 결과를 얼마나 신뢰할 수 있을까?

* 2013년 10월 16일과 23일 방송을 정리한 것입니다

| 국민을 상대로 한 국군의 심리전

김종대 여러분, 이런 트윗 보셨습니까? "민주당 문재인은 서해 북방한계선 (NLL)을 북한과 공유하겠다고 한다. 피로 지켜왔던 국군들은 무슨 생각을 할까? 민주당 문재인은 국군통수권자로서의 대통령 자격이 안 된다." 2012년 대선을 약 한 달 앞둔 시기에 군 사이버사령부 요원이 올린 글입니다. 이런 글이 한두 개가 아닙니다. 지금 계속 확인되고 있습니다. 오늘은 이 문제를 처음 제기하신 민주당(현 새정치민주연합)의 김광진 의원을 전화로 연결하겠습니다. 의원님, 안녕하세요?

김광진 안녕하세요? 김광진입니다.

김종대 김 의원님, 우선 일반 청취자들은 '도대체 우리 군에 사이버사령부가 있었나, 도대체 이거 뭐하는 데야?' 이런 의문 가지실 만하거든요. 잠깐 설명해주시겠습니까?

김광진 이름 안에서 그대로 나옵니다만, 사이버 전쟁이라고 하는 것에 대해 전 세계적으로 준비를 해야 될 상황이 됐습니다. 그리고 북한이 농협 전산망 마비나 디도스 해킹 같은 것들로 공격해왔다고 알려져 있기 때문에 필요성이 제기되기도 했죠. 이전에도 사이버사령부가 있긴 있었습니다. 사이버전에 대비하기 위해 합동참모본부 내에 있었는데, 2009년에 7·7 디도스 사건이 발생한 직후 '이걸 좀 확대해서 키워야겠다'고 해서 2010년에 국방부 장관 직할부대로 만들었습니다.

김종대 그러니까 군의 사이버 안보 기능을 모두 모아서 장관 직속으로 2010년에 신설한 거군요. 지금 가장 관심이 가는 게 대선 댓글 아니겠습니까? 국가정보원 댓글 사건과 유사하게 느껴지는데요. 사이버사령부 대선 댓글 의혹은 어떻게 제기된 겁니까?

김광진 저를 비롯해서 민주당의 안규백 의원실, 진성준 의원실, 그리고 〈한겨레신문〉이 4개월 정도 준비했어요. 처음에 제보도 있었고 수상한 정황도 포착했습니다. 사이버사령부가 인건비는 국방부에서 받는데 운영비는 국정원에서 받습니다. 사이버 사령관도 공식적으로 이를 인정하는 답변을 했습니다. 그리고 컨트롤 타워도 국정원에 두고 운영을 하고 있었습니다. 그런데 북한 사람들이 얼마나 트위터나 페이스북을 많이 하기에 이렇게 많은 인원을 가지고 그 트윗을 방어하느냐 하는 의문이 들었죠. 예를 들어 해킹을 방어하는 부대들은 큰 의심이 되지 않지만, 소위 심리전단이라고 하는 곳에 과연 그렇게 많은 인력이 필요할까요? 그리고 대선을 준비하는 그 시기에 80명의 군무원을 추가로 뽑았습니다.

편집장님도 잘 아시지만, 공무원들이 인원을 늘린다는 게 얼마나 어렵습니까? 일선 부대에선 지금 사람이 부족해서 최전방도 힘든 상황인데 말입니다. 공무원 숫자를 늘리려면 안전행정부나 기획재정부에서 승인을 받아야 됩니다. 그런데 그게 쉽지가 않습니다. 이 80명의 인원을 국방부 인력에서 빼옵니다.

김종대 이게 대선 직전에 이루어진 겁니까?

김광진 대선 6개월 전인 2012년 6~7월 정도라고 생각하시면 될 것 같습니다.

김종대 그때는 각 여야 정당이 한창 후보를 선출하면서 대선 분위기가 올라올 때죠. 심리전단이라고 언급하셨는데, 그건 사이버사령부의 일개 부서입니까?

김광진 예, 사이버사령부에 여러 처가 있고, 그 안에 또 단이 여러 개 있습니다. 이 가운데 530단이라고 하는 곳이 심리전을 펼치는 부서입니다. 이 부서가 선거 기간에 SNS 활동을 한 겁니다.

김종대 국정원의 댓글 문제도 국정원 심리전단이 문제였거든요. 그 두 조직이 상당히 유사하게 느껴지는데, 어떻게 보십니까?

김광진 사실 그것과의 연계성을 밝히는 것이 이후에 저나 민주당, 혹은 이 문제에 공감하는 국민들에게 주어진 임무라고 생각됩니다. 요즘은 아무리 흔적을 지우려고 해도 기록이 다 남아 있기 때문에, 삭제해도 알 수 있는 방법들이 있고, 상호 간 연계성을 갖는 것들이 많습니다.

김종대 의원님이 합리적으로 추론하신 대로라면, 대선을 앞두고 당시 정권 차원에서 단순히 국정원뿐만 아니라 국방부 산하의 사이버사령부, 또 심리전을 담당하는 요원까지… 뭔가 기계처럼 착착 들어맞는데, 이 부분이 우리가 규명해야 될 부분이다, 이런 말씀이시죠? 그렇다면 국가정보원에 심리전단이 마련된 것, 또 사이버사령부가 창설돼서 심리전이 운영된 것, 이런 일들이 대부분 비슷한 시기에 준비되고 또 활동이 이루어졌다는 데 주목해야겠습니다. 지금 문제가 되는 건 댓글입니다. 어떤 내용이 주를 이루고 있습니까?

김광진 우선 많은 국민 분들 중에는 '국정원과 사이버사령부가 댓글 좀 달았다고 그게 대선에 무슨 영향을 주나?' 이렇게 생각하시는 분들도 계실 것 같아요. 일부 언론도 이렇게 몰아가고 있고요. 그런데 그것은 한 사람의 계정인 것이고, 트위터가 가지고 있는 확장성이나 SNS가 가지고 있는 성향들을 생각해보신다면, 그리고 이 사람들이 말 그대로 일반적인 개인의 계정을 넘어 기계나 사람을 동원한다면 그 확장성은 훨씬 커진다는 것이 지난 국정원 사건 때 여실히 드러난 것이죠.

김종대 네, 거기에다가 댓글 내용이 대선 때 아주 민감한 영향을 준 것들이 많아요. 가령 문재인 후보에 대한 직접 공격이나, 서해 북방한계선 문제, 또 당시 이정희 후보의 언행이나 천안함 문제에 대한 것도 나와 있고요, 여당에 불리한 진보적 성향의 언론에 대한 비판도 많았습니다. 이런 것들은 SNS상에서 하나의 여론 조성 의도라고 볼 수 있습니까?

김광진 예, 여론 조성의 의도라고 볼 수 있죠. 또 하나는 심리전단이기 때문에, 심리전을 많이 진행한 걸 볼 수 있습니다. 그러니까 검찰에서 밝혀진 건데, NLL 문제나 제주해군기지 얘기를 하기 전에 독도 문제나 반일 문제를 먼저 거론합니다. 우리나라 사람들의 심리 속에 자신은 좀 선한 사람이고, 우리가 기본적으로 반일 문제를 거론하면 인식이 잘 갖춰졌다고 느끼는 게 있으니까요. 그리고 독도 문제 같은 걸 거론하면서 자연스럽게 바다를 떠올릴 수 있게 합니다. 그러고는 제주해군기지 문제를 거론하는 방식이죠. 사실 제주해군기지와 독도를 지키자는 것은 전혀 연관성이 없습니다. 그런데 그것을 심리적으로 이용하는 거예요.

김종대 말 그대로 심리전 맞네요. 단지 상대가 북한이 아니라 우리 국민이군요. 김광진 의원님, 감사합니다.

정욱식 편집장님, 김광진 의원 말씀을 듣고 보니 주목할 만한 내용들이 많이 있는 것 같은데요.

김종대 굉장히 많습니다. 그러니까, 이게 진짜 심리전입니다. 제가 또 민주당에 말씀 드릴 것이 있는데요. 군의 사이버심리전단의 선거 개입은 비정상적인 활동일 뿐만 아니라 군인복무규율에 나와 있는 정치적 중립 의무를 위반한 겁니다. 또 우리나라 헌법에도 군은 정치적 중립을 지켜야 한다고 되어 있기 때문에, 이건 헌법적 차원에서 민주당이 당운을 걸고 규명해야 될 중대사안이라는 생각이 듭니다. 저는 어쨌든 민주당 국방위원들의 짜임새 있는 팀플레이가 아주 돋보인 성과였다고 평가합니다.

정욱식 역시 중요한 부분은 국방부 장관 직할인 사이버사령부가 예산이나 조직 구성 면에서 국정원과 연계돼 있다는 의혹인데요. 이 부분 관련해서도 계속 파헤쳐야 할 것 같습니다.

김종대 제가 추가설명을 좀 드리자면, 우리 정보기관을 다 합쳐서 정보 공동체라고 합니다. 이 중 맏형 격이 국가정보원입니다. 군에는 기무사, 정보사령부가 있고, 지금 문제가 된 사이버사령부는 창설된 지 약 3년 정도 되는 새로운 기관입니다. 또한 검찰과 경찰에도 정보조직들이 있습니다. 이런 것들이 대부분 각기 흩어져 있지만, 사실은 국정원으로부터 예산을 받고, 국정원은 이 예산의 집행을 감사할 수 있는 겁니다. 정보기관에 국정원 요원들이 파견돼 예산을 제대로 썼는지, 업무 수행이 적절했는지 들여다볼 수 있다는 얘기예요. 이게 국정원이 갖고 있는 특권이자 권력입니다. 이번 댓글 사건의 문제는, 제가 보기에는 국정원 활동과 거의 유사한 시기에 나온 활동이라는 점과 그 내용이 엇비슷하다는 점, 그리고 개인적 활동이라지만 사실은 여러 사람이 가담돼 있는 점 등을 봤을 때 절대 개별적인 활동이 아니라는 겁니다.

정욱식 그리고 최근 확인되고 있는 게 보훈처의 활동입니다. 예를 들면 보훈처장이 안보 강연을 하면서 박정희 대통령을 치켜세우고 정치적인 얘기를 직접 한다든가, 또 군 장병을 대상으로 한 정훈교육 때 종북좌파 척결 얘기를 하기도 합니다. 또 사이버사령부는 예산이나 활동상으로 국정원과 밀접하게 연결되어 있을 수 있는 가능성이 상당히 있고, 이런 종합적인 정황이 정권 차원에서 선거 개입이 조직적으로 이루어졌을 개연성이 높음을 증명한다, 이렇게 볼 수 있을 것 같습니다.

김종대 맞습니다. 그런데 지금 사이버사령부 문제를 우리가 특별하게 보는 이유는 군의 정치활동이 군 울타리 밖으로 나왔다는 점 때문입니다. 이명박 정부 들어 군 내부의 각종 정신교육에서 종북세력의 실체, 민주당·전교조·민주노총에 대한 이적성 교육 등이 아주 상시적으로 이루어졌습니다. 여기에 자체적으로 정신교육 경연대회를 열어서 우수자에게 포상을 하고 휴가를 보내주는 등의 일이 다반사입니다. 심지어는 이런 교육 과정에서 지휘관들이 "친구나 엄마한테 전화해라, 야당이 집권하게 되면 큰일 난다고"라고 말한 사례도 있습니다. 이런 것들이 종북교육의 실체라는 것인데, 그나마 군 내부에서 자기들끼리 했기 때문에 우리 눈에 쉽게 안 띄었을 뿐입니다. 지금 이 사이버사령부 사태는 그런 활동이 군 내부에 국한된 것이 아니고, 고도로 훈련받은, 심리전에 정통한 요원들이 전문기술을 가지고 직접 국민을 상대로 했다는 것입니다.

정욱식 군을 비롯한 국가 안보기관들의 선거를 앞둔 정치개입 논란을 보면서, 안보라는 이름으로 지켜야 될 민주주의라는 가치가 안보라는 이유로 훼손되고 있다는 생각이 듭니다. 흔히 선거는 민주주의 꽃이라고 하지 않습니까? 그러면 국가 안보기관들이 해야 할 일은 그 꽃이 훼손되지

흔히 선거는 민주주의 꽃이라고 하지 않습니까? 그러면 국가 안보기관들이 해야 할 일은 그 꽃이 훼손되지 않도록 잘 지키는 것일 텐데요, 오히려 그 꽃을 꺾어버리고 짓밟는 굉장히 어처구니없는 일이 벌어지고 있습니다.

않도록 잘 지키는 것일 텐데요, 오히려 그 꽃을 꺾어버리고 짓밟는 굉장히 어처구니없는 일이 벌어지고 있습니다.

김종대 사실 장병들의 기본권을 고양하기 위해서, 노무현 정부는 장병인권보호강령 제정을 준비하고 있었습니다. 이건 국방부가 국민에게 약속한 거예요. 그런데 MB정부 들어와서 이를 없애고 오로지 종북세력 교육만 강화했습니다. 그리고 박근혜 대통령이 집권하니 국방부에서 내놓은 개혁안 가운데 하나가 정신전력원을 창설하겠다는 것이었습니다. 이것도 장성급 지휘관이 관리하겠다고 하죠. 그렇게 해서 정신교육을 상시적으로 할 수 있는 체제를 강화하겠다고 하는데, 장병들 정신에 무슨 문제가 있습니까? 정신 상태에 무슨 문제가 있냐고요?

정욱식 정신 상태에 이상이 있는 쪽은 정부인 것 같습니다. 이번에 전시작전권 환수와 관련하여 미국에게 제발 늦게 달라고 또 하소연하고 있는 상황인데요. 전작권이야말로 정신전력의 핵심일 텐데, 이걸 계속 미루면서 정신전력 강화를 위해 별도의 기관을 만든다고 하니 정말 어처구니없습니다.

| 국방부의 알맹이 없는 발표, 국정감사장에선…

김종대 지난 방송에서 민주당의 김광진 의원을 모시고 우리가 사이버사령부의 불법 댓글공작에 대해서 인터뷰를 했는데, 청취자들 여러분들의 반응이 대단히 좋았습니다. 마침 국방부 수사가 진행되고 있기 때문에, 국정감사장에 가 계신 김광진 의원을 다시 전화로 연결하겠습니다.

김 의원님, 어제(2013년 10월 22일) 국방부가 중간조사 결과를 발표했습니다. 아무 내용도 없는, 알맹이 없는 발표를 했는데요. 이 조사 발표에 대해서 어떻게 평가하시는지요?

김광진 말씀하신 것처럼 아무 내용도 없는 것이었고, 국방부에서 기존의 언론에 나와 있는 것에서 사실관계가 틀리다고 주장하는 것이 몇 가지 있었습니다. 첫 번째로, 국정원 예산을 받지 않았다고 주장하고 있습니다. 다만 "국정원으로부터 정보비용을 받아서 국방 예산으로 쓰고 있다." 이렇게 발표했습니다. 이는 국민들을 아주 혼란스럽게 만들면서, 실제로 쓰고 있는데 안 쓰는 것처럼 말을 한 건데요. 그렇게 치면, 말 그대로 차명계좌를 운영한 건지, 대포통장을 운영해서 쓰고 있다는 건지 알 수가 없는 답변을 한 것이고요. 두 번째는, 국정원 차장으로 간 이종명 차장과 연제욱 당시 사이버 사령관이 같이 근무를 했느냐 안 했느냐의 문제를 가지고, 국방부는 "근무한 적이 없다"고 발표했습니다. 그러나 두 분이 같이 근무한 기간이 있었다는 것이 국감장에서 밝혀졌습니다.

김종대 국방부 사이버사령부 심리전단과 국정원 심리전단 사이에 모종의 연계 내지 공조 가능성이 계속 제기되고 있는데요. 이 부분은 지금 어떻게 분석되고 있습니까?

김광진 현재 나와 있는 몇 개 트윗 계정만을 보더라도, 서로 간에 주고받은 RT들이 많이 나옵니다. 예를 들면, '스푼(@spoon1212)'이라고 하는 아이디와 국정원 아이디로 가장 유명한 '누들누들(@nudlenudle)', 이 둘이 서로 트윗, RT를 주고받은 글들이 있는 것도 확인되고 있고, 같은 글들을 생산한 경우도 있습니다. 두 기관의 차이점이 있다면, 국정원은 주로 트윗을 전문으로 하는 것 같고요, 군 사이버사령부는 트윗보다는 블로그 쪽에 훨씬 더 힘을 기울인 것으로 보입니다. 여기에 일단 기본적으로 컨트롤 타워가 있었다고 볼 수밖에 없을 것 같습니다.

김종대 이건 조금 예민한 질문입니다만, 사이버사령부 요원들이 김광진 의원님에 대해서도 인신공격을 한 트윗들이 발견되고 있어요. 국방위원으로서 본인이 감사를 하는 수감기관의 예하 기관 요원들이 이렇게 국회의원을 상대로 인신공격을 자행했다는 것은 상당히 정치적인 도전이 아닌가 생각이 되는데, 당사자로서 어떻게 받아들이십니까?

김광진 제가 직접적으로 등장했기 때문에 특별한 감정이나 생각이 드는 건 없습니다. 다만 문재인 후보든 이정희 대표든 특정한 정치인이나 정당 등을 특정해서 국내정치에 관여한 것이 큰 문제라고 생각합니다.

김종대 이 문제에 대한 군의 진상규명 의지에 대해서 어떻게 평가하십니까?

김광진 사실은 여러 가지 고민이 있습니다. 현재 제 판단으로는 지금 군이 하고 있는 수사 방식은 국민들이 납득하기가 너무 어렵습니다. 예를 들어, 개인적 일탈이 아니라 조직적으로 움직였다고 하면, '군이 그것을 알게 되더라도 밝힐 수 있겠느냐, 대한민국 군의 시스템에서?'라고 하는 의문이 있고요. 두 번째는, 이게 국방부 장관 직할부대이기 때문에 장관이 직접 당사자가 될 수도 있다는 것입니다. 그래서 자기와 관련한 감사를 자기가 직접 한다고 하는 것도 납득하기 좀 어려운 부분이죠.

김종대 보는 관점에 따라서 이것은 단순히 국방부 내부규정 위반이 아니라, 군의 존재 의미에도 의문을 제기할 수 있는 중대한 사안이라고 볼 수도 있을 것 같습니다.

김광진 게다가 대한민국은 군사 쿠데타를 두 번이나 겪은 나라이기 때문에 더욱 심각한 문제가 있는 거죠.

김종대 그리고 정치적 중립이라든가 정치활동 참여 금지 같은 군의 덕목이 붕괴되고 무너진다는 데 문제의 심각성이 있다고 봅니다. 의원님 말씀 감사합니다. 지금 이 자리에는 노무현 정부 때 국가안전보장회의(NSC)에서 근무했고 현재 한반도평화경제연구소장으로 계시는 김진향 박사님 나와 계신데요. 어떻게 들으셨습니까?

김진향 저는 기본적으로 총체적 선거 개입이라고 봅니다. 국가 권력기관, 그것도 국방부 사이버군과 국정원 같은 권력기구의 최고 지위에 있는 단위들, 상명하복의 명령 체계를 목숨처럼 여기고 기강이 아주 강조되는 곳에서 다수의 사람들이 반복적으로 했기 때문인데요. 이것은 명령 없이는 일어날 수 없는 일입니다. 다소 혼란스러운 점은 뭐냐 하면 군 사이버사령부가 있고 국정원도 나오고 십알단이 어떻고, 굉장히 등장하는 행위자들이 많습니다. 그런데 여러 복잡한 기관이지만 진실은 딱 한 가지인 것 같습니다. 대선 때 거의 동시에, 같은 행동 양태로 서로 연결돼 있었다는 겁니다. 저는 아주 간단명료하게 그냥 총체적인 부정선거였다고 봅니다.

김종대 총체적 부정선거다?

김진향 제가 보기엔 정치권력에 완벽하게 점령당한 기존 언론들이 이 프레임을 선거 불복으로 계속 몰아가는데, 이건 프레임 전쟁 같아요. 제가 보기엔 총체적인 부정선거였고, 그 이상도 이하도 아닙니다. '부정선거냐 아니냐.' 이게 논란의 중심이지, 선거 불복이 아니라는 것이죠. 이것에 대해서 대통령이 어떻게 얘기해야 할 것인가를 국민들이 지금 기다리고 있습니다. 입장표명 해야 된다, 이렇게 봅니다. 저는 이 사건을 보면서 표창원 교수가 한 얘기가 기억납니다. 미국의 닉슨 대통령, 워터게이트 사건을 보면 말입니다. 정말 우리나라 기준으로 봤을 때 아무것도 아닌 일 가지고 닉슨 대통령이 결국 하야하게 됩니다. 중요한 것은 부정선거 자체보다도 그 부정선거와 관련된 대통령의 입장과 그 문제를 풀어가고자 하는 과정 속에서 민심을 어떻게 읽어내고 소통하려고 하는가에 있습니다. 민주적 가치의 기본 이전에, 국민들을 하늘로 섬길 것이냐 말 것이냐, 진실을 말할 것이냐 국민들 상대로 사기를 칠 것이냐, 이런 차원의 문제입니다. 반면 명확하게 개혁하겠다, 그리고 엄정하게 처벌하겠다고 나오면 국민들은 다시 기회를 줄 겁니다. 그런데 덮기에 급급하고 은폐·축소하려는 시도들이 계속 나온다면 그야말로 이후의 상황들은 예측 불가해집니다. '국민들은 직시하고 있다.' 그것을 알아야 됩니다.

김종대 이거 참 마음이 착잡합니다. 국가기관들이나 그 협력자들이 대선에 개입하는 댓글의 양태에 대해서 우리가 관심을 가질 필요가 있겠는데요. 제가 보기에는 이런 패턴이 있습니다. 우선 북한에 대한 혐오 내지는 공포 조장이 제일 첫 번째 단계라고 보고요. 그리고 이렇게 북한과 야당을 동일시하는 작업, 그러니까 '왠지 비슷하다. 쟤들 한패다. 지령 받았다.' 이렇게 몰아가는 거죠. 세 번째로는 싸잡아서 욕을 퍼붓는 거예요. 이때 가서는 아주 모욕적인 표현이 등장하게 되는데, '창의적으로 모욕하기'가 바로 그것입니다. 그러니까 일베와 같은 활동이 왜 전파력이 강해졌냐 하면 그 모욕하는 방식이 창의적이기 때문입니다. 사실 아주 기가 막힌 용어가 나오지 않습니까? '홍어' '전라디언' 이런 식의 표현 말이죠. 이런 욕은 잘 연구된 기발한 표현들이거든요. 그래서 전파성이 강해요. 마치 바이러스 같은 거죠. 거기에 인터넷 공간이 하나의 숙주 역할을 하는 것이고요. 이게 일부 네티즌의 일탈행위가 아니라 국가기관들, 특히 안보·정보기관들이 앞장서서 했다는 것에 사태의 심각성이 있습니다. 김진향 박사님, 오늘 좋은 말씀 감사합니다.

남재준과 종북파동

2014년 3월 들어 국가정보원이 서울시 공무원 간첩증거를 조작했다는 증거가 속속 드러나기 시작했다. 남재준 원장을 경질해야 한다는 목소리가 높아졌지만, 검찰 수사는 꼬리 자르기 수준을 벗어나지 못하고 있었다.

예전에 국정원 건물 앞 비석에는 이렇게 쓰여 있었다. "음지에서 양지를 지향한다." 그런데 양지에서 대놓고 정치활동을 벌인 인물이 있다. 바로 남재준 국정원장이다. 박근혜 정부 초대 국정원장으로 기용된 남재준은 국정원의 불법적인 선거 개입 논란, 남북정상회담 회의록 무단 공개, 이석기 내란음모 사건, 북한 무인기 파동, 유우성 간첩증거 조작사건 등 2013년 초부터 2014년 상반기까지 한국을 들었다 놨다 했던 이슈들의 중심에 서 있었다. 종북 척결을 신념처럼 떠받들면서 "2015년 통일을 위해 죽자"라고 말한 것으로 전해질 정도로 반공투사를 자처한 인물이다. 그는 또한 육사 출신들로 짜인 박근혜 정부의 통일외교안보정책 라인의 실세로도 군림했다.

* 2014년 3월 19일 방송을 정리한 것입니다.

| 검찰은 수사 의지가 없다

김종대 국정원의 간첩증거 조작사건에 대한 검찰 수사가 발 빠르게 움직이고 있습니다. 얼마 전에 국정원 협조자죠? 유서를 쓰고 자살을 기도한 김 모 씨가 구속된 데 이어서 이번에는 국정원 조정관이 이 협력자에게 돈을 주고 문서 위조를 청탁한 것으로 드러나고 있어요. 자, 국정원 수사가 점점 윗선으로 가고 있는 것 같은데, 이 문제를 민주당 정보위원이신 김현 의원님과 얘기해보도록 하겠습니다. 지금 모든 언론은 국정원의 윗선 수사로 연결이 되느냐 안 되느냐, 다시 말하면 대공수사단장이나 대공수사국장까지도 수사 선상에 오르느냐, 여기에 관심을 집중하고 있거든요. 지금 수사를 어떻게 전망하십니까?

김현 국정원의 간첩증거 조작사건도 실은 협조자의 자백 또는 양심선언이 없었으면, 또 다른 형태의 조작으로 그냥 넘어갈 수 있었던 건입니다. 그런 면에서 지난번의 정치 개입 사건과 동일하다는 거죠. 문제는 지금 검찰이 압수수색할 때, 수사국장에 대한 압수수색을 하지 않았다는 것입니다. 때문에 저는 검찰이 사건을 제대로 수사할 의지가 없다고 보고요, 남재준 원장은 사건에 대해 침묵하면서 관망하지 말고, 발 빠르게 이 실체에 대해서 국민 앞에 소상히 밝혀야 합니다.

김종대 수사하는 검찰이나 수사를 받는 국정원 입장이 다 같이 석연치가 않습니다. 왠지 반쪽 수사로 가는 느낌이 드는데요. 이럴 때 국민들이 주시하는 것은 국회 정보위입니다. 지금 국회 정보위 상황은 어떻습니까?

김현 저희가 정보위 소집 요구서를 2014년 3월 둘째 주에 제출했습니다.

이것은 국정원의 명예와 직원의 사기와도 아무 관련이 없는 그야말로 국정원에 의한 불법적인 증거 조작이고, 사법부의 근간을 뒤흔든 어마어마한 사건 아니겠습니까? 하지만 이 부분에 대해서 집권여당이 무책임한 태도를 보이고 있다는 점에 대해 개탄을 금할 길이 없습니다.

김종대 그렇다면 정보위가 여당의 무성의로 마비된 상황에서 이 중대사안에 대해 야권에서는 어떤 논의가 있습니까?

김현 일단은 지금 저희가 국정원 조사특위를 확대 개편해서 가동을 하고 있어요. 간첩증거 조작사건에 대해서도 법사위를 통해 국민들에게 진실을 알려나가는 노력을 하는 것과 아울러 남재준 원장 해임 촉구를 계속하고 있습니다. 그리고 국정원 개혁에 대한 재추진 등이 저희들에게 남겨진 숙제인데, 지방선거가 불과 76일밖에 안 남아 있어서 동력이 제대로 안 붙는 것이 좀 답답한 상황입니다.

| 국정원은 정권의 만능 방패

김종대 지금 국가 최고의 정보기관에 대한 국민의 신뢰는 바닥에 떨어져 있다고 봅니다. 물론 국정원 개혁에 대해 많은 검토를 하셨지만 국민의 신뢰를 얻는 국정원이 되기 위해, 국정원이 어떻게 변해야 된다고 보십니까?

김현 기본적으로 가장 중요한 것은 대통령의 의지겠죠. 국정원을 국가정보기관으로 거듭나게 하고 지휘통제를 제대로 하는 것인데, 이에 대한 박근혜 대통령의 의지가 과연 있느냐의 문제인 겁니다. 지금 박 대통령의 국정운영에 대한 지지율이 50%대로 나오고 있는데, 지지율을 지나치게 믿고 오만과 독선의 형태로 국정운영을 하고 있습니다. 이것이 정보기관을 다루는 데 있어서 대통령의 태도에도 직결되기에, 앞으로 중요한 것은 목전에 있는 지방선거에서 야당에 힘을 실어주면서 국가운영에 대한 독주를 막아내는 것입니다.

김종대 말씀 잘 들었습니다. 감사합니다.

정욱식 지금부터는 대표적 시민단체인 참여연대의 이태호 사무처장님과도 말씀을 나누어보겠습니다. 국정원의 선거 개입과 간첩증거 조작사태를 보시면서 총체적으로 어떤 느낌이 드는지 말씀해주시죠.

이태호 이미 국정원 댓글 사건에서도 드러났듯이, 이명박 정부 때부터 국정원이 국가안보를 명목으로 내세웠지만, 사실은 정권안보를 위해서 작동해왔다는 게 근본문제입니다. 2011년경부터 국정원은 정권안보를 위해 국민을 상대로 심리전을 해왔다는 것이고, 남재준 국정원 체제, 말하자면 박근혜 정부가 들어서도 이어졌습니다. 남재준 국정원장의 가장 큰 문제는 사건이 터졌는데도 "정상적인 방어심리전, 대내심리전이다." 이렇게 주장한다는 것입니다.

국정원의 아주 노골적인 정치 개입 증거들이 검찰에서 나올 때조차도 일부 직원들의 일탈행위라고 강변하고 있는데요. 사실 제대로 된 국정원장이라면 비밀스럽게 일하는 국정원에서 이런 스캔들이 났다는 것만으로도 그 직원들의 업무를 다 정지시키고, 검찰에 적극적으로 수사 협조를 해야 합니다. 그런데 남재준 원장은 검찰에 불려간 직원들에게 수사에 비협조적으로 대하라고 지시하고 있어요. 그리고 재판장에 나온 국정원 직원들은 "기억이 안 난다"고 발뺌하고 있고요.

정욱식 "나는 돌아서면 까먹는 사람이다." 뭐 이런 얘기인데요. 기억력이 뛰어나야 할 정보기관 종사자들이 이렇게 기억력이 안 좋아 어떻게 정보 보고를 하는지 모르겠어요.

김종대 어떻게 그 실력으로 들어갔대요? 그 어렵다는 국정원에.

이태호 또 스캔들을 막기 위해 국정원으로서는 전혀 해서는 안 되는 국가 기밀문서를 공개했습니다.

정욱식 남북정상회담 회의록이었죠. 국정원의 선거 개입 증거가 속속들이 드러나니까 정보기관이 '셀프 공개'를 했죠.

이태호 남재준 원장이 남북정상회담 회의록을 공개하면서 뭐라고 했습니까? 국정원의 명예를 위해서라고 그러지 않았습니까? 사실은 이 간첩 조작 사건도 말 그대로 '조작' 사건이지 않습니까? 그것도 서울시 공무원 간첩 조작 사건입니다. 한마디로 종합하자면 남재준 원장 치하의 국정원은 정권안보를 위해서 정치공작이든, 증거조작이든, 대국민 댓글공작이든 간에 그 어떤 것도 전혀 반성하고 있지 않다는 겁니다. 남재준 국정원장은 댓글 사건에 대해서도 모르쇠로 일관하고 국정원의 책임을 부인했을 뿐만 아니라 간첩조작에 대해서도 형식적인 사과 한마디만 하고 나서 국정원의 책임을 부인하고 있습니다. 때문에 남재준 원장의 직접 개입 문제를 따지기 전에, 전체적인 국정원 개혁을 위해서라도 남재준 원장은 당장 물러나야 합니다.

정욱식 남재준 원장이 군인 출신이고, 군은 명예를 가장 중시한다고 알려져 있습니다만, 명예는 고사하고 이렇게 자리에 연연해도 되는 건지 모르겠습니다.

김종대 한 가지 재미있는 건 남재준 원장이 육군참모총장일 때, 육군본부가 압수수색을 받았다는 거예요. 육군에 대한 군 검찰의 압수수색은 육군 창설 이래 처음 있는 일이었어요.

정욱식 진급비리 관련한 압수수색이었던가요?

김종대 네, 그리고 국정원장 인사청문회 당시 육군에 대한 수사에 대해 남재준 원장은 '다 해결된 일이고, 청와대에서도 문제없다는 전화 받았다'는 취지의 발언을 했어요. 그런데 진급비리 사건은 사실 유죄판결 받은 사건입니다. 대법원까지 가서 말이죠. 그런데 "밑에서 한 일이니까 나는 모른다." 이렇게 해서 본인만 처벌을 안 받고 넘어갔으니 아무 문제가 없다는 것이었죠. 하지만 육군 자체는 문제가 있던 걸로 판결이 나온 것 아닙니까? 이번에도 마찬가지예요. 국정원 직원 한두 명을 처벌하고 자기는 밑에서 한 일이니 모른다고 또 그러는데, 이게 정확히 10년 전 육군참모총장 때 일과 똑같습니다. 육군에 대한 압수수색은 사상 최초였어요. 그리고 국정원이 검찰 압수수색을 받은 게 모두 세 번인데, 그중 두 번이 남재원 원장 재임 시기예요.

정욱식 그러니까 압수수색을 몰고 다니는 분이시네요.

이태호 그런데 간첩증거 조작사건에 대한 박근혜 대통령의 태도도 문제입니다. '증거조작'이라는 것이 뻔한 것임에도 불구하고 '위조 논란'이라고만 합니다. 이는 사실 사과한 게 아닙니다. '논란'이라고 표현해서 그냥 유감 표명만 한 거죠. 남재준 원장을 자르지 않겠다는 뜻이죠. 정리하면 이명박 정부 시절에도 국정원이 정권안보의 방패막이 노릇을 했고, 지금 박근혜 정부에서도 이런 모든 스캔들이나 정치공작에서나 간첩조작에서까지 정권의 안보 방패 노릇을 했기 때문에 국정원은 굉장히 요긴한 겁니다.

| "민간인이 희생될 수도 있다"

김종대 이번에 간첩으로 몰려서 억울하게 처벌받을 뻔한 유우성 씨도 있지만 국정원 합동신문소에 6개월이나 감금돼서 온갖 고초를 겪은 여동생 유가려 씨도 있지 않습니까? 이러한 문제로 피해자들이 속속 생겨나고 있는데, 최근 이렇게 국가보안법으로 기소되거나 수사받은 공안사건들 중에서 무죄가 되는 경우가 비단 이것만은 아니지 않습니까? 여기저기서 발생하는 걸로 알고 있습니다.

이태호 얼마 전 재판에서 나온 얘기를 하겠습니다. 다들 아시는 평화와통일을여는사람들(평통사) 사건과 관련해서 국정원 재판 과정에 국정원 전 3차장이 소환돼서 왔습니다. 이 사람에게 "심리전에 대해서 어떻게 생각하느냐, 댓글공작에 대해서 어떻게 생각하느냐?" 물어보니, 이게 국민들을 어떠한 오염으로부터 막기 위한 정상적인 심리전이라는 겁니다. 그리고 그렇게 하다 보면 간첩들이나 종북주의자들은 민간인 뒤에 숨기에, 공격하다 보면 민간인이 희생될 수 있다는 거죠. 오염을 막기 위해서 공격을 한 것이고, 공격을 하다 보면 부수적으로 민간인도 피해를 당할 수 있다는 거죠. 지금 국정원이나 국방부는 명확히 국민들에 대한 심리전이 가능하다고 해석하고 있습니다.

김종대 그러니까 이 일련의 공안사건 파동을 남재준 원장의 시각으로 보면 정치적 문제가 아닙니다. 이건 철저히 안보 프레임에 갇혀 있는 문제예요. 안보적인 관점에서 보면 부수적 피해가 발생한 것이고, 전쟁 때 오인사격을 할 수도 있다는 거예요. '우린 전쟁 중이고 안보를 하는 기관인데 몇몇 개인이 실수했다. 그러나 우린 전쟁 중이다. 누구와? 종북세력과. 그래서 종북세력이 북한 특수부대와 연계해서 반란을 일으켜 무장봉기를 통해 사흘 만에 대한민국 공산화시킬 수 있다.' 이런 식의 프레임에서 지금 한 발짝도 나오지 않은 채, 나머지 정치적인 문제는 부수적 비용에 불구하다는 겁니다. 그러니까 우리가 지금 이 정치 개입 문제에 대해, 정치권력의 정보기관이 부당한 권력을 행사해서 국민들이 피해를 본다고 얘기한들, 이 사람들 귀에는 '쇠귀에 경 읽기'가 되는 겁니다. 이들의 군사적인 시각은 군인의 직업적 편견, 또는 군인의 집단정신을 표현하는 건데요. 이것이 전 국민의 의식이어야 된다고 그네들은 보는 겁니다. 그게 안보 프레임이에요.

우리가 지금 이 정치 개입 문제에 대해, 정치권력의 정보기관이 부당한 권력을 행사해서 국민들이 피해를 본다고 얘기한들, 이 사람들 귀에는 '쇠귀에 경 읽기'가 되는 겁니다. 이들의 군사적인 시각은 군인의 직업적 편견, 또는 군인의 집단정신을 표현하는 건데요. 이것이 전 국민의 의식이어야 된다고 그네들은 보는 겁니다. 그게 안보 프레임이에요.

이태호 그 논리를 지금 남재준 원장이 그대로 답습하고 있습니다. 국정원 개혁이 논의되고 있을 때도 국민을 상대로 한 대내방어심리전은 계속하겠다는 입장을 취하고 있어요. 이 사실만으로도 남재준 원장은 오늘날의 민주정부에서 국정원장을 계속할 자격이 없다고 저는 믿습니다. 미국에서도 자국 국민을 상대로는 절대 심리전을 못 하게 하고 있어요. 첫째로, 우리나라에서 자국 국민을 상대로 심리전을 한다는 것 자체가 가장 크게 잘못된 것입니다. 두 번째, 국정원이 했다는 게 문제입니다. 국정원은 법률상 정보수집 기구지 작전기구가 아닙니다. 그런데 심리전은 작전기구의 일 아니겠습니까? 심리전쟁을 하니 말입니다. 국민을 상대로 한다는 것도 문제지만, 작전기구를 둘 수 없는 국정원이 대거 작전을 진행했다는 것도 문제입니다.

또한 국정원 개혁 논란에서 가장 중요한 것이 대공수사권 문제였는데, 남재준 국정원장은 계속해서 국정원이 대공수사권을 가져야 한다고 주장합니다. 이렇게 되면 그 수사권을 어떻게든 남용할 수 있는 문제의 여지도 큽니다. 남재준 국정원장도 여당도 대공수사권의 남용은 없을 거라고 얘기하지만, 이번에 바로 남용된 사례, 즉 간첩증거 조작사건이 나왔잖아요. 이제 남재준 원장은 할 말이 없어야 돼요. 청와대와 여당도 이 문제에 대한 대답을 해야 하고요.

지금 남재준 원장이 계속해서 수사를 방해하고, 기밀로 가득 찬 국정원에서 계속 증거를 은폐하고 있는데, 그대로 놔두는 것도 큰 문제입니다. 기본적으로 남재준 원장과 김관진 국방부 장관 모두가 자신의 재임 시절에 국정원이든 사이버사령부든 불법적인 공작을 한 것 아닙니까? 이것이 명백함에도 아직도 장관과 원장 모두가 자리를 보전하고 있습니다.

김종대 그런데 문제는 우리가 가장 먼저 해임해야 된다고 사무처장님이 얘기하시는 그 두 분이 박근혜 대통령이 가장 사랑하고 아끼는 장관급 인사들이라는 것이죠.

이태호 게다가 황교안 법무부 장관까지 총애하시잖아요? 황 장관은 수사 의지를 갖고 있었던 검사들을 다 쫓아낸 외압의 주체 아닙니까? 적어도 이 3인방이 있는 한 진실 규명은 어렵습니다.

김종대 아~ 그러니까 우리가 자꾸 쫓아내라, 쫓아내라 그러면 청와대에 있는 분은 더 사랑하는구나.

정욱식 "사랑해선 안 될 사람을 사랑하는 죄이라면"이라는 유행가 가사도 있습니다만, 죗값을 치러야 할 사람들은 자리 보전하고 있고, 국민들이 피해를 보고 있으니 그냥 웃고 넘어가기도 힘든 것 같습니다.

이태호 마지막으로 정말로 박근혜 대통령을 위해서 제언한다면, 이 3인방을 계속 사랑하는 한 박근혜 정부는 실패한 정권으로 남게 될 가능성이 높습니다. 이런 식으로 국정을 운영한다면, 박근혜 정부는 계속 유신과 연결되는 이미지를 주게 될 거예요.

김종대 그런데 각하가 사랑하시겠다는데 왜 자꾸 이렇게 시비를 거셔?(웃음) 자, 벌써 끝낼 시간이 되었어요. 이태호 처장님, 오늘 말씀 정말 감사합니다.

남재준 원장은 고비 때마다 야당과 시민사회로부터 사퇴 압력을 강하게 받았지만, 청와대의 비호하에 오뚜기처럼 버텨냈다. 그랬던 그도 세월호 참사의 여파를 비껴가진 못했다. 박근혜 정부가 쇄신(?) 차원에서 그를 경질한 것이다. 하지만 그의 뒤를 이어 취임한 새 국정원장은 2002년 대선 한나라당(현 새누리당) 차떼기의 주역인 이병기였다.

공상적 반공주의라는 괴물

미국 국방부(펜타곤) 입구에 들어서면 가장 먼저 손님을 맞이하는 흉상이 하나 있습니다. 1947년에 미국 초대 국방장관으로 취임했던 제임스 포레스톨입니다. 그가 국방장관으로 재임한 2년은 공산주의자에 대한 광신적 집착과 공포의 시간이었습니다. 휴일에 골프를 치고 쉬지도 않고 저녁 때 다시 집무실로 들어와 일하는 그의 머릿속은 온통 '소련이 곧 쳐들어온다'는 생각뿐이었습니다. 그의 아내 조세핀 오그던 역시 '빨갱이들이 나와 가족을 미행하며 암살할 것'이라는 편집증에 시달렸습니다. 공산주의에 대한 공포는 그녀의 정신을 분열시켰으며, 알코올 중독에 빠지게 했습니다. 1949년에 신경쇠약에 걸린 포레스톨마저 강제로 병원에 입원을 했고 지하 외딴방에서 목을 매 자살합니다. 포레스톨의 업무에 대한 헌신을 기리는 흉상이지만 그 헌신의 정체는 바로 공산주의 공포에 대한 광적인 집착입니다.

초대 국방장관의 소련에 대한 적대감은 미국과 소련 사이에 어떤 신뢰도 갖지 못하도록 했고, 두 강대국이 평화적 방식으로 협력하고 공존할 수 있는 일체의 가능성을 배격했습니다. 그 대신 소련이라는 적은 반공산주의 운동의 반사이익을 얻으려는 정치가들, 군비 지출에 혈안이 된 기업가들, 국방 관련 용역계약을 따내려는 대학들, 재선을 이루려는 대통령의 야심을 충족시키는 데 좋은 구실이 됩니다. 소련을 합리적으로 분석하면서 이를 이성적으로 관리하려는 노력마저도 무용지물이 되자 세계는 전쟁의 공포를 기반으로 양극화된 냉전질서로 가게 됩니다.

묵시록처럼 다가오는 이 종말의 공포를 기반으로 펜타곤은 전쟁을 신봉하는 거대한 왕국으로 탄생했습니다. 지금 우리의 국가정보원이 그렇습니다. 남재준 국정원장의 북한에 대한 적개심과 대한민국 공산화에 대한 공포심은 제임스 포레스톨과 섬뜩할 정도로 닮아 있습니다. 남 원장은 그가 노무현 대통령 시절 육군참모총장으로 재직하던 시절에 겪어야 했던 여러 가지 어려움에 대해서도 "정권 내부의 공산주의자에 맞섰기 때문"이라고 엉뚱하게 정리했습니다. 대한민국 공산화가 임박했다고 믿기 때문에 그는 업무에 헌신적이고, 조직을 보호하기 위해 필사적인 노력을 기울입니다. 북한의 김정은이 "3년 내 대한민국을 공산화하려고 시도할 것"이라는 광적인 믿음에 집착하는 냉전의 전사가 아닐 수 없습니다.

국가정보원의 행태는 지난 냉전이 우리에게 유산으로 남긴 공포와 불안, 그리고 거기에서 유발된 전쟁 신봉 사상에서 비롯됩니다. 인간을 '공산주의자냐, 아니냐'로 구분하는 이분법적인 인간관, 그리고 파국이 임박했다는 불안심리가 어우러져 하나의 사회적 폭력을 유발시켰으며, 치유하기 어려운 병리현상을 만들었습니다. 또한 여기에 기생하여 냉전적 기득권을 확장하려는 정치적, 관료적 야심가들이 이에 부응하고 있다고 할 수 있습니다.

그러나 우리가 생각하는 평화와 공존, 그리고 협력의 질서란 무엇입니까? 우리와 생각이 다른 체제와 집단이 있다 하더라도, 그것이 정말 우리에게 위협적인지를 판단하는 기준은 무엇입니까?

바로 이성의 용광로에서 낱낱이 해부되고 검증된 진실입니다. 막연한 추정이나 주관적 공포를 넘어 더욱 적극적으로 상대방에게 다가가서 직접 대화하고 눈으로 확인하려는 노력이야말로 우리를 정신분열적인 공포로부터 자유롭게 할 것이며, 평화와 안전, 협력의 한반도로 가는 비전을 창출하게 할 것입니다. 그러지 않고 오직 공상 속에서나 있을 법한 자폐적 세계관에 갇혀서 자신을 파멸로 이끌고 국가를 불행하게 하는 이 시대의 군상들을 보면서 우리는 개탄을 금할 수 없습니다. 이렇게 되면 우리는 또다시 한 세대를 전쟁의 공포에서 살아야 합니다.

전체주의와 생각의 힘

2차 세계대전 당시 대량학살을 자행한 나치 전범 중 한 명인 아돌프 아이히만은 1960년 이스라엘 정보기관에 체포되어 1961년에 예루살렘에서 재판을 받게 됩니다. 수많은 유대인이 법정에 나와 나치의 만행을 증언하고 고발하기 시작했습니다. 이때 놀라운 사실이 발견됩니다. 홀로코스트 당시 유대인들 거의 대부분이 이송 지점에 정시에 도착했고, 제 발로 처형장까지 걸어갔으며, 자신의 무덤을 파고 옷을 벗어 가지런히 쌓아놓은 뒤, 총살당하기 위해 나란히 눕기까지 했다는 것입니다. 이상할 정도로 저항이 없었던 것입니다. 재판 당시 검사들이 증인을 향해 묻습니다.

"왜 당신은 저항하지 않았습니까?" "왜 당신은 기차에 탔습니까?" "1만5000명의 사람들이 거기에 있었고 수백 명의 간수들만 당신과 마주하고 있는데 왜 당신은 폭동을 일으키거나 비난하거나 공격하지 않았습니까?"

이에 대해 쉽게 대답한 사람은 거의 없었습니다. 추방될 유대인의 명단을 작성한 것도 유대인 대표들로 이루어진 유대인위원회였으며, '최종적 해결'로 불린 유대인 멸절에 적극 협력한 사람들도 유대인 자신들이었습니다. 나치 제국에 재산을 헌납하고, 당장의 죽음에서 벗어나는 유대인을 선발하는 반유대주의 정책도 그들의 일이었습니다. 나치는 철저히 유대인의 협력에 의해 학살 계획을 집행했습니다. 수용소의 유대인 사형집행인도 유대인이었고, 시체를 처리한 이들도 유대인이었습니다. 그런데 유대인이 나치에 저항했다는 기록은 거의 찾아볼 수 없습니다. 왜 저항하지 못했을까요?

이 재판을 지켜본 독일 태생의 유대인 학자 한나 아렌트는 '악의 평범성'에 대한 보고서 《예루살렘의 아이히만》을 집필합니다. 지난 세기의 가장 논쟁적인 저술이자 2000년까지 이스라엘에서 금지되었던 이 책에서 아렌트는 이렇게 분석합니다. 가해자인 나치나 피해자인 유대인 공히 '생각하는 방법'을 잊어버렸고, 그것을 잊어버리면 양심의 가책을 느끼지 않는다는 것이었습니다. "살인하지 말라"는 양심의 유혹에 빠지지 않는 방법, 즉 '생각하지 않는 방법'을 전체주의 체제로부터 배운 것입니다. 국가가 개인의 양심의 문제를 대신 해결해준 것입니다. 나치의 학살 방법 중 염소 가스를 이용하는 것은 오히려 인간적 조치였다고 합니다. 수용할 수 없는 유대인을 고통 없이 신속하게 처리할 수 있도록 하는 가스는 '불필요한 고통'을 면제해주는 수단이었으니까요. "가스로 살해하라"는 히틀러 총통의 명령을 수행하는 나치의 하수인들은 자부심마저 느꼈다고 합니다. 양심의 가책을 느낄 필요가 없고, 단지 국가의 명령을 수행한다는 의무감이 충족되었기 때문입니다.

국가주의자들에게 국가가 신성한 권위를 갖는 이유는 바로 국가가 자기 개인의 양심의 문제를 해결해준다는 믿음 때문입니다. 이 때문에 국가의 합법적인 명령이라면 정당성 여부를 따지지 말고 복종해야 합니다. 그래서 정보기관 요원들은 대선에 개입했습니다. 그러나 양심은 국가나 자신이 속한 조직이, 또는 법이 해결해주는 문제가 아님을 알아야 했습니다. 그것은 오직 생각할 줄 아는, 스스로 존엄성을 아는 개인만이 해결할 수 있습니다. 이것을 부정하는 사회는 바로 전체주의 사회입니다.

최근 국가의 권위에 종교적 신성함을 부여하려는 극단적 국가주의자들의 모임에 대한 소식을 들은 적이 있습니다. 모 정보기관의 송년 회식에서 "통일 위해 다 같이 죽자"며 애국가를 4절까지 부르는 희한한 풍경이 그것입니다. 이건 통합진보당의 2013년 5월 '좌파 모임'에 비견되는 '우파 모임'처럼 보입니다. 이후 요즘 공무원들이 애국가를 4절까지 외우느라고 고생한다는 소리도 들립니다. 국가 정체성과 국가안보를 명분으로 역사 교과서 왜곡마저 주저하지 않습니다. 다 좋습니다. 그러나 그 대신 양심의 명령에 따르는 개인의 존엄성도 똑같이 강조해야 합니다. 그게 자유민주주의입니다.

보이지 않는 차세대 전투기

단군 이래 최대 무기 도입 사업으로 일컬어지는 제3차 차기 전투기 도입 사업, 도입 액수만 해도 8조 원을 넘나드는 이 거대 사업이 표류를 거듭하고 있다. 2013년 8월, 가격 입찰에서 록히드 마틴의 F-35와 유럽항공방위산업(EADS)의 유로파이터 타이푼이 탈락하면서 보잉사의 F-15SE(사일런트 이글)가 최종 결정될 것이라는 전망이 압도적이었다. 그런데 그해 9월 하순 방위사업추진위원회에서 기존 사업을 부결시켰고 11월에는 합동참모회의에서 F-35을 도입키로 결정했다. 이러한 사업 선회의 배경에는 전시작전통제권 환수 재연기라는 박근혜 정부의 정치적 고려가 강하게 똬리를 틀고 있다. F-35가 어떤 문제가 있는지, 그 은밀한 세계로 들어가보자.

* 2013년 9월 25일과 2014년 2월 12일 방송을 정리한 것입니다.

| F-35, '미국'이라는 거대한 중력

정욱식 이번 방송에서 우리가 집중적으로 다룰 주제는 차세대 전투기 사업입니다. 당초 보잉사의 F-15SE가 채택될 거란 예측이 대부분이었습니다만 방위사업추진위에서 부결이 됐죠. 김종대 편집장께서는 이런 결과를 예상하셨습니까?

김종대 아뇨, 정말 예상 못 했습니다. 올해(2013년) 상반기에는 국정원이 있는 '내곡동 쇼크'가 저를 괴롭히더니, 이번엔 국방부가 있는 '삼각지 쇼크'네요. 그런데 저만 예상 못 한 것이 아니라 대한민국 모든 언론이 F-15SE 선정 기사를 쓰려고 준비하고 있었대요. 그런데 오후 4시 조금 넘어 부결됐다는 소식이 전해진 겁니다. 9월 13일까지만 해도 대통령한테 F-15SE를 단독 후보로 보고했고, 대통령은 김관진 국방부 장관 주관으로 방위사업추진위원회(방추위)에서 이 문제를 잘 해결하라고 위임까지 해줬어요. 그 전날에는 공군참모총장 출신 예비역 공군대장 15명이 박근혜 대통령에게 사업을 재검토해달라는 건의서를 전달했습니다. 그 소식이 박 대통령 귀에 들어간 순간 박 대통령이 불같이 화를 냈다는 거예요. 정부가 합리적 절차를 거쳐서 하는 일인데, 왜 예비역 총장들께서 그런 성명을 내냐는 거였죠. 이건 제가 다 확인해서 독점 취재한 내용이에요. 그렇게 중기계획을 보고하는 날까지 청와대나 김관진 장관 모두 요지부동이었으면 F-15SE가 단독입찰로 통과되는 건 의심할 여지가 없었던 겁니다.

정욱식 그렇다면 입장 변경을 대통령이 사전 재가했거나 청와대에서 국방부 쪽에 재검토가 필요하다는 메시지를 전달했을 가능성은 어떻게 보십니까?

김종대 김관진 장관의 태도를 바꾸게 만든 건 청와대의 뜻이 아니면 불가능하죠. 장관이 임의로 정책을 획획 바꿔버리는 건 대한민국 군 통수체계에서 있을 수 없는 일이거든요. 분명히 박 대통령 생각까지도 돌려 세우는 무언가가 있었다는 거죠.

정욱식 그게 무엇인가가 중요한 부분인데요. 대통령의 마음을 바꾸고 청와대의 기류를 바꾸고 국방부 장관의 생각을 바꾸게 된 그것이 무엇인지 추정해보신다면요?

김종대 우선은 미국이라는 거대한 중력이 한국 사회에서 어떻게 작동하는지 봐야죠. 여러 가지 분석이 있을 수 있습니다만, 저는 F-35를 만드는 '록히드마틴'이란 한 회사의 힘으로 이런 일이 일어났다고는 절대 안 봅니다. 지금 F-35를 파느냐 안 파느냐는 미국 정부, 펜타곤의 핵심이익이에요. 이게 자기네 전투기 구입 단가에 영향을 미친단 말이죠. 그런데 지금 기존 공동개발국을 제외하고 새로 포섭하려는 동맹국 F-35 그룹 중에서는 한국의 60대가 제일 큰 규모예요. 그리고 지금 MD와 스텔스 전

지금 MD와 스텔스 전투기 이 두 가지는 미국과 동맹국을 연결하는 가장 큰 군사적 동맹 지표라고 해도 과언이 아니거든요. 그런데 이렇게 중요한 미국의 핵심 국가이익이 한국에선 너무 가볍게 무시되어왔다는 점에서 의문을 가질 만했어요. 어쨌든 F-15SE에서 F-35로 방향을 선회한 데는 미국 무기 로비스트들의 영향력이 크지 않았나 생각합니다.

투기 이 두 가지는 미국과 동맹국을 연결하는 가장 큰 군사적 동맹 지표라고 해도 과언이 아니거든요. 그런데 이렇게 중요한 미국의 핵심 국가 이익이 한국에선 너무 가볍게 무시되어왔다는 점에서 의문을 가질 만했어요. 어쨌든 F-15SE에서 F-35로 방향을 선회한 데는 미국 무기 로비스트들의 영향력이 크지 않았나 생각합니다. 미국이라는 나라를 보면 참 신기한 게 전직 국방장관, 전직 국무부 동아시아-태평양 담당 차관보 이런 사람들이 전부 무기 로비스트예요.

정욱식 전직 국방장관은 누구를 말씀하시는 겁니까?

김종대 클린턴 행정부 2기에 국방장관을 지낸 윌리엄 코언을 말하는 거예요. 그는 무기업체 자문회사인 코언 그룹을 만들었고, 록히드마틴 고문도 하고 있어요. 그리고 전 국무부 동아태 담당 차관보 커트 캠벨도 지금 무기 로비스트로 뛰고 있죠. 이 사람들은 업계와 공직을 회전문처럼 돌고 돌아요. 그리고 이런 인물들은 한국에 지인들이 많아 군수업체 회사의 한국 지부보다 정보를 더 빨리 수집해서 해당 지부에 알려줍니다. 그런 뒤에 한 번에 100만 달러 단위로 컨설팅 사례금을 받는 거예요.

정욱식 그러면 윌리엄 코헨 전 국방장관과 커트 캠벨 전 국무부 동아태 담당 차관보가 한국에 왔다 간 이후로 하루아침에 정부의 사업 방향이 달라졌다는 말씀인가요?

김종대 예, 왔다 갔어요. 그런데 핵심 세력은 또 있습니다. 척 헤이글 국방장관이에요. 김관진 장관에게 한국 FX사업의 첫 번째 역풍이 불었던 때가 언제인가 쭉 더듬어보니 브루나이에서 한미 국방장관 회담이 열렸던 2013년 8월 말이에요. 김관진 장관이 척 헤이글 국방장관을 만나고 귀국

하면서 국방부에 전화해 각 군 참모총장과 국방부 전력기획관을 대기시키라고 지시했습니다. 그런데 그 전력기획관이라는 자리는 주로 무기도입 사업을 관장하는 자리고, 각 군 총장들은 방위사업추진위의 정회원이에요. 그러니까 방위사업추진위원회 안건과 관련해 소집 지시를 내렸다고 보는 거죠. 그 직전에 척 헤이글 장관을 만났다는 점에서, 그때 FX사업 추진과 관련해 장관이 협의해야 될 돌발 의제가 발생했다고 추정하는 겁니다.

| 한국에 스텔스기가 꼭 필요한가?

정욱식 8월 28일 김관진 장관과 헤이글 장관이 만났을 때, 한국의 차기 전투기 사업에 대한 얘기가 있었을 거라고 추론해볼 수 있겠네요.

김종대 그렇죠. 이런 와중에 하나의 이데올로기처럼 '전 세계가 스텔스기로 가고 있는데 왜 우리만 스텔스가 아니냐'란 논리로 밀어붙이고 있는 것이거든요.

정욱식 중요한 말씀인 것 같은데요, '스텔스 전투기가 당연히 필요하다'라는 인식이 퍼지면서 그것에 대한 문제제기가 거의 없는 것 같아요. 사실 스텔스로 가지 않는 나라가 훨씬 더 많고, 스텔스를 선택한 나라는 유엔 회원국 약 200여 개국 중 손에 꼽을 정도인데요.

김종대 특히 중국 얘길 많이 하는데요, 언젠간 스텔스 문제로 미중 간의 군사적 우열을 논하기 어려운 시기가 와요. 그런데 그것만이 아니라 다른 변수가 있습니다. 예를 들면 중국이 미국 기술을 카피하면서 동시에 레이더 성능을 아주 획기적으로 개선하고 있어요. 언젠가는 고출력 고주파 레이더가 나와서 스텔스기를 잡는 날이 온다는 거죠. 그러면 그땐 스텔스가 아니라 레이더가 전장의 절대강자가 되는 거예요. 바로 그런 기술적인 차이가 전략적 우열관계를 바꿀 수도 있다고 보는 겁니다. 유럽의 경우는 스텔스기 개발보다는 전자전 능력을 키워서 네트워크 전쟁을 하는 5, 6세대 전투기로 가려고 하거든요. 우리도 미국식 패러다임이 절대적으로 옳은지 한번 생각해볼 여지가 있어요.

정욱식 그런데 우리나라의 경우, 한반도 자체가 종심이 상당히 짧지 않습니까? 미국처럼 멀리 날아가서 몰래 폭격하고 돌아오는 그런 전략적 필요나 환경과는 차이가 큰 것 같은데요.

김종대 우선 스텔스의 효용가치라는 것은 산악지형이냐 아니냐 하는 부분보다도 공대공 임무에 있어서 상대방을 확실하게 제압할 수 있느냐가 중요합니다. 스텔스기가 비스텔스기를 제압할 수 있는 확고한 전술적 우위가 있다는 건 거리를 둔 공대공 전투에서는 맞는 얘기입니다. 물론 이런 우위가 계속 유지될지 여부는 향후 레이더 개발에 달려 있다고 봐야 합니다.

두 번째는 공대지를 따져볼 필요가 있겠죠. 마침 방추위 회의가 있기 전날 미국에서 북한이 핵무기를 갖고 있다는 보도가 나오기 시작했어요. 그런데 이번 방추위 회의에서 미래 고성능 전투기로 가야 되는 이유 중 하나로 지금 북한 핵 상황이 바뀌고 있다는 걸 꼽았거든요. 이게 아주 중요한 포인트입니다. 북한의 핵미사일 기지에 대한 김관진 장관의 지론은 적극적 억제와 선제타격인데, 이런 작전계획대로라면 F-15편대가 다 들어가야 됩니다. 그런데 스텔스기의 경우에는 그냥 단독으로 들어가서 싸우는 거죠. 그래서 북한 핵과 미사일을 강조하는 이면에는 스텔스에 대한 강조가 있어요. 북한에서 핵심 표적은 산악 지역, 또는 은폐가 가능한 지하 깊숙한 곳이라든가 이동식 표적인 경우가 많을 텐데, 이런 경우에는 전투기 단독으로 적지에서 작전을 수행할 수 있어야 하기 때문에 스텔스가 필요하다는 거예요. 그런데 전투기가 적지에서 단독작전을 하는 전쟁은 군사이론가들이 상상 속에서 만들어낸 이미지에 불과한 것이죠. 현대 전쟁은 그보다는 개전 초기에 토마호크 미사일과 전투기, 조기경보기 등 육해공 전력이 합동으로 움직이면서 효과를 높이는 방식인데, 이런 현대전도 우리가 제대로 수행할 수 있을지 의문이에요.

정욱식 한국 공군이 전투기를 몰고 가 북한 핵 시설을 타격하는 그런 상황은 전면전이 벌어지지 않고서는 가정할 수 없는 것 아니겠습니까? 전면전 상황에서 그런 스텔스 기능의 검토가 필요하지 않나 하는 생각이 들고요, 무엇보다 중요한 것은 F-35가 아직 태어나지도 않았다는 겁니다. 록히드마틴은 "F-35가 가장 무서운 것은 적이 보지 못하기 때문이다"라는 광고 가피를 통해 스텔스 기능을 강조하고 있습니다만, 정작 F-35를 시험 평가한 미국 펜타곤 내부 보고서를 보면 굉장히 실망스러운 결과가 많이 나와 있거든요. 그래서 F-15SE를 부결시킨 것이 F-35로 가기 위한 걸 전제로 한 거라면 따져봐야 될 문제들이 많다는 겁니다.

| 불안한 F-35 개발 프로그램

김종대 그렇죠. 미국의 정치계, 관계, 언론계에서도 F-35 개발 프로그램, 즉 통합 전투기(Joint Strike Fighter, JSF) 프로그램을 굉장히 불안하게 보고 있어요. 미국은 바로 그런 불안요소를 해외로 더욱 분산시켜야 하는 입장이기 때문에 주문을 더 받아내야 되는 거죠. 사실 우리가 이 F-35에 대한 허상을 많이 갖고 있는데요. 기체 성능, 무장능력, 항속거리 등 하드웨어적인 성능에서는 3개 경쟁 기종 중에서 F-35가 제일 떨어져요. 그리고 문제는 전자전 능력과 스텔스 기능입니다. F-35는 합동직격탄(JDAM)이나 정밀 벙커버스터 같은 폭탄들을 두 발 정도밖에 못 싣거든요. 거기다 비싸긴 제일 비싸죠.

정욱식 그런데 지금 다른 나라들도 사정을 보니 당초 계획했던 것을 취소하거나 구매 대수를 축소하는 상황인데, 대량생산은 고사하고 이러다간 소량생산으로 가게 생겼어요.

김종대 그렇습니다. 이제 콩으로 메주를 쑨다고 해도 참 믿기가 힘든 얘기들이에요. 이렇게 개발 중인 핵심 공격무기를 정부 대 정부 거래 방식 즉, FMS(대외군사판매, Foreign Military Sales)로 구매하는 건 우리가 지금 처음이란 말이죠. 이 FMS 제도라는 게 미군과 똑같은 조건으로 주는 거니까 가격, 성능 보장, 그리고 절충교역이라고 해서 기술이전에 대해서 묻지 말라는 거예요. 만약 미국의 F-35 공급사 록히드마틴이나 미 국방부가 계약조건을 못 지켜도 우리 정부는 어떻게 할 도리가 없습니다. 이게 바로 F-35의 독특한 판매방식입니다. 그리고 이런 방식으로 구매하는 건

F-35밖에 없고 나머지 F-15SE나 유로파이터는 상용거래, 즉 우리 정부가 외국 업체와 일반적으로 협상하는 방식입니다. 과거에 FMS 거래는 주로 개발이 끝난 무기를 구입할 때 이뤄졌고, 이 역시 불리하지만 감수할 만했어요. 그런데 F-35는 개발 중에 있는 무기이기 때문에 이 방식을 적용했을 때 불안감이 큰 거죠. 그리고 F-35 같은 경우는 전자정보가 많은 최첨단 전투기예요. 즉, 데이터링크를 통해 자기 정보를 다른 전투기나 조기경보기에 전송도 할 수 있어야 되고, 또 전투기 센서에서 수집한 정보를 공군 데이터 센터에서 분석할 수도 있어야 됩니다. 그런데 우리는 직접 못 하고 미국이 다 해준다는 거예요.

정욱식 그럼 이걸 도입하면 미국에 더 종속되겠네요.

김종대 작전상 종속이 되죠. 그다음에 레이더가 전파를 쐈을 때 비행기에서 반사되는 걸 탐지해서 비행기 위치를 파악하는데 이걸 줄여서 레이더 단면적, RCS(Radar Cross Section)라고 해요. 스텔스란 건 형상설계와 스텔스 도료를 통해 이 레이더가 반사되는 단면적을 줄임으로써 가능한 건데요. RCS를 얼마나 줄일 수 있느냐가 스텔스의 관건이라면, 스텔스 구입 시에 이 레이더 회피율이 얼마가 되는지 테스트해볼 수 있어야 돼요. 그런데 그걸 못 한다는 거예요. 그리고 또 다른 문제는 확인하지 않고 산 후에도 국내엔 그 기술과 장비가 없다는 거예요. 그러면 도대체 스텔스라는 걸 우리가 어떻게 알 수 있는 거냐? 그래서 우리가 2012년 6월에 미국까지 확인하러 갔는데요. F-35 시뮬레이터에 탑승해서 RCS 특성을 간접적으로 확인했다는 겁니다. 그것도 떠 있는 걸 레이더가 탐지하는 걸 본 게 아니라, 뒤따라가면서 그냥 설명 듣고 간접적으로 확인했다는 거죠.

정욱식 시뮬레이터면 직접 전투기에 탑승한 게 아니라 전자오락기에 타서 확인한 거네요.

김종대 그렇죠. 그래서 우리가 도대체 이걸 운용할 수 있는 능력을 갖출 수 있을까 걱정된다고 말씀 드렸는데요. 나중에 도입됐을 때 우리가 정비도 못 하고, 어쩌면 이걸 일본이 할지도 몰라요. 부품을 거기서 수입해 올 수도 있어요. 한빛부대가 일본에게 탄약 빌리는 것도 난린데 전투기가 그렇게 되면 국제정세가 바뀝니다.

정욱식 일본이 F-35 공동생산국이니 그럴 수도 있겠네요. FX사업이 정말 점입가경인데요. 그렇다면 지금 결정된 수의계약을 유보하거나 철회해서 다시 입찰경쟁 방식으로 바꿀 수 있는 제도적인 장치는 없는 겁니까?

김종대 계약 협상이 결렬되면 자동으로 도입은 불발되는 거죠. 그런데 지금처럼, 안 되는 것도 되도록 두들겨 맞추는 추세라면 곧 계약이 될 것으로 보이고요, 실제 목표도 그렇게 설정돼 있어요. 그런데 이 과정에서 불가피하게 국가계약법이나 국가재정법을 위반하게 됩니다. 예정가도 없는 해외 무기를 직구매한다는 것은 우리 국가계약법과 충돌하는 거란 말이죠. 그랬을 때 누가 책임지느냐 하는 문제가 생길 겁니다. 결국 이건 완전한 정책 실명제로 해서 담당자에게 확실한 책임을 물어야 합니다. 제가 불안하게 생각하는 건 사업 실무자가 너무 자주 교체돼서 장기적으로 전문성이나 일관된 사업 추진의 여건이 굉장히 약화돼 있다는 거예요. 그리고 공군이 조직 발전이 아닌 무슨 무기를 가질 것인가에 사활을 걸고 있는데, 이런 것도 문제라고 봅니다.

| 한국형 전투기 개발사업, 이대로 표류하나?

정욱식 이 와중에 당초 60대로 예정된 차세대 전투기 도입 계획이 40대 우선 도입 후 추후 검토하는 것으로 바뀐 것에 대해 '전력 공백이 생긴다'는 우려가 공군과 보수언론을 중심으로 나오고 있는데요, 전력 공백 관련해서도 좀 따져볼 필요가 있지 않나 생각이 듭니다. 지금 우리 공군은 적정 전투기 보유 숫자를 430대로 잡고 있는데, 이게 타당하다고 보시는지요?

김종대 이건 남북한 전력지수를 고려해서 적정 군사력 규모를 나름대로 내놓은 건데요. 문제는 이런 게 형식 논리다 보니 전쟁이 났을 때 써먹지도 못하는 효용성 없는 무기를 한국군이 많이 갖고 있다는 겁니다. F-4, F-5 같은 건 작전계획 5027을 비롯한 전쟁계획에서 전력으로 잡지도 않는 거죠. 우리 전투원의 생명 가치를 높이고 군사적 효과가 있는 수준에서 전력을 유지해야 하는데, 이런 것들은 북한에는 아무 위협도 안 되면서 우리 조종사의 목숨만 위협하거든요. 게다가 지금 차세대 전투기 사업이 늦어지고 있기 때문에 앞으로 2019년까지 노후한 전투기를 더 갖고 있어야 됩니다.

정욱식 결국 이런 문제를 풀기 위해서는 적정 보유대수로 정한 430대를 좀 줄여야 되는 게 아닌가 하는 생각도 듭니다. 지금 아주 비싼 전투기로만 적정 보유대수 430대를 맞추려면 국방비 전체를 다 쏟아부어야 되는 문제가 되는 것 아니겠습니까?

김종대 그렇죠. F-35 경우는 설령 들어온다 하더라도 그렇게 많이 필요한 것도 아니에요. 스텔스라는 게 뭡니까? 북한의 대공무기, 레이더를 회피하는 수단입니다. 그런데 전쟁이 벌어지면 어느 순간 그게 다 마비되지 북한의 레이더가 뱅글뱅글 돌아가는 걸 계속 구경하면서 전쟁하나요? 레이더 제압 수단도 스텔스기만 있는 게 아니라 여러 가지 마비와 타격 수단이 있어요. 또 굳이 전투기가 아니더라도 토마호크 같은 미사일 수단이 있고, 재래식 전투기라 하더라도 조기경보기 같은 지원기와 합동작전을 하는 것이지 혼자 싸우는 것도 아니란 거죠. 그러니까 전체적으로 봤을 때 F-35 제5세대 전투기가 절대강자이고 마치 미래의 모든 항공력은 이 스텔스기 하나로 좌우될 것이라 보는 건 다분히 과장된 인식 아니냐는 거죠.

지금 F-35 못지않게 논쟁적인 사업이 한국형 전투기 사업(KFX)이에요. 단발엔진으로 손쉽게 외국 기체를 모방, 개발해서 빨리 전력화하느냐, 쌍발엔진으로 제대로 개발해서 국산화하느냐, 이걸로 지금 공군과 방위사업청이 아주 팽팽하게 대립하고 있어요.

정욱식 전투기에서 단발과 쌍발의 가장 큰 차이를 무엇으로 볼 수 있을까요?

김종대 우선 조종사 입장에선 당연히 쌍발엔진을 선호하겠죠. 엔진 하나가 멈춰도 나머지 하나로 비행할 수 있다는 유사시 생존성 문제가 한 가지 이유고, 엔진이 2개면 아무래도 추력이 좋아져서 탑재무장이 늘어나기 때문에 전투력과도 관계되는 요인이거든요. 이런 점에서 쌍발엔진이 좋다는 건 누구나 다 아는 사실이에요. 문제는 쌍발엔진으로 개발하면 기간과 비용이 늘어나서 군사 논리와는 다른 경제 논리가 반론으로 대두

되다 보니까, 항공업계나 방위사업청은 단발엔진을 선호하는 경향이 있습니다. 이게 가장 큰 논쟁점이죠.

정욱식 그럼 쌍발을 선호한다고 하면서 왜 F-35 단발 전투기를 도입하는 거죠?

김종대 그게 앞뒤가 안 맞는 거죠. F-35는 스텔스라는 더 좋은 성능이 있으니까 단발이라도 괜찮다는 겁니다. 이 쌍발이냐 단발이냐를 빨리 결정해야 우리가 록히드마틴의 전투기를 도입하면서 한국형 전투기 개발을 도와달라고 협상을 할 수 있는데, 이렇게 싸우다 보면 그 시기를 놓치는 수도 있습니다. 이건 앞으로 공군에게 대재앙이 올 수도 있다는 얘기예요. 낡은 전투기 230대를 즉각 도태시키려면 대책이 있어야 되는데 한국형 전투기도 헤매고 있죠. 이러다 공군 문 닫아야 됩니다. 그러지 않겠습니까?

정욱식 지금 아주 중요한 말씀을 하셨는데요. 결국 F-35 사업과 한국형 전투기 개발사업도 서로 밀접하게 연관되어 있는 상황이네요.

김종대 그렇죠. 애초에 우리가 미국 전투기가 아니라 유럽 전투기를 택했다면 한국형 전투기 기술도 지원받기 용이하고, 유럽 회사가 한국형 전투기 사업에 현금으로 지원하겠다는 2조 원도 받을 수 있잖아요. 지금 이런 좋은 조건 다 차버리고 하는 거예요. 어쩌면 이건 죽는 길만 찾아가는 겁니다.

정욱식 그렇다면 차세대 전투기 사업, 어떻게 하는 게 바람직하다고 생각하십니까?

김종대 우리가 역사와 국민 앞에 부끄러워지지 않으려면 국민들에게 솔

직히 말해야 돼요. '스텔스 기술 하나만 있으면 미국 도움 없이도 한국 공군 단독 작전으로 북한의 핵미사일을 도려내듯 제거할 수 있다.' 이렇게 들떠 있는데, 좀 더 차분해져야 된다고 봅니다. 정말 그런지는 우리가 한 번도 본 적 없고 그 가능성이 검증된 적이 없어요. 잘못하면 한국 공군을 파산으로 몰고 가는 재앙이 될 수 있습니다. 정말 그렇게 스텔스기가 필요하다면 미국과 그 동맹국이 잘 쓰고 있는 거 보고 나서 사면 안 됩니까?

☮

F-35 도입 사업은 이후에도 잡음이 끊이지 않고 있다. 2014년 6월에는 미국 공군 기지에서 이륙하던 F-35에 화재가 발생했다. 또한 오래전부터 지적되어온 운영 소프트웨어 문제도 해결되지 않고 있다. 한국형 전투기 사업에 필요한 기술이전도 인색하기만 하다. 무엇보다도 이 전투기는 언제 개발 완료되어 한국에게 인도될지 알 수 없다. 스텔스라는 환상을 좇다가 사업 자체가 보이지 않고 있는 것이다.

무인기 파동

2014년 봄, '무인기' 공포가 한반도 상공을 강타했다. 북한이 보낸 것으로 추정되는 무인기가 파주, 백령도, 삼척에서 발견되고, 언론과 군 당국이 침소봉대를 하면서 파장이 더욱 커졌다. 대다수 언론은 '자폭 공격용' '생화학무기' '핵탄두 장착' 등 무시무시한 단어를 사용하면서 대북 공포심을 자극하려고 했다. 국방부도 "무인기가 발전되면 테러에 이용될 수 있다"고 거들었다. 북한은 자신의 소행이 아니라고 강력히 부인했지만, 박근혜 정부는 북한의 소행이라고 발표했다. 국방부는 저고도 레이더와 요격 시스템을 도입키로 했다. 이게 안보를 위한 것일까?

*2014년 4월 9일과 4월 16일 방송을 정리한 것입니다.

| 충격과 공포, 그리고 자책골

정욱식 오늘은 무인기 특집으로 꾸며볼까 합니다. 한반도 상공을 강타한 무인기, 먼저 이것이 북한제가 맞냐 아니냐 하는 논란이 있는데요. 편집 장님이 보시기엔 어떻습니까?

김종대 한미연합전력에 비해 북한의 정보력은 장님 수준이고, 김정은 제 1비서도 무인기를 적극 활용하라고 지시한 바 있어요. 무인기를 향한 북한의 의지와 절박성 때문에도 북한제로 추정은 되나 신중하게 더 조사해볼 여지를 남겨둘 필요는 있다고 봅니다.

정욱식 사실 무인기가 초기에는 큰 뉴스거리가 아니었다가 몇몇 언론과 군사전문가들이 나와 생화학무기나 핵무기 탑재까지 거론하며 엄청난 위협이 돼버렸습니다.

김종대 군사적인 관점에서는 북한의 모든 것이 위협입니다. 그러나 무인기가 다른 대포나 미사일에 비해 상대적으로 더 위협적인지를 판단하고 우선순위에 따라 대비하는 게 안보정책가의 자세죠. 반면 지금 한국의 언론과 국방부는 한반도에 존재하는 위협의 전체적인 그림은 싹 빼버리고 무인기만 가지고 위협이냐 아니냐를 따지고 있습니다. 이건 동네 축구예요. 왼쪽이 뚫리면 11명 모두 왼쪽으로 우르르 몰려가고, 오른쪽이 뚫리면 또 그리로 11명이 몰려가고.

정욱식 제가 조기 축구를 해봐서 아는데, 요즘 동네 축구도 이렇겐 안 합니다.(웃음) 언론과 군 당국이 무인기 얘기만 거의 2주 가까이 하고 있는 의도는 어떻게 분석해야 할까요?

김종대 지금 쏟아져 나오는 기사들은 무인기가 사회적 공포의 확산 또는 불안의 창출이라는 기존 언론의 속성과 딱 맞아떨어진 결과라고 봅니다. 한국 국민에게 생소한 무인기로 궁금증을 일으켜 이것이 정부 청사나 원자력발전소도 때릴 수 있다고까지 얘기하는 거죠. 무인기가 새로운 공격 수단이라면 세 가지 논리적인 문제가 해결돼야 합니다. 통제 방식과 연료 탑재량, 무장 탑재 능력입니다. 보통 무인기는 초정밀 타격용으로 통제가 정확하게 돼야 하는데 북한에서 한국까지 이르는 장거리를 두고 어떤 통제 방식을 쓰느냐, 충분한 연료 탑재는 가능한 크기냐 같은 부분들이 설명이 되지 않고 있어요. 게다가 효과적인 공격을 할 무기를 탑재하려면 통제를 위한 장치를 빼거나 연료통까지도 제한해야 합니다. 이 정도 크기의 무인기라면 대략 폭약 2~3kg 정도는 가능하지 않겠냐는 얘기도 나오지만, 그 정도 탑재를 하고 대량살상 공격을 하기엔 확실히 효용성이 떨어질 것으로 보입니다.

정욱식 일부에서는 생화학무기라면 얘기가 다르다고도 하지만, 생화학무기가 실전에서 사용된 1차 세계대전 때도 약 12만 톤을 사용해 12만 명정도가 사망했죠. 한 명당 1톤이 사용된 셈입니다. 생화학무기는 사용 자체만으로도 굉장히 비인도적인 일이지만, 객관적인 데이터에 비해 공포심이 지나치게 과장된 경향이 있습니다.

김종대 북한이 앉아서 1000만 원 정도 되는 장비로 대한민국을 쑥대밭으로 만들 것이라고 보수언론이 대대적으로 유포시키고 있는 겁니다. 냉전 시기 미국이 B1B라는 핵폭격기를 개발해 대량생산하겠다고 발표한적이 있어요. 보통 핵 투하용 전폭기는 굉장한 고공비행을 하는데, 그러면 소련 레이더에 잡히니까 이를 피하기 위해 낮게 나는 저고도 폭격기 B1B를 개발하겠다는 것이었습니다. 그러자 소련이 난리가 나서 국방비를 저고도 방공망에 쏟아붓기 시작했습니다. 지금 한국이 저고도 레이더를 산다고 하는데, 당시 소련을 보는 것 같아요.

정욱식 대당 10억 원짜리 이스라엘제 레이더를 산다는 보도가 있었습니다. 탐지 장비가 늘어나면 요격 장비나 부대 운영비도 늘어날 텐데요.

김종대 전력을 엉뚱한 데 허비하게 해주는 겁니다. 지난 3월 31일 북한이 서해에서 포를 100발 쏘니까 우리는 3배를 쏴야 된다며 아까운 포탄 300발을 바다에 퍼붓지 않았습니까? 그뿐입니까? 조잡한 모형기 수준의 북한 무인기가 문제 된다고 국방부는 무인정찰기 송골매의 재원, 운영개념까지 다 공개해버렸습니다. 이건 심리전에서 완전히 진 겁니다.

정욱식 그런데 많은 청취자 분들이 무인기가 심각한 위협은 아니더라도 확인된 만큼 적절한 대응은 필요하지 않느냐는 의문을 갖고 계신데요, 편집장님은 어떻게 대처하는 것이 적절하다고 보십니까?

| 공포에 서식하는 안보의 기득권 세력

김종대 무인기라는 새롭지도 않고 치명적이지도 않은 위협에 이렇게 대한민국이 호들갑을 떨고 공포를 소비한다면 우리의 합리적인 국방정책 기반이 완전히 붕괴됩니다. 사실 제가 취재한 바에 따르면 일선에서는 이 북한 무인기에 대한 탐지 보고가 2013년 9~10월부터 있었다고 합니다.

그렇지만 그 성능이나 운용실태를 봤을 때 아직은 위협이 아니라고 군사 지도자들이 판단해온 겁니다. 그랬던 것이 이번에 언론이 판단하고 생산한 공포 때문에 군이 이성적으로 얘기할 수 없게 됐습니다. 처음에는 위협이 아니라고 했던 군도 언론에 외통수로 몰리면서 뒤늦게 말을 바꿔 이제는 심각한 위협이라고 얘기하고 있는 겁니다. 저급한 무인항공기 세대로 인해 벌어진 사건이 걷잡을 수 없이 커졌습니다. 그렇다면 이때 안보는 이성적이고 논리적인 접근법이 아니라 공포를 생산하는 감정의 안보예요. 〈조선일보〉식 안보죠. 이제 북한의 모든 것이 위협이 되니, 거론만 하면 보수언론에 기사거리 생기고 시청률 올라가서 광고 받고 하는… 이런 안보 장사가 어디까지 갈까요? 공포에 서식하는 안보의 기득권 세력들이 있다는 걸 분명히 알아야 합니다.

정욱식 1차 걸프전 때 비슷한 사례가 있었는데요. 이라크가 이스라엘을 향해 스커드미사일 약 30발을 날렸을 때 생화학탄이 장착돼 있을 거란 소문이 돌아 사람들이 경쟁적으로 방독면을 썼습니다. 그런데 미사일에 의한 직접 사망자는 3~4명이었던 반면에 방독면 때문에 질식사한 사람은 10명 정도 됐죠. 불필요하게 위협을 과장할 경우 오히려 더 큰 참사가 일어날 수 있다는 것을 이 사례가 보여줍니다. 우리 군과 정보 당국도 정치적 곤경을 벗어나려다 보니, 문제에 대한 객관적이고 정확한 이해보다는 선동적인 방식으로 안보를 다루는 것 같습니다.

김종대 기본적인 합리성이 침해되니 내부적으로 우왕좌왕하고, 그러다 보니 뭐가 진짜 중요한지도 이젠 헷갈려졌어요. 양치기 소년 신드롬이 이런 겁니다. 안보 논리의 남용 때문에 실제 다가오고 있는 진짜 위협은 알 수 없게 되는 거죠.

정욱식 핵폭탄 탑재 무인기 얘기도 나오는데요. 북한이 핵폭탄을 달 수 있는 훨씬 빠르고 강력한 미사일이 있는데 그걸 굳이 무인기에 장착해서 기체 크기를 키우면 그게 무슨 수로 한미연합군의 방공망을 뚫겠습니까? 북한이 바보가 아닌 이상 피땀 흘려 만든 핵탄두를 무인기에 장착한다는 것은 기술적으로도 가능하지 않을뿐더러 군사적으로도 메리트가 없는 선택이라고 봅니다.

김종대 그러니까요. 얘기를 하려면 다른 것과 비교해서 실효성이 있는지 없는지 합리적으로 해야지 북한에 무기가 무인기 하나만 있습니까? 보수와 진보 중 누가 안보를 잘하냐는 것도 무의미한 논쟁입니다. 객관적인 사실과 능력을 있는 그대로 보는 열린 사고에서 안전을 도모해야 합니다.

| 국정원은 누구와 일하나?

정욱식 편집장님께서 아까 3월 말에 무인기에 대한 국방부의 입장이 갑자기 바뀌었다고 지적하셨는데, 이를 바꾸게 된 보이지 않는 손의 주인공은 누구라고 보십니까?

김종대 이거 아주 중요한 부분이에요. 국방부와 국정원의 스텝이 완전히 꼬였습니다. 3월 24일 파주에서 무인기가 발견됐을 때, 1차 조사단에 국정원도 참여했습니다. 기무사가 대공용의점이 없다고 의견을 내고 국정원도 동의했습니다. 그런데 3월 28일 이것이 중앙합심조(중앙합동심문조사단)로 넘어가면서 조사의 핵심 주체가 기무사에서 국정원으로 바뀝니다. 그리고 사흘 만인 31일에 백령도에 한 대가 더 떨어지고 이때부터 무인기가 북한 것으로 알려지며 분위기도 급반전됐습니다. 기무사는 초기 결론대로 믿고 있던 데다 국방부 장관한테는 더 늦은 4월 2일에야 첫 보고가 들어갑니다. 그러니 4월 9일에 열린 국방위에서 국방부 정보본부장이 의원들 질문에 아는 게 없어 답변을 하나도 못 하게 된 겁니다. 국정원이 얼마나 정보 협조를 안 해줬으면 이런 일이 벌어졌겠습니까?

제가 군 쪽 실무자한테 듣기로는 국방부가 국정원한테 뒤통수를 맞았고, 지금 양 기관 사이에는 엄청난 감정적 앙금이 조성돼 있다고 합니다. 그런데 이렇게 된 건 언론이 먼저 앞서나갔기 때문이기도 합니다. 가장 결정적인 사건이 4월 3일 〈조선일보〉에서 무인기가 촬영한 청와대 사진을 원판으로 공개한 겁니다. 3일자면 2일에 작성됐을 텐데 그때까지 국방부 장관은 아무것도 모르고 있었고 국방부 대변인도 "사진을 공개하면 북한에 가져다주는 격이 되니 공개할 수 없다"고 했습니다. 그런데 같은 시간에 〈조선일보〉는 어디선가 사진을 받아다 원판이라고 신문에 내버린 겁니다. 당시에는 국정원의 중앙합심조도 끝나고 무인기가 국방부의 국방과학연구소로 이동됐는데, 연구소는 책임이 없다고 공식 확인이 됐고, 기무사는 더더욱 아닌 거죠. 그래서 국정원이나 그 비호세력에서 〈조선일보〉에 줬다는 얘기가 현실성이 가장 크죠.

정욱식 2013년에 장성택이 구금된 직후 통일부 장관이 국회에 가서 국정원으로부터 아무 정보도 전달받지 못했다고 했는데, 국정원이 다른 정부

부처 수장들 물 먹이는 데 일가견이 있네요.

김종대 국정원은 정보를 서비스하는 기관이고, 무인기 소동은 국가안보, 군사작전에 관한 상황 아닙니까? 그리고 가장 많은 무기 기술 분석 능력을 갖고 있는 곳이 국방부 기무사, 국방과학연구소 아닙니까? 그런데도 국정원은 정보를 제공하는 역할을 잊고 직접 사용하는, 대단히 정치 지향적인 행위를 한 거죠. 이런 상황까지 갔을 때 군이 겪었을 모욕감이나 낭패감은 엄청났을 겁니다. 이 때문에 군은 강경한 조치를 내놓고, 레이더 구매 사절단을 외국으로 보내는 긴급대책을 마련하는 식으로 내몰린 겁니다. 이게 기관 간에 벌어지고 있는 일련의 꼬인 스텝들인데, 이건 국가안보에 있어서 안보기관들이 북한이 아닌 내부의 적과 싸우는 참혹한 현실로 가는 겁니다.

정욱식 이거 대충 그림이 그려집니다. 엊그제 남재준 국정원장의 서울시 공무원 간첩증거 조작사건에 관한 사과문은 혹시 보셨습니까?

김종대 네, 거기서도 무인기를 강조하고 있어요. 무인기가 초래한 안보위기를 봐도 국정원장의 역할이 얼마나 중요하냐고 말하는데 이건 오비이락(烏飛梨落)이죠. 무인기가 남재준 원장을 구해주고 있는 셈입니다. 이번 무인기 파동이 의미하는 바는 진짜 국가안보는 없고, 안보를 빙자한 국내정치와 조직안보만 있다는 것입니다. 보수정권이라고 안보에 유능한 건 절대 아닙니다. 천안함, 연평도, 이번 무인기 사건이 언제 벌어진 일입니까? 제가 이런 말까지는 안 하려고 했는데 지금 육해공군 다녀보면 끔찍해서 말이 안 나옵니다. 해군은 해전 영화 만들려 하고, 공군은 에어쇼에 목숨 걸고 있습니다. 또 북한이라는 확실한 주적을 갖고 있으니 얼마나 편하십니까? 움베르토 에코는 "적을 만들어라. 좋은 적은 개인과 집단이 행복해지는 길이다"라고 했습니다. 모든 사건 책임을 전가할 수 있는 북한이란 상대가 있을 때 국민들은 불안하지만 안보와 관련된 곳들, 그중에서도 특히 정보기관은 참 편리해집니다. 일이 터져도 그쪽 소행으로 몰면 사람들이 납득하고, 납득하지 않으면 종북으로 모는 겁니다.

| 국민을 생각하는 '진짜안보'는?

정욱식 북한이 전가의 보도처럼 이용되고 있는데요. 이 같은 사회적 편리성을 이용해 개인이나 조직안보에 이용하는 구태 관행이 답답합니다.

김종대 그것이 불순하다기보다는 아예 사고체계가 이렇게 돌아가게끔 모든 문화가 형성돼 있어요. 이건 특정한 개인의 잘못이 아니라 우리의 오랫동안 학습된 역사적 관성이라고 얘기하고 싶어요. 이런 현실 자체를 인정한다면 남북 군사조직 간의 경쟁이나 갈등이 없는 게 오히려 이상한 겁니다. 그런 점에서 우리의 인식체계가 모든 가능성에 열려 있어야 하고, 그런 만큼 저도 많은 비판을 받을 수 있다고 봅니다.

정욱식 사회 내의 부인할 수 없는 문화이자 현상이긴 하지만, 최고 통수권자가 이를 합리적으로 풀 여론을 형성할 힘과 지혜가 필요할 텐데, 그보다는 국정원을 보호하고 국민의 안보 불안을 자극하며 정권 강화 기반으로 삼으려는 악습만 반복하는 것 같아서 대단히 안타깝습니다.

김종대 문제는 다음에도 무리수를 두게 돼 있다는 겁니다. 실추된 위신을 회복하기 위해 조급해지고, 결백성을 과시하기 위해 또 다른 사건을 만들면서 비정상적이고 비합리적인 상황들이 나온다는 거예요. 도대체 입만 열면 종북세력, 간첩 얘기하는 보수정권에서 한 일이 뭡니까? 원정화 여간첩 사건, 유우성 사건, 이석기 의원 사건까지 봐도, 북의 정보조직·공작조직의 핵심이나 본질을 잡아냈거나 타격을 준 게 뭐 있습니까? 실제 실적은 없이 국정원 없으면 큰일 나겠다는 심리적 효과만 키우고, 북한을 편리한 적으로 삼아, 자신들의 뜻대로 안 되면 안보실패가 아닌 종북 프레임으로 몰아붙이는 건 너무나 안일한 자세입니다. 가장 걱정되는 건 국가안보입니다. 이런 안보기관은 정치적 외풍에 흔들리거나 정치 논리에 뛰어들면 절대 안 됩니다. 이는 국민 신뢰뿐 아니라 안보 자체도 무너지게 하는 제1의 적입니다.

정욱식 나라 밖 안보 사정은 녹록치 않은데, 나라 안 안보 구조가 무너지는 것 같아 답답합니다. 현재는 외교적으로도 미묘한 지점에 와 있습니다. 중국은 6자회담 재개를 위해 총력을 기울이고 있고, 그 열쇠 가운데 하나는 박근혜 대통령이 갖고 있습니다. 한국이 6자회담 재개에 방점을

실제 실적은 없이 국정원 없으면 큰일 나겠다는 심리적 효과만 키우고, 북한을 편리한 적으로 삼아, 자신들의 뜻대로 안 되면 안보실패가 아닌 종북 프레임으로 몰아붙이는 건 너무나 안일한 자세입니다. 가장 걱정되는 건 국가안보입니다. 이런 안보기관은 정치적 외풍에 흔들리거나 정치 논리에 뛰어들면 절대 안 됩니다. 이는 국민 신뢰뿐 아니라 안보 자체도 무너지게 하는 제1의 적입니다.

찍는다면 그쪽으로도 갈 수 있는데, 무인기 파동으로 인해 남북갈등이 최악의 상황으로 진입하고 있습니다. 이렇게 되면 남북한 당국의 합리적이고 전향적인 태도를 기대하기도 어렵게 됩니다. 무인기 파동이 북한 소행으로 결론이 나면 한미동맹 강화와 한미일 삼각동맹으로 가야 된다는 안보강경론이 득세하겠지만, 그러면 당연히 중국이 반발할 것입니다. 천안함 직후처럼 남남갈등, 남북갈등에 미중갈등까지 증폭될 것입니다. 따라서 진짜 '안보'를 생각한다면 신중하고 합리적인 대응이 그 어느 때보다도 중요합니다.

☮

"자라 보고 놀란 가슴, 솥뚜껑 보고 놀란다"고 한다. 무인기 공포가 딱 그랬다. 5월 14일 서울 근교 청계산에서 한 주민이 북한 무인기 추정 물체를 신고했다. 하나 건진 것으로 판단한 군 당국은 확인도 하지 않고 언론에 이를 알렸다. 그러나 이 물체는 부서진 화장실 문짝이었다. 안보 과잉 사태가 빚어낸 촌극이 아닐 수 없다.

연평도 포격 3주기

2013년 11월 23일은 연평도 포격사건 3주기가 되는 날입니다. 이날 남과 북의 포격전으로 우리 민간인 2명이 희생되고 해병대원 2명이 전사하였으며, 16명이 중경상을 입는 등 인명과 재산상에 큰 피해가 있었습니다. 사건이 나기 20일 전, 서정우 병장은 자신의 미니홈피에 이렇게 썼습니다. "3주만 버티다가 13박14일 말년휴가 나가자." "배야 꼭 떠라, 휴가 좀 가자." 하루 전인 22일에 쓴 글에서는 "내일 날씨 안 좋다던데 제발 배 꼭 뜨기만을 기도한다." 마침내 휴가 날이 되었습니다. 서 병장은 아침부터 설레는 마음으로 준비를 마치고 오후 2시경에 친구인 최주호 병장과 함께 연평도 선착장에서 배를 기다리던 중이었습니다. 2시 34분경에 그들의 눈에 갑자기 엄청난 폭음과 함께 부대와 민간인 가옥, 성당 등이 불타는 장면이 목격되었습니다.

놀란 그들은 부대로 복귀하기 시작했고, 그러던 중 서정우 병장은 사망했습니다. 최주호 병장은 파편이 등을 뚫고 들어간 후에 신장 하나를 완전히 적출했고, 소장과 십이지장, 위에도 파편이 박혔습니다. 1급 현역의 신체 건강한 청년은 5급의 신체장애인으로 전역하면서 태권도 사범의 꿈도 접어야 했습니다. 병원에서 아무도 찾아와주는 사람 없이 전역식도 못 하고 나온 최 병장에게 더 기가 막힌 일이 벌어졌습니다. 국방부가 인편도 아니고 등기우편으로 표창장을 보내온 것입니다. 여기에다 국가가 지급하는 쥐꼬리만 한 전상군경 등급과 위로금 300만 원만 주어졌습니다.

천안함과 연평도 사건을 겪으면서 대통령이 영결식장을 찾아와 "최고의 예우"를 다짐하던 건 모두 헛된 말이었습니다. 정치적으로 이용할 만한 예우는 극진히 하면서도 실상 고통 받는 사람들은 뒷전이었습니다. 이를 보고 한 네티즌은 이렇게 말합니다.

"이 정권에서는 나라를 구해야 영웅이 아니고, 이명박이 불리할 때 이명박을 돕는 게 영웅이다."

노무자로 연평부대에 와 있다가 희생된 민간인 희생자 김치백 씨의 사연은 더 안타깝습니다. 다른 집으로 이사를 가려다 중도금 잔금을 치르기 위해 연평도 막사 건립의 인부로 와 있다가 폭격을 당했습니다. 시신이 너무 처참하고 수습이 안 돼서 가족이 염도 안 봤습니다. 그의 가족이 관을 옮길 때 관이 너무 가벼워서 더욱 애통해했다고 합니다. 그러나 정부 차원의 어떤 보상절차도 없어 이를 협의하느라 장례식은 사망 후 13일 만에야 거행될 수 있었습니다.

무고한 사람들을 희생시킨 북한의 포격 도발에 대해 우리는 마땅한 책임과 응분의 대가를 치르게 해야 합니다. 이는 어떤 명분과 이유로도 합리화될 수 없는 중대한 도발이고, 절대 용서할 수 없는 일입니다. 그러나 우리 정부가 이 비극적인 사건을 관리하면서 보여주었던 얄팍한 정치 논리 역시 공분을 불러일으키지 않을 수 없습니다. 북한의 공격 징후가 있었음에도 어떤 대비도 하지 못했고 상황을 제대로 통제하지도 못했습니다. 사건 이후에도 대북 전단을 살포하려는 보수단체를 연평도에 들여보내 연평도 주민들이 이들의 활동을 저지하고 나서는 사태까지 발생했습니다.

주민 안전은 뒷전으로 밀고, 대결 그 자체를 쫓아가는 보수정권은 안보 실패 정권이었습니다. 그 위기의 와중에서도 얄팍한 정치적 계산법으로 희생된 군 장병과 민간인을 홀대하는 정권안보의 행태를 유감없이 보여주었습니다. 그 후 안무치함과 파렴치함이 실패한 안보의 책임을 야당과 진보세력에 뒤집어씌우는 상황으로 발전하게 되자 이 나라는 갈가리 찢어지고, 이 나라의 안보는 정치화되었습니다.

이런 가짜안보에 우리의 동생과 친구들이 희생되었습니다. 그들은 우리를 대신해서 죽은 것입니다. 그런 가짜안보가 지금도 판치고 있습니다.

제주해군기지와 강정마을

제주 남쪽에 강정마을이 있다. 약 2000명이 어울려 살던 이 동네는 해군기지 건설로 7년째 고통을 받고 있다. 2007년에 정부는 군사 작전 하듯이 강정마을을 해군기지 부지로 결정했다. 마을총회에서 날치기로 기지 수용이 결정되었고 천혜의 자연환경은 굉음과 먼지, 포연에 휩싸였다. 주민들은 반대파와 찬성파로 갈려 대립과 반목이 일상화되었고 '범죄 없는 마을'은 범죄자를 양산하는 마을로 둔갑됐다. 보수언론은 '종북좌파의 해방구'라며 강정마을을 공격했고, 새누리당은 안보를 앞세워 야당과 시민사회를 매도했다. 가짜안보가 판치는 세상이 만들어낸 쓸쓸한 자화상이 아닐 수 없다.

*2014년 3월 19일 방송을 정리한 것입니다.

| 주민들에게 내려진 벌금폭탄

정욱식 이 시간에는 강정마을과 제주해군기지 문제에 대해 참여연대의 이태호 사무처장님 모시고 말씀 나누도록 하겠습니다. 저 개인적으로는 2012년 대선 직전에《강정마을 해군기지의 가짜안보》라는 책을 낸 적이 있습니다. 대선 때까지만 하더라도 제주해군기지 문제, 또 강정마을 문제가 한국 사회의 뜨거운 이슈이지 않았습니까? 이것이 선거 이후 언론과 국민들의 관심에서 멀어지고 있는 상황인데, 현지 주민들, 활동가들이 겪고 있는 고초는 지금도 여전히 현재진행형인 것 같습니다. 벌금만 하더라도 3억 원 정도가 되는 것 같던데요.

이태호 예, 지금 검찰이 기소한 것에 따르면 3억 원이고, 아마 최종판결이 나오더라도 2억5000만 원 이상의 벌금이 주민과 활동가들에게 부과될 것 같습니다. 주로 주민들이 공사의 불법성이나 주민 동의가 없었던 데 대해 항의한 것, 그리고 공사장 앞에서 집회를 하는 행위로 공사를 방해했다는 것 등의 명목으로 내려진 벌금입니다. 그런데 여기에 민사소송은 빠져 있습니다. 형사판결이 다 내려지면 그걸 근거로 민사판결이 내려질 수도 있습니다. 지금 쌍용차 문제와 관련한 손해배상이 수십억 원 나와서 문제인데요. 강정 문제도 민사소송이 어떻게 될지 모릅니다.

정욱식 그 엄청난 금액을 강정마을 주민들이나 활동가들이 부담하는 건 도저히 불가능한 상황인데요. 그래서 지금 관련 단체들이 다양한 후원모금활동을 하고 있지 않습니까? 그런 부분도 소개해주십시오.

이태호 예전부터 강정마을 법률지원 기금마련을 위한 모금위원회, 줄여서 강정모금위원회라는 것을 출범시켰습니다. 올해 상반기까지 약 2억5000만 원에서 3억 원 정도 부과될 벌금을 대비하고 주민과 활동가를 지원하기 위해서 백방으로 노력하고 있는데요. '강정모금위원회'를 인터넷에서 검색하시면 후원하실 수 있는 여러 가지 방법이 안내됩니다. 또 '평화상단'이라고 입력하시면 한라봉 등 여러 가지 제주 특산물을 구입하실 수 있는데, 수익 금액이 벌금 모금을 위해서 지원될 수 있습니다.

| 제주해군기지, 왜 만들려 하나?

정욱식 본격적으로 이야기를 하자면, 이 해군기지 건설 결정이 참여정부 때 이루어지지 않았습니까? 그때 김종대 편집장님께서도 정부에 계셨습니다.

김종대 네. 정부의 책임이 있다면, 분명 참여정부의 책임도 있다는 점, 인정합니다. 하지만 이 강정마을의 비극은 참여정부 때 주민들과 공청회, 여론 수렴 등 여러 가지 활동들이 진행됐는데, MB정부 들어서 이를 거의 방치했다는 것입니다. 그러다가 2012년 총선과 대선을 앞두고 "참여정부 때 했던 것을 왜 야당은 방해하느냐." 해서 이슈화가 되었죠. 문제는 왜 선거 때 와서 강정마을이 중요해진 것이냐에 있습니다.

정욱식 왜 그런 걸까요? 제가 기억하기로도 2010년 천안함 침몰, 또 연평도 포격 사건이 벌어진 직후, 사실상 대양해군 개념이 폐기되지 않았습니까? 그런데 대양해군을 위해 제주해군기지를 짓겠다는 게 앞뒤가 안

이태호
참여연대
사무처장

2010년 이후 진행된 미국의 아시아 회귀 전략과, 전체적인 동아시아의 군비경쟁의 영향을 받게 된 듯합니다. 그러면서 한미일 군사협력 등에 대해서도 강화하자는 논의가 되었고요. 사실 자주국방을 위해서 제주해군기지를 얘기한다고 했지만, 실제로는 한미일 해양협력의 교두보로서 제주해군기지의 전략적인 입지가 부각된 것 같습니다.

맞는 것 같아요.

이태호 사실 노무현 정부에서 대양해군론을 얘기한 것도, 그래서 제주해군기지를 만들어야겠다고 결심한 것도 사실이기 때문에, 제주해군기지 책임에서 노무현 정부 역시 자유로울 수 없습니다. 그런데 이명박 정부 들어오면서 민군 복합형 관광미항을 만들겠다는 말로 제주 주민들을 좀 헷갈리게 만들고, 개발성 공약이 나오면서 주민들에 대한 설득 작업이 들어갔습니다. 그 와중에 강정마을 주민들의 반대에도 불구하고 그 여세를 몰아 공사를 강행해왔죠. 이것이 문제의 본질입니다. 또한 이명박 정부에 와서는 북한 위협에 대비하자는 쪽으로 국방전략을 선회하려고 하는 조짐도 보였습니다. 그런데 이 큰 변곡점이 한반도에서는 천안함, 연평도 사건 등이 연이어 터지면서 북한 문제가 주로 부각되는 것 같았지만, 2010년 이후 진행된 미국의 아시아 회귀 전략과 전체적인 동아시아의 군비경쟁의 영향을 받게 된 듯합니다. 그러면서 한미일 군사협력 등에 대해서도 강화하자는 논의가 되었고요. 사실 자주국방을 위해서 제주해군기지를 건설한다고 했지만, 실제로는 한미일 해양협력의 교두보로서 제주해군기지의 전략적인 입지가 부각된 것 같습니다.

정욱식 여기서 잠깐 좀 짚고 넘어가야 될 부분이 있는데요. 참여정부 때 제주해군기지 건설을 결정하게 된 결정적인 동기, 가장 중요한 배경은 무엇이었을까요?

김종대 당시에 동북아위원회가 검토를 맡았습니다. 여기서 아까 말씀하신 대양해군이라는 취지보다는 군 내부적인 요구, 특히 진해해군기지의 포화상태와 더불어 신형 전함들의 추가 도입으로 해군이 항구가 더 필요해진 건 사실이었습니다. 해군이 7000톤급 이지스함을 도입하는 상황인데, 부산에 있는 해군작전사령부나 진해 해군기지가 포화상태다 보니까 유사시 긴급대응에 문제가 된다고 판단한 거죠. 해군이 자체적으로 기지를 확보해야 될 필요성 자체는 저도 인정합니다. 문제는 당시에 제주도가 '평화의 섬'으로 정체성을 확립해나가고 있던 상황이라는 거죠.

정욱식 네, 노무현 대통령이 2005년에 직접 제주도를 평화의 섬으로 지정한 뒤 공포도 했었죠.

김종대 그러니까 '평화'라는 정체성을 가진 제주도에 군사기지가 생기는 문제에 대해 검토를 했습니다. 처음에 생각한 기지 후보지는 강정마을이 아니었어요. 그 옆에 있는 화순이었습니다. 그런데 화순 주민들이 압도적으로 반대했습니다. 이후 대체 후보지를 물색하던 중 강정마을이 지정된 게 노무현 정부 때의 진행상황입니다.

| 날치기와 밀어붙이기

정욱식 정확히 말씀 드리면, 아마 2007년 4월에 군사작전 하듯이 주민총회를 열어서 당시 강정마을 주민 수가 2000명이 좀 안 된 상태였는데, 해녀 분들을 중심으로 87명만을 모아놓고는 표결도 없이 박수로 만장일치 통과시켰습니다. 그때부터 강정마을의 비극이 시작된 것 같습니다. 이태호 처장님, 그런 절차적인 문제를 포함해서 우리가 다시 한번 따져봐야 될 문제들에는 뭐가 있을까요?

이태호 해군기지의 절차적인 문제는 마을총회의 적법성과 관련된 겁니다. 마을총회가 제대로 공지 안 된 상태에서 미리 준비된 마을 분들을 모아놓고 박수로 통과시키면서 일종의 날치기를 시도한 것이죠. 이 결정이 이후 주민 대다수에 의해 불신임되면서 마을회장님도 탄핵되고 새로운 마을회가 구성되었습니다. 그리고 다시 주민투표를 통해 "우리 마을은 해군기지를 원하지 않는다"는 반대 입장을 표명했습니다. 해군 쪽에서는 사실 제주도 내에 해군기지를 건설하려 할 때마다 번번이 마을의 반대에 부딪치다 보니까, 더더욱 강정마을을 포기할 수가 없었던 것이죠. 그래서 이미 탄핵된 마을회장이 주도한 총회 결과를 마치 적법한 결과인 것처럼 꾸며서 해군기지를 밀어붙여왔던 것입니다.

이에 더해서 강정마을 지역은 범섬과도 가깝고 유네스코에서 지정한 생물다양성 지역과도 아주 지근거리에 있는 곳으로 주변에 연산호 군락이 많습니다. 때문에 강정마을 인근 해안이 모두 절대보전지역이었음에도 불구하고, 당시 한나라당이 장악한 도의회가 날치기로 이 문제를 처리했습니다. 환경영향평가가 제대로 안 된 상황에서 날치기한 것으로 드러나면서 더 문제가 됐는데요. 사실 절차적으로 문제가 많다는 것은 야당이나 주민들뿐 아니라 여당도 인정한 부분입니다. 그 때문인지 2011년에 총리실 주재로 해군기지 문제를 재검토하는 과정에서도 민군복합항이라는 말이 나오는데, 민항의 조건이 갖추어지기 위해 크루즈함이 들어올 수 있게 하고, 관제권도 제주도지사나 민간 주체가 관장할 수 있도록 하는 방안이 검토되었지만, 실제적으로 진행된 게 없었습니다. 오히려 해군기지는 주한미해군사령부가 요청한 대로 핵항공모함이 들어올 수 있는 규격으로 설계되었습니다.

정욱식 최대 15만 톤의 핵항모가 선회할 수 있고 정박할 수 있는, 그런 형태로 설계되어 있었습니다.

이태호 그래서 크루즈함이 오는 기지가 아니라, 미 항공모함 2척이 입항할 수 있는 규격으로 설계되고 관제권도 군이 행사하게 되는 것에 대해 총리실에서도 문제를 인정하고 재설계를 맡겼습니다. 그런데 그것도 제대로 검증이 안 됐어요. 이후 대선에서 제주해군기지를 밀어붙이겠다고 했던 박근혜 정부가 다시 등장하면서 70일간의 추가검증이라는 걸 했는데, 그게 사실은 그냥 요식절차일 뿐이었어요.

박근혜 정부는 무엇을 지키려 하나

정욱식 그러면 공사는 현재 어느 정도 진척된 상황이고 강정마을 주민들과 활동가들은 어떻게 활동을 하고 있는지 소개해주시죠.

이태호 사실 안타깝게도 해상 공사, 그러니까 방파제 공사는 50% 정도 진행됐습니다. 하지만 이곳이 해류가 너무 세서 나머지 구간 공사가 굉장히 어려워지고 있고, 조립식 방파제는 이미 비틀어지고 있다는 평가가 나오고 있습니다. 안 그래도 우려했던 연산호 군락이 폐사하고 있다고 합니다. 육상 공사도 일부 진행돼서, 지금 구럼비 바위 인근에 해군을 위한 군 관사 기초공사가 들어간 것으로 알려졌습니다. 그리고 군 관사를 기존의 해군 부지가 아닌 주민들이 사는 마을 한가운데에 짓겠다고 해서 논란이 되고 있습니다.

정욱식 정리해보면 민주적인 절차, 마을 공동체의 안보, 천혜의 자연환경, 이런 것들을 모두 파괴하면서까지 지어야 될 어떤 국가안보상의 가치가 있느냐는 건데, 이게 과연 국가안보에 도움이 된다고 볼 수 있을까요?

이태호 제주해군기지의 필요성에 대해 정부가 늘 주장하는 게, 해양안보를 위해서라는 겁니다. 특히 이어도에 접근하기 위해서는 좀 더 가까운 데 해군기지가 있어야 된다는 거죠. 이어도에는 정박 시설도 없는데, 여기에 빨리 접근하기 위해 항공모함이 들어올 수 있을 만한 거대한 기지를 지어야 된다고 하니, 그게 잘 이해가 안 되는 거죠. 독도 수호를 위한 울릉도 해군기지는 조그만 해경 함정이 들어갈 수 있는 작은 부두로 짓고 있습니다. 울릉도에 좀 더 큰 배, 프리깃함을 위한 시설을 지어야 한다는 일부 주장에 대한 해군의 공식입장은 독도가 분쟁지역임을 인정하는 것이기에 해군기지를 크게 지으면 안 된다는 거죠. 반면 수중 암초에 불과한 이어도를 지키기 위해서는 미국 항공모함이 들어올 수 있는 거대한 해군기지를 지어야 된다는 것인데, 이러한 주장은 논리적으로 설득력이 없습니다.

두 번째로, 얼마 전 방공식별구역 문제로 보수언론에서는 제주해군기지가 필요한 이유가 분명해졌다고 주장하지만 실제는 다릅니다. 방공식별구역이 터지자마자 제주도 의회가 '이어도의 날'을 제정하려고 했는데, 정부가 막았어요. 이어도의 날을 제정하면 중국과 군사적 갈등이 심해진다는 이유였죠. 방공식별구역 논쟁이 있을 때 한국 외교부나 국방부는 매우 이례적인 입장을 반복해서 냈는데요. "이어도는 영토가 아니다. 그리고 섬이 아니고 암초다"라고 공식적으로 발표했고, "한중 간에는 영토분쟁이 없다"고 했습니다.

김종대 그럼, 지킬 것이 없지 않습니까?

정욱식 그러니까 선거용으로 해군기지 문제를 써먹을 때는 이어도를 지켜야 될 엄청난 절박한 사유가 있는 것처럼 국민들을 현혹시켰다가 선거에서 이기고 나니까 슬그머니 꼬리를 내리는 거죠.

이태호 더 중요한 것은 이어도 수호 말고 도대체 해양안보라는 게 뭐냐는 겁니다. 해양안보라는 건 미군 교리에도 나오는 개념인데, 결국은 제해권에 관한 것입니다. 그런데 한국 해군이 동아시아 바다에서 제해권을 독자적으로 행사할 수 있을까요? 사실 없다고 봐야 합니다. 그러면 이 해양안보를 위해서 제해권을 누가 가질 것이냐 하는 문제인데, 한국 해군의 개념은 명확합니다. 미군과 함께 제해권을 확보하겠다는 것이고, 이점에서 제주해군기지의 목적은 분명합니다. 미군과 함께 중국 앞바다에서 제해권을 행사하겠다는 것인데, 이것은 장기적으로 한중 간에 굉장히 큰 문제가 될 수 있습니다. 특히 제주도같이 중국 코앞에 있는 지역에 미국, 일본 함정이 들어오는 거대 해군기지를 짓는 것은 굉장히 나쁜 영향을 줄 것입니다.

정욱식 이에 대해 국방부나 해군이 일관되게 얘기했던 건, 이건 대한민국 해군기지인데 왜 자꾸 미국하고 결부시키느냐는 겁니다.

| 미국의 아시아 재균형 전략과 제주해군기지

이태호 분명히 제주해군기지는 대한민국 해군의 기지입니다. 다만 이 해군기지가 미국이 요청한 규격대로 만들어진다는 것도 분명한 사실입니다. 경제위기를 겪고 있는 상황에서 오바마 행정부의 아시아 재균형정책 관련한 전략은 '동맹국의 기지를 잘 이용하고 우리가 이용할 수 있는 동맹국을 설득함으로써 그 문제를 해결하고자 한다'는 것입니다.

정욱식 이 대목에서 주한미군 주둔군 지위협정(SOFA) 규정을 다시 한번 환기할 필요가 있을 텐데요. 소파 규정에 보면 "미합중국은 대한민국의 어떤 항구나 비행장도 입항료나 착륙료를 지불하지 않고 사용할 수 있다." 이렇게 되어 있지 않습니까? 결국 해군기지가 만들어지면 미국으로서는 이용료도 지불하지 않고 사용할 수 있으니까 굉장히 경제적으로 이득이 되는 것이죠.

이태호 네, 그렇습니다. 실제로 미국은 동맹국이 아닌 나라, 예를 들어서 말레이시아나 싱가포르, 베트남 등에서도 미 해군 함정이 접근할 수 있도록 하기 위해서 외교적 노력을 집중하고 있습니다.

정욱식 해마다 비밀리에 한미일 3국이 해왔던 퍼시픽 드래곤(Pacific Dragon), '태평양의 용'이란 이름의 합동해상군사훈련이 있는데요. 2013년에 진행된 그 군사훈련의 핵심이 바로 해상MD체제, 즉 해상 미사일 방어체제 훈련이지 않았습니까?

이태호 그렇죠. 처음에는 탐색구조라고 했다가 조금 바꾸었습니다. 작전 목적에 차단작전도 들어갔고요. 그런데 차단작전을 하는데 이지스함이나 핵항공모함이 오더라고요. '아, 이건 MD 작전도 포함하겠구나.' 하는 생각이 들었습니다. 우리 국민들이 그렇게 민감해하는 일본과의 군사협력이 제주 남방에서 이뤄지고 있던 거죠.

김종대 지금 이태호 처장님께서 미중 간 또는 동북아 국가들 간 해상경쟁의 본질을 말씀해주셨습니다. 여러 나라와의 안보협력을 통해 그 나라의 항구를 이용할 수 있는 권리를 확보하려는 미국의 시도가 말라카 해협으로부터 우리 남해와 서해에 이르기까지 벌어지고 있어요. 그런 면에서 중국이 가장 민감하게 생각하는 것은 미군의 해군력이 자기의 연안, 근해로 접근하는 것입니다. 이를 차단하겠다는 게 지금 중국의 반접근 전략의 핵심이라고 할 수 있습니다.

정욱식 네, 맞습니다. 최근 중국의 군사력 건설의 핵심도 미국 주도의 MD를 무력화하고, 미국 동맹국들의 군사력이 중국 근처로 오는 것을 막는데 있습니다. 그런데 미국 입장에선 제주도에 해군기지가 만들어지면 전진 기항지를 하나 확보할 수 있는 것이고, 중국의 입장에선 대단히 불쾌할 수밖에 없을 것 같은데요.

이태호 네, 그렇습니다. 중국은 사실 누가 보기에도 앞으로 패권국가가 될게 분명하고요. 자기 해양이 봉쇄되는 것을 막기 위해서 반접근 전략을 취하고 있죠. 그래서 해군기지를 많이 만듭니다. 이에 미국은 중국을 차단하려고 전진기지를 만들고 있죠. 그래서 미중갈등이 동아시아에서 심화될 거라는 점은 명약관화(明若觀火)합니다. 여기서 한국은 패권국이라기보다는 허브 국가나 교량국가로서의 자기 국가전략을 가지는 게 가장 적합합니다. 이 점에서 해군기지를 전진 배치했다고 해서 모두 다 훌륭한 국방전략은 아닐 것입니다. 더구나 제주해군기지는 미중관계의 틈바구니에서 한국이 어떤 생존과 번영의 길을 모색할 것이냐 하는 것과 관련된 국가전략에 해당된다고 할 수 있습니다.

정욱식 사실 제주해군기지 문제를 강정마을의 여러 가지 현안, 또 한국의 자주국방 문제 등의 차원에서도 검토할 필요가 있겠습니다만, 동시에 이것이 동아시아의 급변하고 있는 정세 속에서 과연 우리에게 전략적 자산이 될 것인지, 아니면 전략적 부담이 될 것인지, 이런 문제에 대해서도 굉장히 심도 깊은 검토가 필요합니다. 아직 공사 중이라고 하니까 대한민국의 안보, 더 나아가서 한반도와 동북아의 평화와 번영을 위해서 이 해군기지 문제를 어떻게 해야 할지 우리가 심사숙고하는 그런 계기가 되었으면 하는 바람입니다.

대개 해군기지는 해안선이 들어간 '만'에 만들어지는데 강정마을은 밖으로 돌출된 '곶'이다. 그래서 알 만한 사람들은 이 마을이 해군기지 입지로 부적절하다고 지적해왔다. 이를 보여주듯 2014년 7월 9일, 강정마을을 스쳐 지나간 2급 태풍 '너구리'로 케이슨 3개가 훼손됐다. 2012년에는 태풍 볼라벤으로 케이슨 6개가 파괴됐었다. 태풍이 지나간 제주 남방 해역에선 한미일 해군이 몰려와 합동군사훈련을 실시했다. 강정마을과 대한민국의 불안한 앞날을 보여주는 것 같아 씁쓸하다.

치타에게 쫓기는 영양의 철학

매트 리들리라는 저명한 생물학자가 있었습니다. 태양이 작열하는 1990
년대 초의 무더운 여름날이었습니다. 리들리는 아프리카 초원에서 동물
들의 생태를 유심히 관찰하고 있었습니다. 어느 날 그가 치타에게 쫓기
는 영양 떼를 관찰하면서 문득 한 가지 사실을 깨닫게 됩니다. 그의 저서
《붉은 여왕》에서는 그 사실을 다음과 같이 말하고 있습니다.

> 아프리카 초원에 사는 영양은 치타에게 잡아먹히지 않으려고 노력
> 한다. 하지만 일단 치타가 공격해올 때 영양은 치타보다 더 빨리 도
> 망치려는 것이 아니다. 영양의 행태를 보면 치타보다 빨리 도망치는
> 것이 아니라 자신의 동료인 다른 영양보다 더 빨리 도망치려고 애쓴
> 다. 중요한 것은 자신이 동료보다 빨리 뜀으로써 죽음을 피하고자 하
> 는 것이다.

아프리카 영양을 관찰하면서 매들리는 인간과 동물을 불문하고 '내

부경쟁'의 원리가 관통하고 있다는 사실을 발견합니다. 동물은 실제 천적에게 죽는 비율이 10%도 안 된다고 합니다. 90%는 내부 종족 간의 다툼 때문이라고 합니다. 암컷을 차지하고 영역을 확보하기 위한 자기들끼리의 전쟁 때문입니다.

사람도 마찬가지입니다. 겉으로는 공동체의 안전을 위협하는 적에 맞서기 위해 국가를 조직하고 군대를 유지하는 것처럼 보입니다. 그러나 실제로는 내부의 위계질서를 형성하는 데 이용되는 명분일 따름입니다. 중요한 것은 적에 맞서는 것이 아니라 내부의 경쟁자보다 우위를 점하는 것입니다. 공동체 안전의 실제적 문제를 해결하기 위해 안보 문제가 중요한 것이 아니라, 군 내부에서, 그리고 사회에서 특정 군부가 일정한 위상을 점하기 위해 안보 논리가 이용되는 것이라고 하겠습니다.

최근 중국과의 이어도 문제가 부각되고 있습니다. 영토도 아니고 물속 암초에 불과한 이 작은 바위 덩어리를 지켜야 한다는 인식이 확산되자 해군은 이지스 구축함을 6대 도입해서 이어도 기동군단을 만든다고 합니다. 공군은 이어도 작전을 위해 공중급유기 4대를 도입한다고 합니다. 제주해군기지 건설 속도는 더 빨라집니다. 해병대는 제주도 해병사령부를 만든다고 합니다. 공군은 제주도에 군 전용 비행장을 만들어야 한다고 합니다. 아무도 점령할 수 없는 물속 암초 하나에 국가는 수십조 원의 예산을 쏟아부어야 할 판입니다. 이렇게 다 제주도로 달려가면 휴전선은 누가 지킵니까?

왜 이렇게 할까요? 바로 우리의 육해공군과 해병대의 내부경쟁 때문입니다. 이어도 방어라는 하나의 안보 대상이 생겨나자 각 군이 서로 예산과 조직을 늘리려는 내부경쟁이 시작됩니다. 그렇게 수십조 원을 쏟아부어 작은 암초 덩어리 하나를 지킨다 한들, 안보의 무엇이 달라집니까? 설령 그렇게 하지 않는다고 해서 우리에게 어떤 문제가 있습니까? 이것은 마치 공동체의 안전을 침해하는 위협에 힘을 모아 맞서는 것이 아니라, 자기 조직과 개인의 이익을 추종하는 영양의 움직임과 다를 것이 없습니다.

이렇게 되면 분쟁 그 자체를 목적으로 하는 군사주의가 모든 외교정책을 압도하게 됩니다. 여기에서 우리의 국가 이성이 붕괴될 것이며, 안전보장의 합리성이 잠식됨으로써 결과적으로 우리의 안보가 더 나빠집니다. 이것이 바로 가짜안보입니다.

2부
코리아 아마겟돈

MD, 신의 방패인가 찢어진 우산인가?
핵밀집조와 안보
동북아시아의 게임체인저는?
한국, 핵무장 해야 하나?
남북한이 1대1로 싸우면?

MD, 신의 방패인가 찢어진 우산인가?

"정부는 강력한 한미 연합방위체제를 유지하면서 '킬체인(Kill Chain)' 과 한국형 미사일방어체제(KAMD) 등 핵과 대량살상무기(WMD) 대응 능력을 조기에 확보해 북한 정권이 집착하는 핵과 미사일이 더 이 상 쓸모없다는 것을 스스로 인식하도록 할 것이다." 박근혜 대통 령이 2013년 10월 1일 국군의 날 기념사에서 밝힌 내용이다. 킬 체 인이라는 '창'(공격 수단)과 KAMD라는 '방패'(방어 수단)를 동시에 갖춰 북 핵을 무용지물로 만들겠다는 의미이다. 실제로 이를 전후해 한미, 한미일 간에 MD 구축 움직임이 가속화되고 있다. 그렇다면 킬 체 인과 MD는 대한민국의 안보를 지키는 튼튼한 보루가 될 수 있을 까? 안타깝게도 군비경쟁과 안보 딜레마를 격화시켜 우리 안보를 위태롭게 하는 결과를 낳을 공산이 커지고 있다. 한미일이 북핵을 무력화시키려고 군비증강에 나설수록 북한도 핵과 미사일 전력 증강으로 맞설 것이 불 보듯 뻔하기 때문이다.

*2013년 10월 9일과 2014년 3월 26일 방송을 정리한 것입니다.

| 전시작전권 환수는 언제나 시기상조

김종대 2013년 10월 2일에 45차 한미연례안보협의회(SCM) 회의가 서울에서 열렸어요. 여기서 전시작적권 환수 시기 재조정, 한국형 미사일방어체제(MD)라는 KAMD, 그리고 북한의 핵미사일을 탐지해서 타격하고 확인한다는 '킬체인' 등에 대한 얘기가 나왔습니다. 정욱식 대표는 이번 SCM 회의를 어떻게 보셨습니까?

정욱식 "2015년 12월 예정이던 전시작전권 환수를 재연기한다는 데 한미 간 공감대 형성이 됐다"는 얘기가 있고요. 또 미국은 "조건과 능력을 보겠다"는 얘기가 있던데요. 여기서 미국이 전작권 연기를 조건으로 한국의 MD 참여, 방위분담금, F-35 도입 등의 문제들을 엮어 한국 정부의 태도를 보겠다는 뉘앙스를 강하게 풍긴 것 같습니다. 그런데 박근혜 대통령은 대선공약부터 올해(2013년) 2월과 6월 각각 인수위와 국방부 보고까지 거듭 "차질 없이 전작권을 환수하겠다"고 하지 않았습니까? 박근혜 정부가 왜 이런 약속을 뒤집고 미국에 다시 전작권 환수를 늦춰달라고 요청하고 있는지를 좀 따져봐야 할 것 같습니다. 저는 일단 국내정치적인 고려가 상당 부분 개입돼 있다고 생각합니다. 우리는 이미 북한의 20배가 넘는 군사비를 지출하고 있고 지난 20~30년간 국방비를 엄청나게 써왔는데, 보수정권과 정치인들이 전작권 환수에 알레르기 반응을 보이고 있지 않습니까?

김종대 아기가 젖 뗄 때 어떻습니까? 하루 종일 울죠? 젖을 물고 있어야 안전하다고 느끼는 아기는 성장하기 위해 젖을 떼는 순간 모든 세상이 불안하고 캄캄하다고 느낄 겁니다. 그러나 그 과정을 거치지 않을 수 없으니 엄마는 아기가 힘들어하고 불안해한다는 걸 알면서도 젖을 떼게 하지요. 전작권도 마찬가지인 것입니다. 아니, 전 세계 어떤 나라가 국가주권의 핵심이자 본질이라고 할 수 있는 작전통제권을 63년간 외국군에게 맡겨놓습니까? 노태우 대통령 때도 작전권을 가져온다고 선거 공약으로 내놨었는데, 이걸 김영삼 정부는 평시와 전시로 나눠서 결국은 반쪽만 가져왔죠. 무슨 작전권을 평시와 전시로 나눕니까? 작전권은 원래 전시를 가정한 것인데 말이죠.

정욱식 그러니까 북핵 능력이 증대돼서 전작권을 환수하긴 이르다는 게 박근혜 정부의 핵심논리지만, 북핵 논란은 예전부터 있었던 것입니다. 2013년 2월 북한의 3차 핵실험 직후에 나온 박근혜 정부의 인수위 보고서에서도 "전작권을 차질 없이 가져오겠다"고 했던 걸 보면 이 논리는 인과관계 자체가 잘 성립이 안 되는 부분이 있습니다. 북한과 협상 없이 방치만 하면 북핵은 계속 늘어날 텐데요. 북핵이 늘어나면 또 못 한다고 할 테고, 이런 논리구조에 대한민국 주권은 영원히 제약받게 되는 상황을 극복할 수 없는 것이죠.

김종대 과정 이야기만 되풀이하면서 결론을 못 내리는 논리구조, 즉 순환 논법에 빠져 있단 생각이 듭니다. 항상 북한의 핵미사일 능력이 있는 한 전작권 환수시기 논의는 시기상조라는 전제조건을 다는데, 그러면 도대체 이게 언제 해결될지에 대한 전망이 없는 거예요.

이번 SCM 회의에서 특히 제가 관심을 가졌던 부분은 MD와 킬체인인데요. 이 두 가지가 준비돼야 북한 핵미사일을 방어할 수 있기 때문에 전작권 얘기는 그다음이라는 얘긴데, 과연 이것들이 실효성 있는 대안이라고 보십니까?

| 킬체인과 MD, 효율성을 따져봐야

정욱식 MD는 사실 밑 빠진 독에 물 붓기 식의 돈 먹는 하마입니다. 킬체인만 하더라도 2022년까지 15조 원, 한국형 MD가 10조 원 정도 필요하다고 합니다. 그것도 초기 단계 구축에만 드는 비용입니다. 그런데 북한이 팔짱만 끼고 있겠습니까? 한미동맹의 MD와 공격력 증강에 맞서 핵과 미사일을 늘리려고 하겠죠. 이처럼 북한의 핵과 미사일이 계속해서 늘어난다고 가정했을 땐, 국가예산 전체를 다 투입해도 모자라게 될 겁니다.

김종대 기술적 실효성 문제를 따져보지 않은 가운데 용어가 남발되는 것은 군사적 개념이라기보단 정치적 수사 같은 느낌이 들어요. 그런데 여기서 청취자 분들이 킬체인과 MD가 같은 건지 다른 건지 궁금해하실 수 있는데요. 우리 군 당국에서는 미사일 제압을 두 가지 차원에서 보고 있습니다. 먼저 미사일 발사 이전에 발사 징후를 보고 사전에 공격해서 제압하는 것이 킬체인입니다. 그리고 발사된 미사일을 공중에서 요격하는 것이 MD죠. 요즘 이 2개가 쌍둥이처럼 묶여서 얘기되고 있어 헷갈리실 수 있습니다.

정욱식 그 선제공격과 MD를 묶어서 봤던 것이 조지 W. 부시 행정부의 핵심적인 군사전략이었죠. 부시가 그 독트린을 가지고 21세기를 미국의 시대로 만들겠다고 호언장담했습니다만, 결국 그 때문에 국방비 지출만 늘어나 오늘날 미국 경제가 어려워지는 데 한몫을 했습니다. 부시가 백악관 들어갈 때 미국 국방비가 3000억 달러쯤이었는데, 나갈 때는 8000억 달러 가까이로 늘어났습니다. 이것을 한국 정부가 답습하려는 모습이 대단히 안타깝습니다.

북핵이 서울에 떨어지면 100만 명 안팎의 사망자에 엄청난 경제손실이라는 피해가 예상되기 때문에, 이를 무조건 막으려는 심리 상태는 이해합니다. 그러나 우리가 북핵에 대응하는 데 과연 한미연합전략이 약한지, 억제력이 부족하기 때문에 선제공격 전략인 킬체인이나 MD가 필요한지 따져봐야 합니다. 그런 신중한 검토 없이 무작정 "북한이 쏘기 전에 먼저 쏘겠다." 그러면 어떻게 되겠습니까? 군사적 긴장이 필연적으로 고조될 수밖에 없죠. 또한 탄도미사일은 가장 느려도 초속 1km입니다. MD는 이 탄도미사일을 미사일로 요격한다는 얘긴데, 비용 자체가 엄청나게 많이 들 뿐 아니라 실험평가 결과 요격 성공률도 30~40% 정도밖에 안 된다고 합니다. 비유를 하자면 페널티킥 할 때 키커가 공 차는 방향을 알려주고 차도 방어율이 30~40%라는 겁니다. 그럼 실전 요격률은 훨씬 더 떨어진다는 의미거든요.

김종대 좀 더 구체적으로 말씀 드리면, 이 MD에서 대표적인 게 공중에서 요격하는 패트리어트 최신형인 PAC-3입니다. 이것이 요격 가능한 범위는 미사일 고도 30km 이내에 접근했을 때로, 광범위한 지역방어는 힘듭니다.

정욱식 패트리어트는 기본적으로 거점 방어(point defense) 시스템입니다. 청와대를 방어하려면 청와대에 패트리어트 시스템을 배치해야 되는 거죠.

김종대 대응 시간도 5초라 그 범위 안에 들어오면 5초 안에 발사해 명중해야 하는 겁니다. 이게 가능할지 극히 의문입니다.

정욱식 실제로 2003년 미국과 영국이 이라크 침공 직전에 가장 먼저 패트리어트 미사일 부대를 배치했는데, 요격 판단 시간이 굉장히 짧다 보니 기계의 오작동이나 작전병의 오판 때문에 이라크의 탄도미사일을 한 발도 요격하지 못했습니다. 오히려 미국과 영국의 전투기만 1대씩 요격해서, '아군 전투기 잡는 패트리어트'라는 오명에 시달렸습니다. 우리 경우도, 만약 성남공항을 향해서 뭔가 날아오면 패트리어트 스크린에 뜨게 되는데, 그게 탄도미사일인지 아군 전투기인지를 5초 내에 판단하고 발사 버튼을 눌러야 되는 거예요.

김종대 네, 북한 미사일의 발사, 중간, 종말 단계를 보면, 하층에 진입했을 종말 단계를 위한 것이 한국형 MD의 하층방어라고 국방부는 설명하고 있습니다. 그래서 대응시간을 좀 늘리려고 중간단계인 더 상층에서 요격하는 방법이 이지스함에 배치된 스탠다드 미사일, SM-3입니다. 이건 어떤가요?

정욱식 SM-3로 수도권을 방어하려면 서해나 동해, 즉 측면에서 요격을 시도해야 하는데, 정면에서 요격해도 잘 안 맞는 게 MD거든요. 그렇다고 SM-3를 남해에서 발사하면 수도권에 다다르지도 못합니다. 따라서 SM-3는 한국형 MD와 아무 관계도 없는 무기체계입니다. 1999년 미국 국방부 보고서에서도 해상 MD는 한국 방어에 별로 기여를 못 한다고 나와 있습니다. 이 밖에도 이번 SCM 공동성명에서 언론이 빼먹은 가장 중요한 부분이 있습니다. '지휘통제체계의 상호운영성 증대'라는 내용이 들어갔는데요. 이건 MD에 필요한 정보만을 주고받는 단계를 넘어 요격까지 같이 운영하겠다는 뜻입니다. 한미 MD가 일체화되어야 한단 말이죠. 이것이 나오는 순간 저는 KAMD가 미국 MD와 다르다는 것은 더 이상 유효하지 않은 얘기라는 생각이 들었습니다.

김종대 한국형, 미국형 MD도 사실 한국 정부의 얘기지, 미국은 지금까지 그런 구분을 한 적이 없어요.

정욱식 사실 이명박 정부 때 전작권 환수를 연기하면서 미국과 밀실 회의를 통해 한미 간 MD 협력을 일본, 괌까지 연장해 단일 전장권으로 한다는 데 합의해줬습니다. 이것이 전작권 환수 연기에 대한 대표적인, 그러나 알려지지 않은 선물이었던 거죠. 그리고 2009년 5~6월에 비밀리에 열린 한미일 3자 간 국방회의에서 한미일 MD에 대한 기본적 얘기가 진행됐던 것도 위키리크스에서 폭로한 미국 외교전문에 생생하게 나옵니다. 그리고 한일군사정보보호협정을 2012년에 몰래 추진하다 들통이 나서 홍역을 치렀는데요. 박근혜 정부가 이를 다시 추진할 가능성도 있다는 점을 유념해야 합니다.

| 한미일 삼각동맹과 안갯속의 동북아 정세

김종대 한미일 3자 간에 뭔가 큰 변화가 일어나고 있는 듯한 느낌이 드는데요. 우리는 일본에 대해 국민적 우려를 자아낼 만한 역사와 문화가 있는데, 그 반발을 예상하면서도 이렇게 급속히 진행하는 방향으로 가는 궁극적 목표는 대체 뭘까요?

정욱식 문서를 통해서도 충분히 보여드릴 수 있는 사실이 있는데요. 이명박 정부 때 가졌던 흡수통일론을 미국이 역이용한 측면이 강합니다. 미국은 한국 주도로 통일하려면 미국뿐 아니라 일본과도 관계를 개선하고 한미일 삼각동맹으로 가야 한다고 한 측면이 있습니다. 박근혜 정부 들어서는 집권여당인 새누리당이 지나치게 국내정치적 목적으로 통일외교 안보 문제를 접근하는 데 큰 이유가 있다고 생각합니다.

김종대 안보와 보수의 가치를 함께 앞세워서 북한엔 강압적으로 대하고 나아가 중국까지 견제할 수 있는 안보적 차원의 접근이 국민한테 표도 얻고 불안감을 씻을 수 있다는, 보수의 가치랄까? 이것을 얘기하시는 것 같은데요. 맞습니까?

 전작권을 미국이 가지고 있으면 전쟁 시 미국 개입을 무조건 보장받을 수 있다는 것은 일종의 착각입니다. 미국은 전쟁 발발 원인, 개입 시 미국의 득실관계, 그리고 전후 처리나 비용 문제 등을 종합적으로 판단해서 개입 여부를 결정할 것입니다.

정욱식 네, 예를 들어 전작권 환수도, 미국은 오히려 반대하지 않았다는 사실이 잘 알려져 있지 않습니까? 미국은 오히려 빨리 가져가라는 입장이었고⋯⋯. 한 가지 근본적인 문제는 한반도에서 전쟁이 터지면 미국은 자동 개입하는 것이 아니라는 겁니다. 미국의 헌법적 절차에 따라 개입 여부를 판단합니다. 예를 들어 한국이 미국의 사전동의 없이 북한을 타격한다면 미국이 "너희가 시작해놓고 왜 우리한테 책임지라고 하냐"고 할 수도 있습니다. 만약 북한의 선제공격에 의한 것이라면 미국도 자국 군사를 보호하고 침략자를 징벌하기 위해 신속하게 의회가 개입을 승인해주겠죠. 하지만 전작권을 미국이 가지고 있으면 전쟁 시 미국 개입을 무조건 보장받을 수 있다는 것은 일종의 착각입니다. 미국은 전쟁 발발 원인, 개입 시 미국의 득실관계, 그리고 전후 처리나 비용 문제 등을 종합적으로 판단해서 개입 여부를 결정할 것입니다.

김종대 2010년 11월 연평도 포격 때도 한민구 합창의장이 월터 샤프 당시 한미연합사 사령관에게 보복공격을 할 것인지 물어봤다는 겁니다. 그러자 샤프 사령관이 벌컥 화를 냈다고 해요. 한국 정부가 결정할 일이지 그걸 왜 나한테 물어보느냐는 거죠. 연합사령관도 본국 결정 없이 된다 안된다를 얘기할 수 없는 겁니다. 그런데 당시 우리 장군들은 그전에 이미 두 패로 갈라져서 이걸 미국한테 물어볼지 말지를 두고 일주일을 싸웠어요. 그런데 패트리어트 미사일 갖고 요격할 것이냐, 말 것이냐를 판단하는 데 5초밖에 여유가 없다고 하잖아요. 이런 나라가 좋은 무기가 있다한들 제대로 써먹을 능력이 있을까요? 작전권 행사도 안 해봤는데.

정욱식 그런데 한반도 안보상황은 긴박하게 돌아가고 있습니다. 2014년 3

월 26일 새벽이었죠? 네덜란드 헤이그에서 한미일 정상회담이 열린 직후, 북한이 노동미사일을 시험발사해 한반도 정세가 심상치 않게 전개되고 있습니다. 이게 또 한미일 MD의 구실로 이용될 거고요.

김종대 원래 헤이그에서 열린 핵안보정상회의는 53개국 정상이 참여하는 국제적인 핵 안보에 관한 회의인데요, 여기서 세력균형이나 동맹을 논하는 건 적절치 않았어요. 그런데 한미일 정상들은 공동성명을 발표해 북한의 핵미사일 위협이 동북아의 핵심적 사안이라고 보고 3국이 공동으로 대처하겠다고 선언했습니다. 특히 미국이 본심을 드러냈어요. 구체적으로 '3자가 결속'할 수 있는 방법으로 군사훈련과 미사일방어체제를 구축하자는 발언을 했죠. 이렇게 되면 군사정보 공유의 길을 트고 해상에서 공동훈련을 할 것으로 예상됩니다. MD의 핵심 중 하나가 해상 협력이에요.

정욱식 실제로 2013년 6월에 제주 남방 해역에서 퍼시픽드래곤 한미일 해상MD 훈련이 진행됐습니다. 한미일 3자 정보공유 양해각서 체결과 관련해서도 중요한 게 있습니다. 2012년 당시에는 한일군사정보보호협정에 국회 비준이 필요해 논란이 일었는데요. 이번에는 MOU, 즉 양해각서로 간다고 하니 이건 논의나 비준절차를 밟지 않겠다는 의미가 분명한 것 같습니다. 또 한일 양자협정은 한국 국민들의 거부감이 크니 이 사이에 미국을 끼워 넣어 3자협정으로 가려는 움직임도 보이고요.

김종대 이게 오늘 꼭 말씀 드리고 싶은 부분인데, 이 군사정보보호 양해각서와 MD가 무슨 관계가 있는지에 대한 겁니다. 군사정보보호협정을 체결하려는 목적은 특히 한일 간에 체결하려던 정보보호협정 제6조에 있는 특허권, 다시 말해 지적재산권 보호조항입니다. 이는 1990년을 전후해 미국의 전략방위구상(Strategic Defense Initiative)에 한국이 참여하게 해주는 선결조건으로 내밀었던 한미특허비밀보호협정(Patent Secrecy Agreement)과도 유사한데요. 한국이 SDI 참여 시 미국의 군사위성이나 미사일을 탐지하는 조기경보 시스템에 내장된 첨단 군사기술을 한국 정부가 악용하지 못하게, 이를 보호하겠다는 얘기였습니다. MD 역시 일본이 미국의 요격미사일 개발비용 일부를 대고 기술도 제공하고 있으니 한국이 MD를 들여오는 데 이 한일군사정보보호협정을 선결조건으로 내민 겁니다.

정욱식 여기서 역사가 돌고 도는 게요. 요격미사일이 초고속으로 날아갈 때 탄두를 보호할 수 있는 탄피 기술이 굉장히 중요한데, 여기에 세라믹만 한 게 없거든요. 그런데 일본 세라믹 기술의 상당 부분은 임진왜란 때 강제로 잡혀간 조선의 도공들에 의해서 발전되었습니다. 이러한 세라믹 기술이 미일 간 신형 SM-3 미사일의 탄두 개발에 이용되고 있는 겁니다. 청취자 분들께 참고로 설명 드리면, 현재 한국의 이지스함 3척에 달려 있는 요격미사일은 SM-2로 속도가 느린 순항미사일이나 항공기 요격용이고, SM-3는 탄도미사일 요격용으로 개량한 미사일입니다. 한국군 일각에서는 우리도 SM-3를 도입해야 한다는 주장이 나오고 있고요.

김종대 그렇죠. 이 SM-3로 미사일도 잡고, 동·서·남해에서 끝내주는 방공체제가 확립되는 걸로 아는데, 이건 착각이에요. 왜냐하면 이건 고고도로 날아가기 때문에, 북한이 쏜 미사일이 포물선을 중간궤도까지 그렸을 때 마주보고 달려가서 잡는 거란 말이죠. 그런데 측면(동해, 서해)에서 요격하면 그만큼 요격률이 떨어진다고 봐야 돼요.

정욱식 앞에서도 말씀 드렸듯이 미국 국방부도 MD 보고서를 내면서 SM-3를 이용한 해상MD는 한국 방어에 별 효과가 없다고 얘기했고, 최근 미 의회 조사국 보고서에서도 같은 내용을 담았는데요. 오바마 행정부는 한반도 유사시 한반도는 물론 일본, 하와이까지 단일 전장권에 해당되기 때문에 한국이 일본과 미국의 섬들 방어에까지 기여해야 된다는 논리 아닙니까?

김종대 추가적으로 설명 드리면, 북한의 미사일 포물선에 맞춰 고고도로 올라가는 SM-3 미사일이 궤도를 잡으려면 북한 미사일 기지와 어느 정도 거리가 확보돼야 합니다. 그러면 이지스함에 SM-3가 탑재됐을 때의 작전은 한반도 근해를 벗어나 동중국해까지 가서 해야 돼요. 결국 MD를 추종하는 동안 이지스함이 한반도 방위에서 수행해야 할 주요 임무는 오히려 할 수가 없게 되죠. 해군 출신인 최윤희 신임 합참의장이 부임하면서 우리가 이 미사일을 사는 것 아니냐는 관측이 많았지만 아직까지도 사겠단 말은 못 하고 있어요. MD 참여로 중국과의 마찰이 우려된다는 정치적 고려뿐만 아니라, 3조 원짜리 배에 SM-3를 탑재해 MD 작전을 하기에는 우리가 준비돼 있지 않다는 거예요. 그렇게 하면 다른 군사적 기능을 다 포기해야 된다는 실무적 검토도 있었습니다.

정욱식 북한의 핵, 미사일 위협 때문에 빨리 MD를 해야 한다는 단세포적 사고방식을 넘어서, 군사적 실효성이나 경제적 타당성, 이것이 정치외교적으로 몰고 올 여러 가지 파장을 고려해야 한다는 말씀이시죠? 그런데 안타깝게 이런 중대한 국면에, 아까 말씀 드린 것처럼 북한이 또 탄도미사일을 쐈어요.

김종대 나 참, 이때 맞춰서 명분을 줍니까? 지금 MD 못 해 조바심이 났는데.

정욱식 그러니까요. 북한 스스로 한미일 삼각동맹을 맹비난하고 경계하면서, 그 구실을 누구보다 잘 제공해주고 있어요. 정말 동북아 평화의 X맨 아닌가 하는 생각이 듭니다. 2009년 4월 북한이 광명성을 쐈을 때도, 미국 내에선 오바마 행정부 출범 직후라 대북정책의 중심을 협상에 둘 것이냐 한미일 삼각동맹으로 갈 것이냐로 갈리던 시점이었는데요. 광명성 발사가 동맹파에 좋은 기회를 주지 않았습니까?

김종대 그러니까 이렇게 국제적 매파와 북한의 강경파가 손발이 척척 맞아서, 균형을 잡고 문제를 중도적·사실적으로 보려는 사람들이 목소리를 내기가 힘들어지게 돼요.

정욱식 여기서 북한의 노동미사일 발사가 가진 함의란, 핵무기를 운반할 수 있는 수단을 갖고 있다고 과시하는 것이죠. 박근혜 대통령은 "대화는 북핵 고도화의 시간만 벌어줄 뿐이다"라고 입버릇처럼 말씀하시는데, 과연 대화가 그런 건지, 대화 단절이 그런 건지는 좀 따져봐야 합니다. 헤이그에 가서 하신 말씀을 쭉 봐도 한국이 어려운 상황을 자꾸만 자초하는데 안타까운 생각이 듭니다.

김종대 결국 지금 동북아에서 확산되는 군사주의 내지는 국가주의, 세력균형과 동맹의 담론으로 동아시아가 회귀하는 흐름이 유감스럽지만 존재한다고 봐야 할 것 같고요. 이런 것들이 앞으로 신냉전적 한반도 질서를 강요하게 된다면 분단체제를 이용한 냉전식 기득권 연장으로 가는 길을 강화하는 흐름이 될까 우려됩니다. 이게 쪽박이지 어떻게 통일대박이 되겠습니까? 이를 극복하지 못한다면 남북한은 더 멀어지고 주변 국가들의 한반도 문제에 대한 개입력이 높아지는 강대국 정치가 됩니다. 이런 강대국 정치로 한반도에 개입하는 행위자가 많아져서 우리가 좋은 결과 본 적 있습니까? 자, 우리가 MD 얘기를 비교적 자주 하는 이유는 이 무기가 단순히 하나의 무기체계가 아니라, 국가전략, 국제관계에 엄청난 함의를 갖고 있기 때문이에요.

정욱식 지당하신 말씀입니다. 특히 우리 입장에선 각별히 신경 써야 할 주제입니다. MD가 강해지면 북핵은 늘어나고, 그 역의 관계도 성립하니까 말이죠. 북핵과 MD가 서로를 먹잇감으로 삼아 동반성장하게 되면, 한국의 미래는 그야말로 우울해질 수밖에 없습니다.

☮

방송이 나간 후에 MD와 관련해 세 가지 중대한 흐름이 나타나고 있다. 첫째는 한미일 3자 군사정보 공유 양해각서 체결이 가시화되고 있다는 것이다. 둘째는 박근혜 정부가 최신형 패트리어트 미사일 PAC-3 도입을 결정하는 등 한국형 MD 구축에 박차를 가하면서 미군과의 상호운용성을 강화키로 한 것이다. 끝으로 미국이 한국에 사드(THAAD) 배치를 검토하고 박근혜 정부도 호의적인 입장을 보이고 있다는 것이다.

핵발전소와 안보

박근혜 정부는 2014년 1월 14일 국무회의에서 '제2차 에너지 기본계획'을 확정했다. 그 내용에는 2035년에 이르면 전력 수요가 2011년 대비 80% 증가할 것으로 보고, 핵발전소 5~7기를 추가로 건설키로 했다는 것이 있다. 이렇게 되면 현재 보유하고 있는 23기, 현재 건설 중이거나 계획 중인 11기에 더해 총 40기 안팎의 원전이 들어서게 된다. 2011년 3월 발생한 일본 후쿠시마 원전 사고로 '탈원전'은 세계적인 추세로 자리 잡고 있다. 그런데 한국 정부는 정반대로 움직이고 있다. 일본의 위기를 한국이 원전을 수출할 수 있는 기회로 인식하는 '원전 상업주의'가 팽배하다. 또한 이미 세계 최대의 원전 밀집도를 갖고 있는 한국에 핵발전소를 추가로 대거 지을 계획까지 내놓고 있다. 그렇다면 '원전 마피아'가 주장하는 것처럼, 핵발전은 안전하고 깨끗하며 저렴한 에너지원일까? 그래서 도저히 포기할 수 없는 것일까?

*2014년 1월 22일 방송을 정리한 것입니다.

| 핵발전소 더 짓겠다?

정욱식 오늘 이 자리에는 에너지정의행동의 이헌석 대표님이 나오셨습니다. 정부에서 핵발전 증설계획을 내놓는 바람에 많이 바쁘실 것 같은데, 공론화가 좀 되나요?

이헌석 후쿠시마 사고 이후에 핵발전소 문제가 많이 언급되지 않았습니까? 아직까지 후쿠시마 사고에 대해 '위험하다' '문제가 있다' 이런 건 있는데, 다음 단계인 '에너지 기본계획'은 낯선 표현입니다. 이런 계획이 있는지도 모르는 국민이 더 많고요. 에너지 기본계획이 어떻게 됐다고 알리고 공청회장에서 항의하다 끌려나오기도 하는데, 역량이 달리네요.

정욱식 최근에 나온 박근혜 정부의 2차 에너지 기본계획 내용을 훑어보니, 에너지 관련 종합계획이라기보다 원자력 발전소를 더 많이 짓겠다는 걸로 요약할 수 있는데요, 자세한 내용을 소개해주시죠.

이헌석 에너지 기본계획은 5년에 한 번씩, 대통령이 바뀔 때마다 짜게 돼 있습니다. 보통은 20년 단위로 계획을 짜고요, 현재 계획은 2035년까지의 계획을 담도록 돼 있어요. 에너지와 관련한 모든 정책이 다 포함된 이 총체적인 계획 중에서 항상 가장 큰 쟁점이 됐던 건 '핵발전 비중을 얼마로 할 것인가' '핵발전소를 얼마나 더 지을 것인가'입니다. 그런데 좀 세게 표현하면 정부가 국민을 속인 게 있습니다. 1차 에너지 기본계획 때는 핵발전 비중 목표가 전체 전력 중에서 41%였는데 이번에 발표된 계획에서는 29%로 줄어들었어요. 숫자만 보면 탈핵으로 가는 것처럼 보이니까 발표 직후 두산중공업이나 한전기술 같은 원전 관련 회사들의 주가가 폭락했어요. 그런데 다음 날 바로 주가가 반등했는데, 증시 쪽 있는 분들이 "탈핵이 아니다. 내용을 알고 보면 비중만 줄어드는 것이지 발전소는 더 짓는 것"이라고 하더라고요. 현재 전국에 23개의 핵발전소가 돌아가고 있고, 11개를 건설 중이거나 계획 중입니다. 그런데 이 외에도 5개를 추가로 짓는다고 하니, 합치면 39개가 되는 겁니다. 23개가 39개로 늘어나니 누가 보더라도 증핵인 거죠. 그럼 왜 이런 숫자 장난이 나오는 걸까요? 2035년 전력소비 총량을 현재와 대비해 80%가 늘어나는 걸로 잡은 겁니다. 이렇게 잡다 보니 과거의 핵발전 비율 41%에 비해 29%가 상대적인 비율은 줄어드는 것으로 보여도 절대량은 오히려 좀 늘어나게 됩니다.

정욱식 80% 증가면 전기를 흥청망청 마음껏 쓰란 거네요? 제가 얼핏 듣기로는 우리나라 1인당 에너지 소비율이 굉장히 높은 수준이라고 하던데요.

이헌석 이미 우리나라가 독일이나 프랑스보다 전기를 많이 쓰고 있습니다. 그리고 전 세계적으로 미국이 전기를 굉장히 많이 쓰는 나라로 알려져 있지 않습니까? 그런데 지금처럼 간다고 가정할 때 2030년대쯤 되면 미국보다 한국이 전기를 더 많이 쓰는 걸로 나옵니다.

정욱식 그 대가가 어떤 건지에 대해서 심사숙고를 해야 될 것 같은데요. 지금 원전 23기 가운데 수명이 다 된 원전도 좀 있지 않나요?

이헌석 고리 1호기와 월성 1호기가 수명이 다 됐고, 고리 1호기는 기한이 다 됐는데도 수명을 10년 연장했습니다. 2017년도까지 수명이 연장돼 있는 상태죠. 월성 1호기는 현재 수명 연장 심사 중에 있습니다.

| 한국 원전, 과연 안전한가?

정욱식 원전의 위험성을 따질 때 우리가 쉽게 떠올리는 게 구 소련의 체르노빌과 일본의 후쿠시마 사고인데요, 지금 두 곳의 상황이 궁금합니다. 혹시 체르노빌도 다녀오셨나요?

이헌석 예, 두 곳 다 다녀왔습니다. 체르노빌은 후쿠시마 사고 직후인 2011년도 4월에 사고 25주기에 맞춰서 방문했습니다. 최소 반경 30km 근처는 지금도 출입이 통제되고 있는데요. 출입통제 구역도 여러 군데로 나뉘어 있습니다. 지금도 약 4000명이 매일 그 안에서 피해복구 작업을 하고 있습니다. 발전소 폐로라는 것이 그냥 건물 해체하듯 할 수 있는 것이 아닙니다. 폭파된 체르노빌 원전은 4호기인데 지금은 1~4호기 4곳을 다 폐로해야 되기 때문이죠.

정욱식 보통 우리가 핵폭발이라고 하면 핵실험이나 히로시마·나가사키 핵폭발의 거대한 버섯구름 같은 걸 떠올리지 않습니까? 그런데 원자력 발전소에서 폭발이 발생한다는 건 도대체 어떤 의미인 건지 설명해주시면 좋을 것 같습니다.

이헌석 일단 체르노빌은 그 폭발 장면을 찍어놓은 영상이 없습니다. 한밤중에 일어나기도 했고, CCTV 같은 게 전혀 없는 상태였기 때문이죠. 후쿠시마는 터지는 모습을 아마 전 세계에서 보셨을 겁니다. 사실 그 안에 있는 핵 연료봉이 원래는 냉각수에 둘러싸여 있어야 되는데, 쓰나미가 오면서 전기가 끊어지고 냉각수가 증발해버린 거죠. 그렇게 되면 그 밖을 둘러싸고 있는 지르코늄과 물이 반응하면서 수소가 발생하는데 그 수소가 안에 꽉 차 있다가 어느 순간 뻥, 하고 터져버린 겁니다. 그래서 1, 2, 3, 4호기가 다 폭발을 일으켰어요. 특히 문제가 많이 되는 게 4호기입니다. 이 4호기는 건물이 완전히 폭삭 내려앉아버렸어요.

정욱식 핵무기 폭발은 과거 자료나 영화를 통해 접해서 우리가 좀 익숙한 느낌인데, 핵발전소 폭발은 거대한 버섯구름을 만드는 것도 아니고, 핵무기 폭발처럼 태양의 온도에 가까운 엄청난 고온을 만드는 것도 아니고, A급 태풍의 수십 배에 달하는 엄청난 폭풍을 만들어내는 것도 아니죠.

이헌석 그렇습니다. 수소만 터져버리면 괜찮은데, 그 과정에서 원자로 본체를 손상시켜 안에 있는 핵연료 물질들이 먼지처럼 밖으로 튀어나오는 겁니다. 눈에 보이지 않는 이런 것들이 인근 토양과 해양을 오염시키는 거죠. 그리고 내부에서 계속 진행되고 있는 핵분열을 막기 위해 어마어마한 양의 냉각수를 위에서 계속 뿌려야 합니다. 작년(2013년)에 방사능 괴담, 수산물 파동 등의 얘기가 나온 건, 폭발과 동시에 이런 방사선 물질이나 냉각수가 나오고, 지금도 매일 약 3000톤씩 2차 방사능 오염수가 바다로 흘러나오고 있기 때문이거든요.

정욱식 그러니까 아직 끝나지 않은 것이군요. 체르노빌만 보더라도 지금은 현장이 거대한 석관에 덮여 있는 상황이죠?

이헌석 그 상태로 벌써 30년이 지나서 많이 노후화됐고, 작년부터 그 위에 한 겹을 더 씌우는 작업에 들어갔습니다. 정상적인 상황이라면 '사용후 핵연료'를 끄집어내고 나머지는 전부 폐기장으로 보내면 됩니다. 쉽게 말씀 드리면 분리수거를 하면 되는 건데요, 이게 뻥 터져서 뒤엉켜버리니까 분리를 못 해 그대로 두는 겁니다. 그런데 이 사용후 핵연료는 에너지가 절반으로 줄어드는 반감기가 보통 10만 년입니다. 그동안 보관을 해야 되니까 위에다 씌우는 수밖에 없는 거죠. 지금 체르노빌에서는 이게 완전히 녹아서 그 밑이 마치 떡처럼 되어버린 상태입니다. 후쿠시마는 1, 2, 3호기의 경우가 그렇게 떡이 져 있을 것으로 추정됩니다. 지금 들어가면 CCTV가 망가져서 안을 볼 수 없기 때문에 내부 상황은 추정만 하고 있고, 4호기만 사용후 핵연료를 끄집어내고 있는데 그것도 아주 위험한 상태로 진행하는 거죠.

정욱식 체르노빌을 보면요, 당시 국제원자력기구(IAEA)는 이 사고에 의한 사망자가 4000명 정도라고 발표했거든요. 그렇지만 민간 연구기관이 발표하는 건 최대 100만 명이란 말이죠. 추정치에 250배의 차이가 나는데, 이렇게 차이가 나는 근본적인 이유가 뭡니까?

이헌석 이런 사고로 제일 많이 생기는 질병이 암인데요, 누군가 암에 걸렸을 때 왜 걸렸는지 현대의학으로는 알 수가 없습니다. 단지 해당 시기에 암 환자가 급격히 늘어나는 것을 보고 체르노빌 사고의 영향 때문이겠거니 추정할 뿐이죠. 그러다 보니 이 범위를 얼마로 잡느냐에 따라 차이가 나는 것이고, 그 외에도 여러 요소들이 있습니다. 옛날에는 암인지 모르고 죽었는데 검사를 일일이 해보니까 암 환자가 늘어나기도 하거든요. 그러니까 누가 조사하는지에 따라서 숫자가 고무줄처럼 늘었다 줄었다 하는 거죠. 가장 보수적으로 잡은 게 IAEA 보고이고요.

정욱식 체르노빌의 경우 가장 큰 피해를 입은 나라가 그 후에 독립했던 벨로루시라고 합니다. 사고 발생 이전 벨로루시의 암 발생률은 10만 명당 80명 정도였는데 사고 발생 이후 6000명 정도로 치솟았거든요. 이건 방사능 피폭과 암 발생이 상당히 밀접한 연관관계가 있다는 것을 통계학적으로 분명히 뒷받침하는 사실인 것 같아요. 그렇다면 일본은 지금 후쿠시마 수습 계획을 어떻게 세우고 있습니까?

이헌석 일단 전체 계획은 40년으로 잡혀 있는데요, 40년 안에 다 복구할 거라고 생각하는 사람은 아무도 없습니다. 그리고 현재 계획상으로는 핵연료까지 다 끄집어내는 것을 목표로 삼고 있는데 내부 상태를 아직 모르기 때문에 계획일 뿐인 거죠. 그래서 일단은 주위를 수습하는 과정이고, 처음에 30km까지 설정됐던 출입통제구역은 조금씩 줄어들어서 현재는 약 20km입니다. 그렇지만 여전히 오염지역이 넓어요. 그리고 사실 제염이라는 게 별게 아닙니다. 흙이 있으면 긁어서 포대자루에 담는 게 제염인데요, 반경 20km 이상 되는 구역의 흙을 다 치운다는 건 사실 불가능합니다. 그럼 그냥 사는 거예요. 살거나 출입을 통제하는 것이 더 합리적인 방법이 돼버리는 거죠.

| 누가, 왜 원전을 밀어붙이나?

정욱식 다시 우리나라 얘기로 넘어와서요. 한국에서는 원전 제로나 탈핵을 얘기하면 여전히 종북좌파로 몰아붙이는 분위기가 강하잖아요.

이헌석 그래도 지금은 좀 나아졌어요(웃음). 2009년 아랍에미리트 핵발전소 수출 때, "너무 싸게 줬을뿐더러 이게 적절한 거냐." 이런 글을 인터넷에 쓰면 댓글이 수백 개씩 달렸습니다. "종북좌파들이 이제는 수출하려는 것까지 막는구나." 이런 거였죠. 저는 이걸 이념의 문제로 보면 안된다고 생각합니다. 핵발전소가 터지면 우익이고 좌익이고 다 죽거든요. 이런 이유로 저는 이 문제를 오히려 더 안보적인 측면에서 봐야 된다고 생각합니다. 폭넓게는 전기 공급이라든가 에너지 수급도 에너지 안보의 일환일 수 있겠으나, 사고가 나면 어떠한 안보 문제보다도 중요한 핵심 사안으로 떠오르게 된다는 겁니다. 한국 같은 나라에서 후쿠시마와 비슷한 사고가 발생하면 국토의 절반 이상을 포기해야 됩니다. 심각한 문제죠.

정욱식 한국에서도 체르노빌이나 후쿠시마 같은 원전 재앙이 일어날 가능성이 있는 건가요?

이헌석 충분히 가능합니다. 체르노빌 사고가 났을 때 일본 찬핵주의자들이 호언장담하길, "일본의 원자력 발전소는 체르노빌과 노형이 다르다. 우리는 안전장치가 훨씬 많다"고 했거든요. 후쿠시마 사고 후, 한국의 찬핵주의자들도 똑같은 얘기를 했어요. 일본에 있는 것과 한국에 있는 것은 다르다고요. 물론 다르죠. 사고가 일어날 때마다 그것에 대해서는 대비책을 세우지만 다음 사고는 다른 곳에서 터질 수밖에 없습니다. 우리나라, 가령 부산의 경우 고리 원전 반경 30km에 320만 명이 삽니다. 기장, 고리에 이미 여섯 개 원전이 돌아가고 있고, 앞으로 이 지역에 지어질 6개까지 합치면 모두 12개거든요. 여기 사는 320만 명은 아무리 피폭을 많이 받더라도 대피시킬 수 없습니다. 그냥 살아야 돼요. 또 하나는 그 인근 지역에 우리나라 최대 항구인 부산항이 있고, 울산에는 현대자동차, 현대중공업 등이 다 모여 있다는 거예요. 사고가 나면 그걸 다 포기해야 합니다. 이것만큼 큰 안보의 위협이 어디 있겠습니까? 그런데도 수명이 다 된 것을 연장하고 발전소를 더 지으면서 계속 문제를 일으키는 건 진짜 우리나라의 안보를 위협하는 거죠.

정욱식 원전 증설은 가짜안보다!(웃음) 그런데 하루아침에 탈핵, 탈원전 하는 게 어렵다는 것은 운동하는 분들도 동의하고 있지 않습니까? 시간표를 가지고 점진적으로 탈핵으로 가자는 건데요. 줄이지는 못할망정 이미 문 닫아야 할 원전의 수명을 연장하고, 계속 새로 짓겠다고 하는 주장의 기본적인 힘은 어디서 나오는 겁니까?

이헌석 핵발전소를 지으면 이익을 보는 사람들이 있는 거죠. 예를 들어 우리나라 23개 핵발전소 중에서 10개 이상을 누가 지었느냐? 현대건설이 지었습니다. 이명박 정부 때 핵발전소를 적극적으로 추진한 데는 그만한 이유가 있는 거죠. 아랍에미리트 핵발전소의 주 사업자가 현대건설이거든요. 이런 건설 사업자들이 얽혀 있는 거죠. 또 하나는, 이미 하나의 핵 산업 사이클이 만들어져서 끊임없이 새 발전소를 짓지 않으면 산업 유지가 안 되는 겁니다. 최근 20년 동안 매년 건설 중인 핵발전소의 개수는 거의 일정합니다. 같은 개수를 계속 지어왔던 거죠. 핵 산업의 이해관계가 에너지정책에 정확하게 투영되고 있기 때문에, 보다 높은 정책적

이헌석
에너지
정의행동
대표

핵 산업의 이해관계가 에너지정책에 정확하게 투영되고 있기 때문에, 보다 높은 정책적 차원에서 핵 문제를 접근하지 않으면 절대로 탈핵으로 갈 수 없습니다. 독일의 경우에는 이런 관계가 완전히 역전돼, 지멘스 같은 대표적인 독일 기업체들이 다 재생에너지로 넘어갔어요.

차원에서 핵 문제를 접근하지 않으면 절대로 탈핵으로 갈 수 없습니다. 독일의 경우에는 이런 관계가 완전히 역전돼, 지멘스 같은 대표적인 독일 기업체들이 원자력 사업본부를 다 정리하고 재생에너지로 넘어갔어요. 이런 정치적인 변화가 필요한 거죠.

정욱식 원전이나 핵 문제가 이념의 문제가 아닌 것이, 독일 사례만 보더라도 2020년까지 원전 제로로 가겠다고 결정한 게 보수적인 기민당의 메르켈 정부이지 않습니까?

이헌석 보수정권일뿐더러 후쿠시마 직전까지 계속 핵발전소 연장정책을 폈던 사람이 사실 메르켈 총리입니다. 이런 사람이 완전히 생각을 바꿔버린 거죠. 그러다 보니 이제 독일의 현실 정치권에는 핵발전소를 추진하자고 하는 사람이 아무도 없는 거예요. 현재 독일의 탈핵정책은 사민당이나 녹색당이 아니라 보수진영이 주도하고 있어요. 이렇게 했을 때 환경적으로 보나 산업 분야의 일자리 창출 측면에서 보나, 더 큰 이익이 된다는 걸 이미 알고 있는 거죠. 박근혜 대통령이 계속 메르켈 총리를 롤 모델로 삼고 싶다고 하지 않습니까? 다른 것보다 이런 걸 롤 모델로 삼고, 에너지정책에서 독일이 어떻게 움직이고 있는지에 대해서 봐야 된다고 생각합니다.

정욱식 이명박 정부나 박근혜 정부나 일본이 후쿠시마라고 하는 거대한 초상을 당해 주춤할 때 한국이 원전을 많이 수출해 먹자, 다른 나라가 탈원전으로 가는 지금이 돈 벌 기회다, 이렇게 보는 건데요. 원전 수출이 짭짤한 수입이 되는 겁니까?

이헌석 일단 아랍에미리트에 원가에 훨씬 못 미치는 가격으로 적자 보고

팔았다는 건 전 세계가 아는 분명한 사실입니다. 그 외에 더 구입하는 곳이 있느냐 하면 그것도 아닙니다. 사실은 지금 중국이 전 세계에서 핵발전소를 제일 많이 짓고 있는데, 우리는 원천기술이 없어 중국에 건설공사 입찰 제안서를 내지도 못합니다. 수출할 데가 없으니까 베트남 갔다가 핀란드 갔다가 아랍에미리트 갔다가 하고 있습니다. 한두 건 정도 더 성공할 수 있을지 모르겠으나, 이미 전 세계 핵발전소 물량 자체가 확 줄었기 때문에 이제는 별로 가능성이 없다고 봐요.

정욱식 그렇다면 오히려 이제 원전 해체가 유망 사업 아닌가요?

이헌석 현재 전 세계적으로 약 420여 개가 가동 중인데요, 그중 100개 이상은 향후 20년 안에 수명이 거의 끝납니다. 누군가 해체하겠죠? 우리나라는 그 기술이 없어요. 고리 1호기 해체하더라도 외국 기술자를 불러와야 합니다. 우리는 당장 기본적 준비도 안 돼 있을뿐더러, 해외 해체 시장에 대해 전혀 생각이 없는 거죠. 향후 20년 사이에 전 세계에서 100개 이상의 신규 핵발전소가 지어지는 건 힘들 거예요. 그렇다면 해체 시장이 훨씬 블루오션이죠.

정욱식 또 많은 국민들이 갖고 있는 생각 중 하나가, 전문가들이 대한민국의 원전은 안전하다고 하고 조금 위험해도 리스크를 감수할 정도로 싸지 않냐, 이런 건데요. 어떻게 보십니까?

이헌석 최근 여러 가지 원전 비리 사건들이 터지지 않았습니까? 부품 한 개를 구입하기 위해 검토해야 하는 서류가 예전 전화번호부만큼 두꺼운데요. 이걸 검토하는 게 다 돈이라서 지금까진 그냥 안 하고 넘겼던 거죠. 또 하나는 지금까진 핵발전소만 문제였는데요, 아무리 전기를 생산한다 한들 송전탑이 없으면 말짱 도루묵이거든요. 삼척과 영덕에 주민 동의를 받아 신규 핵발전소를 짓는다 해도 태백산맥을 관통하는 송전소 2개를 새로 지어야 하는데, 강원도·경북 지역에서 발생할 사회적 갈등 비용은 말도 안 되는 거죠.

정욱식 비용을 좀 더 넓게 잡는다면, 방금 얘기 나눴던 원전 해체비용도 있죠.

이헌석 해체비용도 지금 일부 잡혀 있습니다. 한 기 해체에 들어가는 비용으로 원래 3200억 원 정도 잡혀 있었는데 얼마 전에 6000억 원으로 늘어나면서 핵발전 단가가 확 늘어났습니다. 많은 사람들이 실제로는 거의 8000~9000억 원이 들어갈 거라 보고 있고요, 해체 기간도 빠르면 15년, 길면 60년입니다. 60년이면 후세에 가서야 그 쓰레기를 치우고 있는 거죠.

정욱식 네, 그러니까 비용 대비 편익을 생각할 때 경제성이 있는 게 아니라고 보시는군요.

이헌석 전혀 없죠. 독일 등이 탈핵을 하게 된 가장 큰 이유가 체르노빌, 후쿠시마 영향도 있지만 실제 해체를 해봤더니 비용이 너무 많이 들고, 해체 후에 사용후 핵연료를 10만 년 동안 보관해야 하는데 어디에 보관할지도 문제였던 거죠. 인류 역사가 1만 년이 될까 말까 하는데 10만 년을 보관할 시설을 짓는다는 게 말이 되냐는 겁니다.

정욱식 핵발전소를 가리켜 "화장실도 안 만들고 집 짓는다." 이렇게 얘기합니다만 사실은 인분은 비료로라도 쓸 수 있는데, 핵폐기물은 쓸 데가 없을 뿐만 아니라 잘못했다가는 현세대는 물론 미래 세대에도 엄청난 위험이 됩니다. 그런데 국민들은 또 이렇게 생각하시는 것 같아요. 일본은 엄청난 지진도 있고 쓰나미도 밀려오는데 우리는 안전하지 않느냐는 거죠.

이헌석 그 허점을 통렬하게 깨뜨려줬던 게 이번 한국수력원자력(한수원) 비리인 거죠. 일례로 얼마 전에 케이블이 문제 됐는데요. 이게 발전소 원자로의 제어봉 통제 신호가 오가는 케이블이거든요. 정상적인 상황에선 잘 작동하는데 화염 테스트를 통과하지 못했다는 거예요. 불이 났을 경우에 견뎌야 되는데 이 테스트를 엉터리로 한 거죠. 그럼 혹시라도 발전소에 불이 나면 어떤 일이 생기냐? 원자로를 끄라고 신호를 주면 꺼져야 되는데 케이블이 녹아버리는 거죠. 이렇게 되면 걷잡을 수 없는 문제가 생기는 겁니다. 핵발전소 한 곳당 약 100만 개의 부품이 들어가는데, 어디에 무슨 문제가 있었는지 모르고 있었다는 거죠.

정욱식 그러니까 핵이 가진 엄청난 위험성에 비해 인간의 도덕성이나 능력은 근본적으로 한계가 있을 수밖에 없는데, 핵발전을 대하는 정부나 전문가들은 갈수록 오만해지고 있는 게 아닌가 싶습니다. 체르노빌, 미국의 스리마일 사고, 이웃나라 일본의 후쿠시마 참사 등을 목도하면서 핵으로부터 자유를 추구하는 것이 아니라, 핵의 위험 속에 대한민국 국민들을 더더욱 깊숙이 끌고 들어가는 상황이 발생하는 것 같아 대단히 우려가 됩니다. 오늘 귀중한 말씀 나눠주셔서 감사합니다.

우리는 좁은 영토에 5000만 명이 옹기종기 모여 살고 있다. 체르노빌이나 후쿠시마 같은 참

사가 발생하면 나라의 존망까지 걱정해야 한다는 것이다. 너무 비관적으로 보는 게 아니냐는 반론이 있을 수 있다. 그렇다면 이런 질문은 어떨까? '향후 10년 이내에 원전 사고가 발생할 확률이 10%라면?' 이건 높은 것인가 낮은 것인가? 인간의 실수나 광기에 의해서든, 기계의 오작동에 의해서든, 자연재해에 의해서든, 전쟁 시 피격에 의해서든 원전이 폭발하는 순간, 대한민국의 미래도 사라지게 될 것이다.

동북아시아의 게임체인저는?

· · · · · · · · · ·

'게임체인저(Game Changer)'는 기존의 틀을 바꿀 수 있는 비전과 능력, 전략을 보유한 개인이나 집단을 일컫는 말이다. 애플 신화를 창조한 스티브 잡스가 대표적이다. 그런데 전환기에 접어든 동북아시아에서도 게임체인저가 되려는 국가들이 있다. 거대한 중국이 다시 일어서면서 주변국들은 중국을 게임체인저로 간주하는 경향이 강하다. 2차 세계대전 이후 아시아 패권을 장악해온 미국은 이러한 중국이 못마땅하다. 미국이 동맹국들과 함께 '재균형(rebalance)'을 추구하는 핵심적인 이유이다. 일본의 아베 정권은 전후 일본 체제의 핵심이었던 평화헌법이라는 기존의 틀에서 벗어나 일본을 전쟁을 할 수 있는 국가로 만들려고 한다. "이대로는 도저히 살 수 없다"며 핵을 "만능의 보검"으로 치켜세우고 있는 북한의 김정은 정권도 빼놓을 수 없는 게임체인저 후보다.

* 2013년 12월 11일 방송을 정리한 것입니다.

| 6자회담이 중환자실에 있는 동안에…

정욱식 김종대 편집장님, 올 한 해도 서서히 저물고 있는데요. 소감이 어떠신지요?

김종대 말 많고 탈 많았던 2013년 한 해가 이제 저물고 있습니다. 외교안보 쪽에서 특히 중요한 사건 중 하나로 〈김종대·정욱식의 진짜안보〉가 시작됐다는 것을 꼽을 수 있겠습니다. 사실은 진보가 안보에 취약하다는 지적이 많았거든요. 이 방송이 생긴 이유 자체는 새로운 안보 담론을 개척한다거나 새로운 메시지를 전한다기보다는, 너무 답답하니까 안보 담론을 제대로 한번 파헤쳐보자는 것이었습니다. 이런 취지에서 이 방송을 만들었는데 어려운 과정에서도 꾸준히 진화·발전하고 있습니다. 모두 여러분들 덕분입니다. 그럼 정 대표님이 보기에는 동북아시아 각 나라의 움직임, 또 지역질서 변화의 핵심적인 흐름이 뭐라고 생각하십니까?

정욱식 단순하게 저는 지금 동북아 질서의 이 커다란 전환기, 이 대혼돈의 시대의 가장 밑바탕에 깔려 있는 흐름은 역시 현상유지와 현상변경 사이의 충돌이 아닌가 싶습니다. 전반적으로 보면 각 나라마다 여러 가지 불안 요인들이 있어요. 동북아 국가들만 그런 건 아니겠습니다만, 최근 몇 년 사이에 유독 동북아 6개국 내부의 불안감이 커지고 상호 간의 관계를 악화시키는 사건들이 이어지면서 악순환을 거듭하는 것 같은데요. 이런 체제에 대해서 가장 불만을 가지고 있는 나라가 바로 북한입니다.

김종대 그래서 미국 관리들이나 서방 세계가 북한에게 개혁개방을 하라고 요구할 때면 북한은 "개혁개방 하겠다. 그런데 모든 길목을 미국이 다 지키고 있다. 그런데 지금 적대관계 아니냐"고 반응합니다. 미국과 이렇게 된 상황에서 개혁개방을 하고 싶다 한들 그것이 가능하겠냐는 거죠. 일단 적대관계가 해소돼야 한다는 거예요. 현재 상황을 타파하고자 하는 북한의 욕망이 엄청나다는 것은 맞는 얘기 같아요.

정욱식 그러니까 우리가 잘 관리하고 기획하지 못하면 자칫 안보 쓰나미가 몰려올 수도 있습니다. 이런 상황에서 '게임체인저'라는 표현을 통해 동북아 각국들의 각자도생(各自圖生)과 합종연횡(合從連橫)을 살펴보면 대강의 그림을 그릴 수 있을 것 같아요.

김종대 먼저 방금 말씀하신 '게임체인저'라는 말은 어떻게 나온 말인지 설명해주세요.

정욱식 새로운 아이템과 새로운 모델, 그리고 새로운 기획을 가지고 기존의 시장질서나 시장체제를 근본적으로 바꾸는 혁신적인 기업가들을 우리가 종종 목도하지 않았습니까? 대표적으로 스티브 잡스가 있겠죠. 게임체인저는 주로 이런 사람들을 가리킵니다. 우리에게 친근한 사람으로는 야구팀 기아타이거즈의 전신이었던 해태 타이거즈의 선동열 선수가 있겠죠? 상대편이 뒤지고 있다가 열심히 따라붙어 한두 점 차까지 추격하는 경우가 있습니다. 그럴 때마다 선동열 선수가 불펜에 나와서 몸을 풀곤 했습니다. 그렇게 몸만 풀어도 상대팀의 감독이나 선수들은 '오늘 게임은 글렀다.' 이런 식으로 생각하곤 했답니다.

김종대 그러니까 무력시위를 한 것이군요. 야구장에 항공모함이 뜬 것과 같은 거죠. 그러면 상대팀이 도발할 의지를 아예 포기해버린다는 거 아니겠어요?

정욱식 선동열 선수는 항공모함은 아니고 '무등산 폭격기'였죠.(웃음) 어쨌든 미국 쪽에서 많이 얘기하는 국제관계 게임체인저의 잠재적인 후보들이 바로 북한과 이란입니다. 이란의 경우 핵무기를 갖게 되면 중동에서 게임체인저가 될 수 있습니다. 북한 같은 경우는 현재 핵무기가 10개 정도로 추정되는데 그게 한 40~50개 정도로 늘어나고, 그걸 장착하여 미국 본토까지 다다를 수 있는 미사일을 만들게 되면 동북아 지역의 게임체인저가 될 것이라고 전망들을 합니다.

김종대 북한이 게임체인저가 될 가능성이 있다는 말인데요. 달리 말하면 동북아에서 현상변경을 추구할 가능성이 높다는 건데, 그럴 능력이 있기는 한 건가요?

정욱식 지금 확인된 영변 핵 시설만 모두 가동해도 매년 5개 안팎을 늘릴 수 있기 때문에 3~4년 후면 핵무기 보유량을 지금보다 2~3배는 늘릴 수 있는 것이고요. 거기에 미사일에 장착할 수 있는 능력도 중단거리 같은 경우에는 이미 확보하고 있거나 조만간 확보할 것이고, 2015년이면 미국 본토까지 다다를 수 있는 대륙간탄도미사일을 개발하게 될 것이라는 게 미국 국방부의 분석입니다. 또한 지금 북한은 현존하는 동북아 체제, 한반도 체제에서 '더 이상 못 살겠다'는 생각이 굉장히 강하기 때문에, 그런 무기를 가지고 분명히 지금 상황을 바꾸려고 시도할 가능성이 있다는 거죠. 북한의 핵무기가 수십 개가 되고 미사일에 그걸 장착할 수 있게 되면 한국에 미치는 안보 위협, 경제에 미치는 리스크는 굉장히 클 수밖에 없습니다. 그런 걸 지금부터 관리하면서 풀어갈 수 있도록 외교적인 해법들을 기획하고 실천하는 것들이 대단히 중요합니다.

김종대 그런데 지난 6년간 6자회담이 한 번도 안 열렸습니다. 그러니까 보수정권 들어온 이후로 완전한 무용론, 회의론을 얘기하고 있어요. 노무현 정부 때까지는 주로 북한이 6자회담을 안 한다고 했었죠.

정욱식 지금은 오히려 북한이 조건 없이 하자는데 한국과 미국이 "지금 6자회담 하고 싶으면 비핵화 조치를 먼저 취하라"며 협상의 전제조건을 내거는 상황이 5년째 반복되고 있습니다.

김종대 그러니까 보수정권 들어온 이후로 6자회담이 완전히 중환자실로 가버렸어요. 옛날에는 살아서 펄펄 뛰던 겁니다. 6자회담이 당장의 목적 달성은 못 한다 할지라도 대화와 협력을 유지함으로써 북한의 전략 가운데 거친 측면을 좀 부드럽게 완화해주어야 되는데 말이죠. 그리고 일단은 만나서 얘기는 들어봐야 하는 거 아닙니까? 그걸 꼭 중환자실로 보냈어야 했냐는 거예요.

정욱식 6자회담이 중환자실에서 산소마스크를 끼고 있는 사이에 북핵은 크게 강화되고 말았습니다. 이런 추세는 앞으로도 계속될 거고, 북한 지도부는 힘을 갖게 되면 '이대로는 못 살겠다, 바꿔보자.' 하는 생각이 강해질 수 있습니다. 그럼 한국은 뭐냐? 제가 아까 '게임체인저', 현상유지 대 현상변경이다, 이런 말씀을 드렸습니다만 최근에 한국을 놓고 주목할 만한 현상이 벌어지고 있습니다. 얼마 전에 조 바이든 미국 부통령이 와서 "미국은 계속 한국한테 베팅할 테니까 한국도 미국이 아닌 다른 편한테 베팅할 생각을 하지 마라." 이런 얘기를 해서 파문이 일어나지 않았습니까?

김종대 그랬죠. 도박 용어까지 동원해서 딴생각 하지 말고 미국에게, 가능하면 미일동맹 편에 붙어라, 이런 얘기였죠.

| 미중 패권경쟁 시대를 어떻게 맞을 것인가

정욱식 그런데 얼마 전에 중국에서도 재미있는 얘기가 나왔어요. 최근 국제사회에서 굉장히 화제가 되고 있는 책이 있는데요. 중국의 대표적인 현실주의자인 옌쉐퉁(閻學通) 칭화대 교수가 낸《역사의 관성: 10년 후 중국과 세계》(한국에는《2023년-세계사 불변의 법칙》으로 번역 출판)이라는 책입니다. 이 사람의 주장은 앞으로 중국이 미국과 경쟁하려면 중국의 전통적인 비동맹주의에서 탈피해서 적극적인 동맹 맺기 전략을 세워야 된다는 것이고, 그 유력한 후보로 한국을 거론합니다. 실제로 시진핑 체제 들어서 중국이 한국에게 상당히 공을 들이고 있기도 합니다.

김종대 한국과 일본을 활용해서 아시아에서 재균형을 달성하고 패권을 유지하겠다는 건데, 미국 입장에서는 그런 중국의 의도를 당연히 거부하겠죠. 그러면서 기존의 현상이 유지되기를 바랄 것이라는 생각이 드는데, 지금 아시아 상황을 보면 모든 아시아 국가가 중국과의 무역에서 흑자를 보고 있습니다. 중국은 아시아에서 다 적자를 보고 미국에서 벌어들이고 있습니다.

정욱식 그것도 참 흥미로운 관계입니다. 그래서 중국에선 '한국이 돈은 중국에서 벌고 안보는 미국 편에 서서 중국을 견제하려고 한다'는 불만이 나오는 것 아니겠습니까?

김종대 그렇습니다. 그래서 중국을 어떻게 상대할 것이냐가 거의 모든 국가들의 가장 큰 숙제예요. 떠오르는 중국을 과연 어떻게 볼 것인가 하는 것에는 두 가지 관점이 있는 거 같아요. 중국으로 세력이 많이 전이되고 있는 건 사실이다, 이건 누구나 다 인정하는 거예요. 그런데 그 과정이 '평화적으로 전이되는 것이냐? 아니면 충돌을 불사하고 폭력적으로 전이되는 것이냐?' 이런 점에서 관점이 두 가지로 갈리는 것이거든요. 평화적인 세력 전이에 대해서 현실주의자 중 하나인 헨리 키신저는 "떠오르는 중국이 왜 미국에 위협이냐? 오히려 공조하고 협력해서 더 나은 미국을 만들 수 있는데 이게 왜 나쁜 일이냐?" 이렇게 주장하고 있어요. 반면에 《강대국 국제정치의 비극》으로 국내에도 잘 알려진 시카고 대학의 존 미어샤이머 교수 같은 공세적 현실론자들은 "떠오르는 중국은 반드시 패권을 추구한다. 그렇게 되면 결국 충돌은 불가피하다. 그러니까 아시아의 한국과 일본 같은 나라들은 미국과의 동맹을 공고히 해서 확실하게 세력균형의 안전판에 들어와 있어야만 한다." 이런 논리를 펴고 있습니다. 그런데 불행하게도 워싱턴에는 후자가 다수라는 거죠.

정욱식 네, 그렇죠. 미래는 불확실한 것이고, '설사 비군사 분야에서는 교류협력을 강화하더라도, 만일의 사태에 대비해서 군사적 준비태세는 강화해야 된다.' 이런 인식들이 상당히 강합니다. 이걸 양면전략(hedging strategy)이라고 하는데요. 한쪽에서 헷징(위험 방지)을 하면 상대편도 헷징을 하고, 이렇게 되면 아시아 패러독스는 피할 수 없게 됩니다. 그런데 또 주목할 게 있습니다. 한국이야말로 동아시아의 잠재적인 현상변경 세력이라는 겁니다. 왜냐? 휴전선이라는 게 단순히 남북한 간의 분단선일 뿐만 아니라 동아시아의 세력균형선이지 않습니까? 그래서 이게 어떤 방식을 통해서든 변경되거나 없어진다는 건 동아시아의 엄청난 현상변경, 질서변화를 초래할 수 있는 겁니다.

김종대 이런 상황에서 지금 우리가 발휘해야 할 지혜는 역시 민족이라는 관점에서 북한과 협력하고 통합하기 위해 준비해야 할 일, 현상유지가 되기를 바라는 주변 세력들을 설득하고 한반도 통일에 우호적인 세력으로 돌려 세우는 일, 거기서 우리가 주도권을 발휘하는 과제에 대한 것입니다. 외교와 통일정책을 동시적으로 병행발전시키되 그 방향을 정권마다 바꾸는 것이 아니라 장기적이고 일관되게 추진할 수 있는 역량이 필요하고, 여기에 더해 국민들의 통합된 역량들이 나와줘야 되는 거죠. 그렇지 않으면 늘 긴장하고 대립하고 나아가 핵 군비경쟁까지 하게 되는 것입니다.

정욱식 중요한 말씀입니다. 결국 독일이 빌리 브란트라는 개혁적이고 진보적인 정치인에서 시작하여, 콜 총리라고 하는 굉장히 보수적인 지도자가 통일을 마무리하기까지 정책의 일관성이 있지 않았습니까? 이런 꾸준한 노력, 일관된 노력이 있었기 때문에 그런 통일이 가능했던 건데, 그

이런 상황에서 지금 우리가 발휘해야 할 지혜는 역시 민족이라는 관점에서 북한과 협력하고 통합하기 위해 준비해야 할 일, 현상유지가 되기를 바라는 주변 세력들을 설득하고 한반도 통일에 우호적인 세력으로 돌려 세우는 일, 거기서 우리가 주도권을 발휘하는 과제에 대한 것입니다.

에 비해 우리는 너무 안타까운 것 같아요.

김종대 그래서 흔히 하는 말이지만 정치꾼은 다음 선거를 생각하고, 정치인은 다음 세대를 생각한다고 합니다. 우리나라 외교안보 분야의 정치적인 접근 행태들은 정치꾼들이 하고 있는 겁니다. 사실 이런 부분에 있어서 우리가 참 안타까워요. 외교안보가 잘됐으면 좋겠는데, 잘 안 된단 말이죠.

| 종북 프레임과 약소국 콤플렉스를 떨쳐버리자

정욱식 그렇죠. 결국 박근혜 정부의 대북정책은 '자기와의 싸움'입니다. 이 싸움에서 이기지 못하면, 대북정책을 자꾸 국내정치적으로 이용하려고 하는 유혹에 빠지고, 그러면서 국내에 있는 비판세력을 종북으로 몰고 가는 상황이 반복될 수밖에 없습니다. 지금 격변하고 있는 이 동아시아 시대, 또 미국과 중국 사이의 패권경쟁이 가시화되고 있는 상황에서 혹시 또 '한국이 고래 싸움에 새우등 터지는 신세가 되는 게 아니냐'는 걱정에, 병자호란이나 구한말 얘기도 많이 나오는 것 같아요.

김종대 지금까지 이런 문제를 가지고 참 열심히 싸웠잖아요. '동맹이 우선이냐, 다자협력이 우선이냐?' 또 복합네트워크 체계를 얘기하시는 분도 계시고 평화 중견국가론을 말씀하시는 분도 계시고 말이죠. 담론은 엄청나게 쏟아져 나왔어요. 그런데 저는 이렇게 단순화하고 싶습니다. '지금 동북아 국가가 불안하다는 건 맞다. 우리 미래가 잘 보이지 않는다.

이런 점에서 국가적 불안이 있고, 생존의 위기가 어느 순간 있을 수도 있다'는 사실을 일단 인정하자는 겁니다. 그러나 이것을 푸는 과정이나 앞으로의 전망을 고민할 때, 우리가 인간과 조직, 국가 같은 관계들에 대해서 낙관적이고 긍정적인 신념을 갖자는 겁니다. 불안감에 싸이고 비관론자가 되면 종북 프레임에 그대로 흡수됩니다. 그러나 신뢰, 상대방에 대한 공감, 협력 등 긍정적 정신으로 무장하면 문제를 풀 수 있는 길도 열리게 됩니다. 조선조 이래로 정규군이 안보에서 성공한 적이 단 한 번도 없습니다. 우리 내부의 저항과 의병 활동, 외교로 살아남은 겁니다. 그게 우리의 지정학적 운명입니다. 우리의 국방력으로 생존을 모두 도모할 수 있다고 보는 건 환상이에요. 군사력 갖고는 안 돼요. 외교가 필요합니다.

정욱식 네, 그러니까 알게 모르게 우리 DNA 속에 깊이 각인돼 있는 약소국 콤플렉스를 좀 벗어내고요, '좀 똑똑해지자, 영리해지자.' 이런 말씀을 드리고 싶습니다. 거듭 강조하지만 북한을 저대로 두면 핵무기가 늘어나고, 그러면 북한은 더 거칠어지고 폭력적인 게임체인저가 되려고 할 겁니다. 그럴 경우 한국은 남남갈등, 남북갈등, 동북아갈등 등 3중 갈등의 늪에서 평화로운 현상변경을 추구할 수 있는 환경과 역량을 잃게 될 위험도 커집니다.

김종대 그래서 기본은 남북관계라고 하지 않습니까? 우리 정 대표님 얘기의 요지는 남북한이 잘해서 평화적인 게임체인저가 되자, 그래서 한반도는 물론이고 동북아와 세계 평화와 번영에 기여할 수 있는 민족이 되자, 이런 것 아니겠습니까? 이게 바로 우리 진짜안보가 지향하는 바이기도 합니다.

현재와 같이 한반도와 동북아의 불안한 상황이 지속되면 3~4년 후에 '안보 쓰나미'가 한국을 덮칠 수도 있다. 이 쓰나미가 한국을 덮치기 전에 우리가 게임체인저로 나서야 한다. 한반도 정전체제를 통일지향형 평화체제로 전환하는 것은 그 핵심에 해당된다. 이 과정에서 핵문제를 평화체제에 녹여서 풀 수 있어야 한다. 또한 미일동맹 대 중국 사이의 거대한 분단체제가 굳어지기 전에 동북아 평화체제 구축도 추진해야 한다. 6자회담에 이미 이러한 지향성이 담겨 있다는 점에서 이 회담의 재개는 그 출발점이라 할 수 있다.

한국, 핵무장 해야 하나?

· · · · · · · · · · · · · · ·

한국 핵무장론의 기원은 북핵 문제에 있는 것이 아니었다. 북한보다 먼저 핵무기 개발에 착수한 나라는 남한이었다. "1970년대 동북아시아에 비밀리에 핵무기를 개발하고 국민들을 고문하는 나라가 있었다. 사람들은 북한이라고 생각할 것이다. 아니다. 그건 남한이다. 1970년대의 남한과 오늘날의 북한은 여러 점에서 흡사하다." 박정희 정권 시절 미국 중앙정보국^(CIA) 한국 지부 총책임자로 있었던 도널드 그레그 전 주한미국대사의 말이다. 박정희의 좌절 이후 수면 아래로 가라앉았던 핵무장론이 다시 부상한 계기는 역시 북핵 문제 때문이다. 북한이 핵실험을 할 때마다 남한의 독자적 핵무장론도 고개를 들었다가 수그러들기를 반복해왔다. 이는 곧 북핵 능력이 강해질수록 한국의 핵무장론이 강해질 것임을 예고해준다. 그렇다면 한국의 핵무장은 가능하고 타당한 것일까?

*2013년 9월 25일 방송을 정리한 것입니다.

| 북한 핵과 남한의 국방비

김종대 박근혜 대통령이 노인들에게 기초연금 20만 원씩 주겠다는 대선 공약을 못 지키겠다고 하고 있습니다. 이렇게 복지비는 깎고 국방비, 특히 전투기 도입 예산은 늘리는 흐름이 형성되고 있다는 건 굉장히 의미 있어 보여요. 이런 상황에서 며칠 전 미국에서 나온, 북한이 핵무기를 갖고 있다는 얘기가 언론에 보도되었습니다.

정욱식 한쪽에서는 미국이 북한을 핵보유국으로 인정한 것 아닌가 하고 있습니다. 기술적으로 볼 때 북한은 핵무기를 만들 수 있는 핵물질이 있지 않습니까? 플루토늄이 있고 고농축 우라늄이 있죠. 그리고 세 차례 핵실험을 했습니다. 이것은 기술적으로 핵보유국이 된 걸로 볼 수 있습니다. 그런데 이것을 국제법이나 국제정치적으로 핵보유국으로 인정할 것이냐 하는 건 전혀 다른 차원의 문제인 거죠. 어찌 됐든 미국에서 그런 얘기가 전해지면서 "야, 이제 미국마저 북한의 핵보유를 인정했으니, 우리가 믿을 건 우리 힘밖에 없다. 우리도 갖자. 우리도 박정희 대통령이 피우지 못한 무궁화꽃을 이제는 피워야 될 때가 됐다." 이런 얘기도 나오고 있습니다. 여기에 굉장히 주목해야 될 현상은 한국 국민들의 핵보유 지지 여론이 세계에서 가장 높다는 겁니다. 지난번 여론조사 결과를 보면 적게는 60%에서 많게는 70%가 넘는 경우가 있거든요.

김종대 아, 2013년 봄에 핵 위기가 있고 나서 말이죠? 저도 그 보도를 보고 깜짝 놀랐어요. 핵무장 지지 여론이 그렇게 높다는 건 정말 놀랄 일이죠.

정욱식 일본의 경우 여론조사에서 20%를 넘은 적이 없습니다. 그런데 여기서 흥미로운 대목은 한국은 핵무장을 지지하는 여론이 굉장히 높은 반면에 핵무기를 만들 수 있는 기초적인 인프라가 굉장히 부족하고, 거꾸로 일본은 핵무장을 지지하는 여론은 굉장히 낮습니다만, 마음 먹고 정치적 결단만 내리면 1년 내 1000개 가까운 핵무기를 만들 수 있는 엄청난 플루토늄을 갖고 있다는 겁니다.

김종대 북한 핵 관련 이야기는 국내에 알려지면서 국내 언론에 의해 재활용되고 있습니다. "이제 북한은 핵에서 훨씬 앞서가는 핵무기를 가진 나라다. 그렇기 때문에 차세대 스텔스 전투기를 사야 되는 거 아니냐." 이런 얘기들이 힘을 얻고 있어요.

정욱식 그런데 여기서 우리가 주목해야 할 게 있습니다. F-35는 도입가가 약 2000억 원, 운영유지비와 무장비용까지 합치면 대당 1조 원 정도 되는 전투기란 말이죠. 그런데 이걸로 북한 핵과 군비경쟁을 한다면 남쪽은 절대 이길 수가 없습니다. 우리가 F-35 하나 늘리는 것과 북한이 핵무기 하나 늘리는 것은 비용 면에서 비교도 되지 않습니다. 북한이 훨씬 더 저렴하게 핵 능력을 증강시켜나갈 수 있는 것이죠.

김종대 이제는 북한이 핵무기를 보유하는 실질적인 능력이 있다고 보는 것이고, 최근 5년간 북한의 핵 개발 속도가 대단히 빨라졌다는 것 아닙니까? 지금 이런 상황을 어떻게 봐야 됩니까?

정욱식 이 문제는 굉장히 중대한 문제인데요. 최근에 들리는 소식에 따르면, 북한이 자체적으로 우라늄 농축을 하는 원심분리기의 제조 능력을 확보했고, 불능화했던 5MW 원자로도 재가동했으며, 실험용 경수로도 완공 단계에 이르렀다는 것입니다. 이건 북핵 양상이 전혀 다른 차원으로 전개될 수 있다는 것이거든요. 이대로 방치할 경우, 2017년경이 되면 북한이 보유한 핵무기가 약 50개 안팎에 다다를 수 있다는 겁니다. 그리고 핵무기를 이용해 북한이 위협적인 행동을 한다면 한국의 핵무장 지지 여론도 굉장히 높아질 수밖에 없습니다. 또 이 점을 악용해서 대선 후보가 공약으로 핵무장을 주장할 가능성도 있습니다.

김종대 그러면 제가 엉뚱한 질문 좀 하겠습니다. 국제정치학자 중에 존 미어샤이머 같은 공세적 현실주의자들은 국제정세를 아주 비관적으로 보고 오로지 믿을 건 힘밖에 없다는 논리를 펴는데요. 이러한 논리로 일부에서는 "우리도 핵을 가져서 공포의 균형을 일으키면 평화가 오는 것 아닌가." 하고 얘기합니다. 냉전시대에도 핵무기 덕분에 전쟁이 없었다는 거죠.

| 한국 핵무장, 가능할까?

정욱식 '냉전'을 다른 말로 '긴 평화'라고 합니다. 그러니까 냉전시대 때 미국과 소련이 서로 그렇게 으르렁대고 당장 싸울 것처럼 기세 좋게 나섰지만 결국 싸우지 않은 건 핵무기가 있었기 때문이라는 거예요.

김종대 그래서 '북한이 가졌으니 우리도 갖게 되면 전쟁을 막을 수 있지 않느냐.' 이런 주장이거든요.

정욱식 일단 저는 정서적으로는 이해가 가는 측면이 있습니다. 왜냐하면 첫 번째 문제는 한국이 핵을 가짐으로써 얻게 되는 실익이 없다는 것이고 요, 두 번째는 가질 수 없기 때문이기도 합니다. 우리가 북한처럼 쪽박 찰 각오를 하지 않는 한, 망국을 각오하지 않는 한, 국가의 존폐를 각오하지 않는 한 핵무장은 불가능하다고 저는 생각합니다.

'다른 나라들은 갖고 있는데, 우리만 못 갖고 있다.' '우리만 못 하게 한 다.' 같은 불만이 있을 수 있거든요. 많은 사람들, 그리고 많은 나라들은 자신들이 불공정하게 대우받고 있는 걸 못 견디하지 않습니까? 그래서 이런 정서가 이해가 가는 측면이 있어요. 하지만 그렇다고 해서 한국이 핵을 갖는 건 곤란합니다. 첫 번째 문제는 한국이 핵을 가짐으로써 얻게 되는 실익이 없다는 것이고요, 두 번째는 가질 수 없기 때문이기도 합니 다. 우리가 북한처럼 쪽박 찰 각오를 하지 않는 한, 망국을 각오하지 않 는 한, 국가의 존폐를 각오하지 않는 한 핵무장은 불가능하다고 저는 생 각합니다.

또 일부에서 오해하고 있는 것 중 하나로, 박정희 정권 때 한국이 핵무장 에 굉장히 근접해 있었던 것처럼 얘기하는 분들이 계신데요. 중요한 건 과학자들이 있다고 핵무기를 만들 수 있는 게 아니라는 겁니다. 핵무기 를 만들려면 두 가지, 우라늄 농축 시설이나 재처리 시설이 있어야 되거 든요. 그런데 둘 다 벨기에, 캐나다에서 수입하려고 접촉을 시도하다가 미국에게 발각되면서 초기에 무산되었습니다. 그런 시설들을 가져오지 못한 것이죠. 결론적으로 강조하고 싶은 것은 북한이나 이란 같은 나라 들과 한국이 근본적으로 다른 게, 우리나라가 핵무기를 자체적으로 만들려면 비밀리에 진행해야 하는데, 그게 불가능하다는 겁니다. 그래서 한국이 핵무기를 개발하려면 NPT와 IAEA에서 탈퇴해야 합니다. 물론 탈퇴할 권리는 있습니다. 최고의 국가이익이 침해받을 경우 NPT에서 탈퇴할 수 있다고 되어 있습니다. 북한이 그걸 근거로 해서 탈퇴한 바가 있죠. 그렇게 탈퇴를 하면 "그래 너희들 입장 이해해, 잘 만들어봐." 국제사회에서 이렇게 해주겠습니까? 절대 그렇게 안 되죠.

김종대 그래서 어떤 극우 논객은 핵무장을 주장하면서 "국민투표를 하자. 그래서 이걸로 미국과 우선협상을 하고, 2단계로 핵무장을 하자." 이렇게 얘기하고 있어요. 핵무장을 주장하는 유력 정치인도 계시고요.

정욱식 제가 아까 그런 정서는 일견 이해할 수 있는 부분이지만, 냉정하게 현실을 보고 이것이 실익이 있는지를 따져볼 필요가 있다고 말씀드렸는데요. 결국 한국이 핵무기를 갖겠다고 하는 것은 미국의 핵우산을 못 믿겠다는 얘기 아닙니까? 그런데 거기에 깔려 있는 게 뭐냐 하면, '미국의 핵무기를 믿지 못하니까 한국이 핵무기를 독자적으로 갖겠다'는 것이죠. 그럴 경우에는 한미동맹의 파기를 감수해야 합니다. 그러면 지금의 한국 안보 현실에서 동맹의 파기까지 감수할 만큼 핵무장의 가치가 있느냐, 이걸 또 따져봐야 하는 것이고요.

김종대 맞습니다. 미국을 못 믿으니까 우리 스스로 자주국방하고 핵무장을 해야 된다는 세력과, 그게 아니라 우리의 전쟁 억지력은 한미동맹이기 때문에 최후에 의존할 수 있는 생존의 생명줄은 동맹이고 연합방위라고 주장하는 세력이 같은 보수진영 안에서 은근히 숙명적인 싸움을 해왔어요.

정욱식 한국의 핵무장 관련해서 몇 가지 추가적으로 말씀을 드리면, 아까 한국이 비밀 핵개발이 불가능하기 때문에 핵무기를 만들려면 NPT와 IAEA에서 탈퇴해야 한다고 말씀 드렸는데요. 탈퇴를 하게 되면 가장 먼저 국제적으로 취해지는 조치가 우라늄 금수 조치입니다. 한국은 자체 우라늄 광산이 없잖아요. 그건 뭘 의미하냐면, 원전 가동을 중단해야 한다는 겁니다. 원전 제로로 가야 된다는 것이죠. 이건 일차적으로 오는 타격이고요. 그럼에도 불구하고 한국이 계속 핵무장을 고집한다고 하면, 경제제재의 수위도 올라갈 겁니다. 무역을 통해 먹고산다는 한국이 무슨 수로 버틸 수가 있겠습니까? 설사 핵무장을 강행한다 해도 현실적으로 핵실험을 어디서 할 겁니까? 핵물질을 생산하려면 재처리 공장이나 우라늄 농축 시설을 만들어야 하는데, 과연 해당 지역에서 환영하겠습니까?

김종대 그런데 왜 한국인들의 핵무장 지지 여론이 이렇게 높은 걸까요?

정욱식 주변국들 가운데 중국, 러시아는 갖고 있고 일본의 잠재력도 상당하고 또 북한도 갖고 있으니, '우리도 가져야 한다'는 생각이 있는 건 어찌 보면 당연합니다. 그런데 저는 교육에도 문제가 있다고 봅니다. 대한민국 국민들의 핵무기에 대한 인식의 뿌리는 히로시마와 나가사키에 있다고 생각합니다. 이에 대해 우리나라 교과서들은 일제가 결사항전을 하다가 히로시마와 나가사키에 원자폭탄을 맞고 나서 항복을 선언했다고 하는데요. 이게 국민들한테 부지불식간에 핵무기가 해방의 무기, 일제를 패망시켜 해방을 가져온 무기로 인식되고 있습니다. 그러나 이건 역사적 사실과는 다릅니다. 미국이 원폭 투하를 강행한 데는 소련을 겨냥한 무력시위의 성격이 짙었습니다. 또한 일본이 항복을 선언한 결정적인 이유는 소련이 참전했기 때문입니다. 이러한 내용은 제가 쓴《핵의 세계사》에 잘 나와 있으니 청취자 여러분들께서도 읽어보시면 좋을 듯합니다.

김종대 네, 우리가 핵을 갖는 게 상책이 아니라는 건 분명한 것 같습니다. 그러면 대안은 협상밖에 없는데요. 더 늦기 전에, 북한이 정말 50개, 100개를 갖기 전에 대화의 문을 열어야 할 것 같습니다.

한국의 일부 정치인들과 안보 전문가들, 그리고 언론인들은 희생을 무릅쓰고 용단을 내려야 한다며 핵무장론을 부추긴다. 그러나 그건 용단이 아니라 만용이다. 미래의 한국이 오늘날의 북한처럼 되어서는 안 되지 않겠는가. 오히려 핵무장을 감행할 용기가 있다면, 북한을 상대로 적극적이고 능동적인 협상을 해서 핵 문제 해결에 나서는 게 훨씬 낫다.

쿠바 미사일 위기와 케네디

2013년 11월 22일은 미국 35대 대통령 존 F. 케네디가 텍사스 주 댈러스에서 암살당한 지 50주년이 되는 날이었습니다. 나이가 지긋한 미국인이라면 케네디 대통령 암살 뉴스를 처음 들었을 때, 자신이 어디에서 무엇을 하고 있었는지 기억한다고 합니다. 그만큼 미국 역사상 가장 충격적이었던 이 사건은 미국 역사상 전례 없는 추모 열기로 이어졌습니다. 사건이 일어난 직후 영국 역사가 아이자야 벌린 경은 케네디 대통령 특보인 아서 슐레진저에게 보낸 서한에서 이렇게 말했습니다.

"무언가 특별한 희망이… 한순간에 공기 중에서 사라져버렸습니다."

암살당하기 1년 전인 1962년 10월에 소련이 쿠바의 해안에 중장거리 핵미사일을 배치하면서 발생했던 쿠바 미사일 위기 당시 케네디는 극심한 두 가지 압박에 시달렸습니다. 소련의 위협에 단호하게 대처하지 못하면 의회가 자신을 탄핵할 것이라는 국내정치로부터의 압박과, 소련과의 핵전쟁이 다가오고 있다는 3차 세계대전의 압박이었습니다.

1963년이 되자 케네디는 반드시 자신의 재임 기간 중에 핵전쟁 가능성을 끝내겠다는 신념가로 변모해 있었습니다. 그해 1월에 케네디는 유엔 총회에서 다음과 같이 말했습니다.

"인류가 전쟁을 끝장내지 않으면 전쟁이 인류를 끝장낼 것입니다."

소련의 핵 위협에 맞서 미 군부는 이미 소련에 대한 전략폭격 계획을 발전시키고 있었습니다. 전략공군사령관인 토마스 파워 장군은 소련에 대한 전략폭격 계획을 케네디 대통령과 맥나마라 국방장관에게 브리핑한 바 있습니다. 이 계획에 따르면 미국의 군부는 소련과 그 위성국가들, 그리고 중국의 모든 도시에 대한 전면적인 공격을 통해 적어도 사망자가 4억 명에 달하는 전략 공격 능력을 보유하게 됩니다. 파워 장군은 군사시설이든 민간시설이든 상관없이 1000개 이상의 목표물을 겨냥하여 중국과 소련의 전체 블록을 몰살시키는 계획이어야 한다고 주장했습니다. 세상을 끝장내는 이러한 파국은 어떤 중간단계나 사전경고도 없이 즉각적으로 이루어져야 미국에 유리하다는 의견도 덧붙였습니다. 어이없어하는 맥나마라에게 파워 장군은 이렇게 말합니다.

"장관님, 핵전쟁으로 미국인이 두 명 살아남고 소련인이 한 명만 살아남는다면 우리가 이기는 겁니다."

전쟁의 문제를 군인에게 맡기기에는 문제가 너무 심각했습니다. 그해 10월, 케네디는 예일대학 졸업식 연설에서 소련을 향해 전략핵무기 감축을 위한 협상을 제안함으로써 핵 없는 세상을 향해 나아가려는 의지를 보였습니다. 당연히 냉전세력은 반발했습니다. 특히 군부는 쿠바 미사일 위기에서 소련의 핵미사일이 쿠바에서 철수한 것은 미국이 갖고 있는 공격적인 핵무기 덕분이고, 그런 만큼 핵미사일은 신이 미국의 안전을 위해 특별히 선사한 것이라는 주장을 폅니다. 한 번도 도전받은 바 없는 핵미사일의 권위에 도전하는 젊은 대통령은 반역자였습니다.

그리고 바로 케네디는 의문의 암살을 당하면서 핵무기 군축의 희망도 사라집니다. 이후 미국과 소련은 미친 듯이 핵무기 경쟁에 매달립니다.

우리도 한반도 평화정착을 위해 노력한 젊은 지도자를 어느 날 잃은 적이 있습니다. 그날 여러분은 어디서 무엇을 하시고 계셨나요?

바로 그때, "무언가 특별한 희망이… 한순간에 공기 중에서 사라져버렸습니다."

그리고 이제는 희망을 갖지 못하도록 저들은 우리를 억압합니다. 바로 50년 전의 그때처럼 말입니다. 제가 여러분들에게 묻습니다. 희망은 과연 어디에 있는 것일까요?

남북한이 1대1로 싸우면?

'남북한이 1대1로 싸우면 누가 이길까?' 초딩 같은 질문이지만,
2013년 11월 한국을 들었다 놨다 했던 질문이다. 논란의 불씨는 국
방부 조보근 정보본부장이 지폈다. 그는 11월 5일 국회에서 "남한
과 북한이 전쟁을 하면 누가 이기느냐"는 질문에 "현재 작전계획
에 따라 한미동맹으로 싸우면 압도적으로 승리할 수 있다. 남한 독
자적인 군사력으로는 우리가 불리하다"고 답했다. 그러자 "1년 국
방비가 북한은 1조 원, 남한은 34조 원인데, 남한이 진다는 것은 이
해할 수 없다"는 반응이 쏟아졌다. 이틀 후 김관진 국방부 장관은
"전쟁을 하면 북한은 결국 멸망하게 된다"고 호언장담했다. 그런데
"우리나라 전력은 북한의 대개 80% 수준"이라는 말도 덧붙였다.
군사력은 약한데 북한을 멸망시킬 수 있다고? 과연 진실은 뭘까?

* 2013년 11월 13일 방송을 정리한 것입니다.

| 남북한 국방력 비교의 정치학

정욱식 지난 한 주간 '남과 북이 1대1로 붙으면 누가 이기느냐?'를 갖고 인터넷이 뜨거웠는데요. 그 내용을 최초로 소개하신 민주당 정청래 의원을 오늘 모셨습니다.

김종대 정 의원님은 정보위원회 간사이시고 외교통일위원회 소속 의원이시기도 하죠.

정청래 제가 제일 먼저 공개한 건 아니고 17대부터 국방위원회에서 계속 얘기됐습니다. 17대 때 국방부가 북한을 100이라고 할 경우 우리 전력이 겨우 87%라고 하니, 박찬석 의원께서 "아니, 남쪽이 돈은 30배나 더 쓰는데도 북한한테 지는 전력이면, 북한에서 벤치마킹해와야 되는 거 아니냐"고 자조적으로 말씀하신 적이 있죠.

정욱식 그런데 지난주 국방부의 조보근 정보본부장이 "1대 1로 싸우면 남한이 진다"고 답변한 걸로 알려지면서 상당히 논란이 됐는데요.

정청래 이분이 "한미동맹으로는 이긴다"고 하셔서 "남한이 단독으로 북한과 붙으면 진다는 거예요?"라고 물으니까 가만히 있었습니다. 이건 무언의 긍정 아닙니까? 그래서 계속 "진다는 게 말이 되냐?"고 의원들이 물으니 계속 "불리합니다, 열세입니다"라고 답했죠. "이긴다"고 수정했으면 끝나는 문제인데 계속 열세라고 하니, 제가 "우리 국방비와 북한 국방비 차이가 얼마나 납니까?"라고 물으니 "34배가 납니다"라고 답했습니다. 그런데 제가 국방 예산 비교한 칼럼도 많이 썼어요. 2005~2007년 우리는 23조쯤 썼는데 북한은 1조 원이에요. 1조 원이면 우리는 비행기 띄우고 탱크 굴리는 데 쓰는 기름 값밖에 안 됩니다. 그런데도 이렇게 말하는 건 국방예산 삭감을 막으려고 하는 것 같아요. 기득권 사수를 위해서요. "우리가 월등하게 이긴다." 그러면 국방비 줄이고 군인 줄이자고 할까 봐 돈은 더 쓰면서 계속 자기모순에 빠지는 거죠. 북한대학원대학교 함택영 교수가 남북 군사력을 비교한 《국가안보의 정치경제학》이란 책을 읽었는데, 무기 숫자로 비교를 하면 우리가 열세인 건 사실이에요.

김종대 그렇게 숫자로 세는 걸 '낱알 세기'라고 하죠. 북한이야 6·25 전쟁 때부터 쓰던 무기를 거의 그대로 갖고 있으니, 무기가 엄청 많은 건 사실이죠. 그런데 양이 중요한가요? 양이 중요하면 우리도 낡은 무기 폐기하지 않고 그냥 갖고 있으면 북한 금방 따라잡습니다.

정청래 그렇죠. 무기 성능, 첨단화 등으로 비교를 하면 우리가 월등하게 이깁니다.

정욱식 함택영 교수는 군사력을 비교할 때 군사투자 누계비를 기준으로 봐야 한다고 했고, 이것이 국제적으로도 공인받는 방식 가운데 하나입니다. 일정 기간, 예를 들어 20년 또는 30년 동안 얼마만큼의 군사비를 누적해서 사용해왔는지를 기준으로 보는 것이죠. 그 기준에 따르면 1980년대 말에 남한은 이미 독자적으로 북한 군사력을 능가했다는 결론이 나옵니다.

정청래 또 함택영 교수는 선제공격해서 승리를 하려면 국가 총역량이 상대에 비해 300%가 돼야 한다고 했죠. 현대전은 전방, 후방이 따로 없으니 국가 총역량은 군사력뿐만 아니라, 경제력 등 모든 걸 다 따지는 겁니다. 그런데 남북한은 경제력으로 보면 100대1이잖아요? 외교력 등 여러면을 봐도 우리는 북한에 300%, 혹은 그 이상으로 볼 수 있죠. 북한이 남한을 선제공격해도 승리가 불가능하다는 것을 과학적인 데이터로 증명한 것이 《국가안보의 정치경제학》입니다.

정욱식 제가 외국 민간 군사전문사이트 '글로벌파이어파워(www.globalf-irepower.com)'에서 군사력 비교를 보고 왔는데, 거기에는 한국이 8위고 북한이 29위였습니다. 북한이 상당히 기분 나빠할 수치일 것 같아요. 그런데 김종대 편집장님께 여쭤보고 싶은 것이, 노무현 정부에서 자주국방을 추진하면서 남북한 군사력에 대한 객관적 평가를 한 적이 있지 않습니까? 당시 얘기를 좀 듣고 싶습니다.

김종대 2004년 탄핵 기간 중 노 대통령은 관저에서 정상적인 업무를 못보게 되니 이를 학습 기간으로 활용했습니다. 그중 외교안보를 제일 많이 공부했어요. 그런데 남북한의 군사력 비교를 하려고 보니 오래된 연구밖에 없었어요. 그래서 남북한 군사력 비교를 NSC에서 국방연구원(KIDA)에 의뢰했습니다. 그랬더니 NSC로 각 군의 로비가 들어오는 겁니다. 자기들이 열세한 걸로 비율을 낮춰달라고 아주 사활을 걸었어요. 왜 그랬겠습니까? 예산과 관계돼 있으니까요. KIDA와 국방부가 마지막 토론을 하는데 국방부 장관, 합참의장 등이 불같이 화를 내는 거예요. 그러면서 국방연구원 돌아가서 연구원들 불러들이고 남한을 너무 높이 잡았으니 낮추라고 했는데, 이 얘기가 청와대 민정수석실에 포착됐어요. 그래서 대통령에게 올라온 수치가 조작된 것 아닌가 의심했습니다. 이때 탄핵 기간이 끝난 시점으로 연구원들을 불러다 조사를 했어요. "당신들이 국방부 압력으로 수치 조작했다며?" 하고 물으니 두 명 중 한 명이 시인했습니다. 숫자가 진실을 반영한 것이 아니라 타협의 결과였던 겁니다. 그리고 이 과정 자체도 얼마나 정치적입니까?

정욱식 그래서 나온 결과가 한국군의 군사력 지수가 북한군에 비해 육군 80%, 해군 90%, 공군 103% 수준이었습니다. 정치적이어도 너무 정치적인 수치입니다.

김종대 그래서 노무현 대통령이 그해 7월쯤 NSC 상임위원회와 안보관계 장관회의에서 묻습니다. "군사력 비교와 안보 위협에 대한 객관성 있는 평가와 체계적인 접근 방식이 무엇이냐?"고. 그런데 국방부 장관을 비롯한 그 누구도 이 질문에 답변하지 않았어요. '그런 문제가 왜 중요한가.' 하는 표정들이었죠. 나 참 황당한 게, 우리가 북한보다 수십 배나 많은 군사비를 쓰는데 북한보다 약하다고 해야 군의 사기가 진작된다는 건 무슨 논리입니까? 이게 10년 전의 논란이었는데, 하나도 바뀐 게 없어요. 그래도 노무현 정부 때는 알아보기라도 했는데, 지금은 그런 것도 없어요.

| 대한민국 국민은 누구를 믿어야 하나?

정욱식 다시 최근 얘기로 돌아오면요, 조보근 중장 발언 이틀 후에는 김관진 국방부 장관이 직접 나서서 중요한 말을 했어요. 남북한 군사비 차이가 34대1이라는 걸 다시 한 번 확인해주었지만, 전력을 비교해보면 남한이 북한의 약 80% 정도라고요. 그렇지만 또 남한 단독으로 전쟁을 해도 북한을 멸망시킬 수는 있다고 주장했습니다. 반전에 반전을 거듭한 꼴인데요. 정청래 의원님은 그때 현장에 계셨습니까?

정청래 저도 좀 머리가 어지러운데요. 정리하자면, 정보본부장이 보통사람입니까? 대한민국 국방부의 모든 정보를 쥐고 있는 사람입니다. 그런 사람이 열세라고 하니 국민적 비난이 있었어요. 그러니까 김관진 국방부 장관이 북한을 멸망시킬 수 있다고 얘기한 겁니다. 그런데도 우리가 군사력은 80%라는 거예요. 이 발언이 언뜻 들으면 맞는 것 같지만, 실제로는 국방부 장관이 계속 큰소리치면서 자기 눈 찌르고 있는 거예요. 자폭쇼 하는 거죠. 사실 국방부 장관이 이런 얘기를 해서도 안 돼요. 우리가 열세라는 얘기는 할 필요가 없어요.

김종대 65만 군인의 총수인 국방부 장관 정도 되면 마땅히 "국민 여러분, 안보 불안해하지 마십시오. 우리 군대 잘 지키고 있습니다. 북한이 겁박해도 여러분의 생명과 재산은 저희가 책임지고 보호합니다"라고 말하는 게 정답 아닌가요? 그런데 저 얘기를 들으면 어떻게 믿습니까?

정욱식 국민은 더 불안한 거죠. 이틀 전에는 진다고 했다가, 다시 북한을 멸망시킬 수 있다고 하니까요.

정청래 오히려 국민들이 장관보다 더 똑똑해요. 아무리 그렇게 말해도 '라면 사재기' 같은 건 안 하지 않습니까? 그런데 제가 또 드리고 싶은 말씀은, 김대중 정부와 노무현 정부 10년 동안 북한에 가본 사람이 수십만 명입니다. 저도 가봤지만, 가서 보고 오면 '죽도 제대로 못 먹는 사람들한테 우리가 전쟁해서 지겠어?' 하는 생각이 당연히 듭니다. 국민들에겐 이런 학습이 돼 있는데, 우리가 열세라고 얘기해봤자 누가 믿겠습니까?

김종대 그래도 우리가 갖게 되는 불안감이 있어요. 국방부 발표를 보면 북한이 천안함을 어뢰 한 방에 격침시켰단 말입니다. 요즘 언론에 많이 나오지만, 우리는 똑같은 어뢰를 1000억 원을 들여 8년간 개발했는데도 실패했답니다. 그 방산업체가 어딘지 저도 압니다. 북한 것 설계도도 공개했는데 그것 가지고 연구 좀 해보라고 할 정도였습니다. 이상하게 자꾸 우리가 열세라고 하니까 열세가 당연한 것처럼 돼버려요.

정욱식 그런데 남북한 군사력 평가하면서 북핵을 포함시켰습니까?

김종대 그건 안 들어갔죠.

정욱식 그럼 핵도 뺀 상태로 그렇게 얘기하는 겁니까? 2004년에는 우리 군사력이 88%, 2008년에는 110%였다가 엊그제 국방부 장관이 다시 80%로 떨어졌다고 했습니다. 이건 그 사이에 북한이 핵무기 만들어서 그런 것 아니냐는 의문도 있던데요. 나 참, 군사력 평가가 무슨 고무줄도 아니고, 이렇게 늘었다 줄었다 해도 되는 겁니까?

김종대 남한이 북한보다 군사력이 앞섰다고 평가한 건 이명박 정부가 4대 강 해야 돼서 국방예산 증가율을 낮추려고 한 겁니다. 노무현 정부 때 연평균 국방비 증가율이 8%였던 데 반해 이명박 정부 들어와서 4%로 줄었습니다. 이명박 대통령 시절에는 국방부 장관 불러서 "우린 국방부가 사달라는 장난감 그런 거 못 사준다"며 모욕도 줬다고요. 그러니까 이렇게 국방비를 줄였던 정치권력의 의도에 비춰 보면 이 수치도 정치적인 거예요. 그런데 예를 들어 아무리 좋은 악기가 있어도 악기가 명품인 게 중요합니까? 그걸 쓰는 자의 기량과 정신, 혼이 중요한 거죠. 무기도 이걸 교리로 묶어서 스스로 방위력을 갖추려는 군인정신이 있어야 효율성을 발휘합니다. 한미동맹 아니면 열세고 질 수도 있다는 정신상태를 갖고 있으면, 더 많은 무기 사준다 한들 국방이 되겠습니까?

| 남북이 같이 사는 길이 있다

정청래 그리고 제가 이번 논란을 겪으며 느낀 것은 왜 둘 다 망하는 길을 선택하느냐는 것입니다. 둘 다 승리하는 길이 있습니다. 남북이 평화롭게 지내는 겁니다. 평화를 위한 다른 새로운 방법이 있는 것이 아니라, 평화가 곧 길인 것입니다. 서로 평화롭게 지내면 양쪽 다 국방비 축소하고 그걸 복지비로 돌리면 되잖아요. 대한민국은 세금을 아무리 많이 내도 기본적으로 사회간접자본(SOC) 투자와 국방비 때문에 복지 예산이 달릴 수밖에 없어요. 그래서 군축을 통한 복지예산 확보가 필요하고, 그러려면 평화롭게 지내야 되잖아요.

정욱식 방금 의원님께서 말씀하신 평화를 찾는 길 가운데 하나가 남북한의 교류협력일 텐데요. 이에 대해 의원님께서 얼마 전에 천안함 침몰 직후 이명박 정부가 내린 대북 경제제재인 5·24조치 관련한 보도자료를 내신 것을 봤는데요.

정청래 그것이 5·24제재 조치 이후 과연 우리가 얼마큼의 경제적 피해가 있었는지에 대한 최초의 연구였습니다. 경제활동 못 한 것 때문에 생긴 피해액이 우리가 9조4000억 원, 북한이 2조6000억 원으로 우리가 4배 더 손해를 봤습니다. 제재했으면 북한이 더 손해 봤어야 하는데 오히려 우리가 4배를 덤터기 쓴 거죠.

김종대 오히려 때린 주먹이 더 아픈 거네요. 그걸 정동영 전 통일부 장관 은 "남한이 때리니까 북한은 평양 박치기로 나왔다"며, 박치기로 나오니 때린 손이 더 아프지 않냐고 하던데요.

정욱식 그런데 주목할 점이, 새누리당 일부 의원들도 5·24조치 완화나 해 지 필요성을 얘기했다던데요?

정청래 최근 개성공단을 다녀왔는데, 백문이 불여일견이더라고요. 저는 네 번째 갔는데 처음 간 새누리당 분들이 놀랐나 봐요. 배수장에 갔더니 우리 수자원공사에서 8명이 파견 가서 북한 사람들에게 명령하고, 40명 의 북한 하부직원들이 업무 진행을 해요. 같은 사무실에서 일하는 작은 통일을 본 거죠. 우리가 계약서 쓸 때 개성공단의 10분의 1은 남측 근로 자가 일하는 걸로 돼 있어요. 개성공단이 35만 명이면 3만5000명은 한국 인이고, 개성공단이 10개면 35만 명의 대한민국 국민이 북한에 가서 일 하는 거예요. 그러면 그게 바로 통일 아니겠습니까? 복잡하게 설명할 필 요 없이 개성공단 같은 게 10개면 이미 통일이 된 거라는 얘기죠.

김종대 관계가 꽉 막혀 있을 때 작은 것 하나부터 풀어나가는 게 대단히

'남북한이 전쟁하면?'이라는 가정은 가정으로 끝나야 합니다. 남한이 이 긴다고 해서 그게 무슨 의미가 있겠습니까? 우리에게 차선은 전쟁을 막는 것이고 최선은 전쟁이 필요 없는 평화로운 한반도를 만드는 것 아니겠습 니까?

큰 의미인 것 같습니다. 오늘 우리가 '남북한이 전쟁하면?'이라는 가정법으로 방송을 했는데요, 이건 가정으로 끝나야 합니다. 남한이 이긴다고 해서 그게 무슨 의미가 있겠습니까? 우리에게 차선은 전쟁을 막는 것이고 최선은 전쟁이 필요 없는 평화로운 한반도를 만드는 것 아니겠습니까?

정청래 그렇죠. 진짜안보는 전쟁해서 이기는 게 아니라 싸우지 않고 이기는 것이고, 그렇게 되기 위해서는 사이좋게 지내야 합니다. 저도 열심히 의정 활동해서 일조하겠습니다.

☮

더욱 본질적인 문제로 넘어가서 남북한 사이에 전쟁이 나면 어떻게 될까? 승패를 떠나 끔찍한 결과가 나올 것이 자명하다. 일각에선 북한을 멸망시킬 수 있다고 큰소리치지만, 100만 명의 병력을 보유한 북한 영토의 80%가 산악지형이고 1만 개 안팎의 지하터널이 있다는 점을 고려하면 끝나지 않는 전쟁이 될 가능성이 높다. 더구나 북한의 핵무장이 전력화된다면 상황은 더욱 달라질 것이다. 가령 북한이 핵미사일로 남한의 핵발전소를 공격한다면? 결론적으로 남북한 전쟁이든, 미국과 중국까지 끼어든 국제전이든, 한반도에서의 전쟁은 모두가 지는 결과를 낳게 된다. 따라서 남북한이 모두 이기는 길은 평화이다.

미국의 10대 소녀와 소련의 서기장

그 무렵 세계는 또다시 핵전쟁의 공포에 떨게 되었습니다. 소련은 파이오니어를, 미국은 순항미사일과 퍼싱II 미사일을 배치하기 시작했습니다. 소련은 아프가니스탄을 침공했습니다. 북미 대륙과 유럽에서 핵 반대 시위가 벌어집니다. 이어 1982년 11월에 새로운 소련 서기장으로 유리 안드로포프가 취임합니다. 이를 골똘히 지켜본 만 열 살의 미국 소녀 사만다 스미스는 엄마에게 물어봅니다.

"만약 사람들이 그를 두려워한다면 왜 어느 누구도 그에게 전쟁을 원하는지, 또는 원하지 않는지 편지를 보내 물어보지 않나요?"

그러자 엄마는 "네가 해보지 않겠니?"라고 대답하게 됩니다.

이 말을 들은 사만다는 즉시 다음과 같이 편지를 씁니다.

친애하는 안드로포프 서기장님께

저는 사만다 스미스이며 열 살입니다. 새로운 직업을 얻으신 것을 축하드립니다. 저는 러시아와 미국이 핵전쟁을 할까 봐 걱정해왔습니다. 서기장님은 정말 전쟁을 하기 원하시나요? 만약 그게 아니라면 전쟁을 막기 위해 무엇을 하실 건지 답변 부탁드립니다. 여기에 대해 답변하지 않으셔도 되지만, 저는 서기장님이 세계 혹은 최소한 우리 미국을 정복하고 싶어 하는 이유에 대해 알고 싶습니다. 신께서는 우리가 싸우지 말고 평화롭게 지내라고 이 세상을 만드셨습니다.

_ '존경하는 마음을 담아' 사만다 스미스 올림

편지는 소련의 신문 〈프라우다〉에 실리게 됩니다. 그러나 안드로포프로부터 기다리던 답장이 없자 사만다는 재차 미국 주재 소련 대사에게 편지를 보내 안드로포프 서기장이 대답할 수 있는지 물었습니다. 마침내 다섯 달 후인 1983년 4월에 사만다는 안드로포프의 답장을 받게 됩니다.

친애하는 사만다 양에게
소련에 있는 우리 모두는 지구상에 전쟁이 발생하지 않도록 어떠한 일이든 하려고 합니다. 이건 모든 소련 사람이 원하는 것이고 우리의 위대한 창시자 레닌이 가르쳐준 것이기도 하죠. 오늘날 우리는 가깝든 멀든 지구상의 모든 나라가 서로 협력하고 교류하며 평화 속에 살아가길 원합니다.

이어 서기장은 사만다를 소련으로 초청하면서 "사만다가 소련에 대해 알게 되기를 원한다"고 덧붙였습니다.

1983년 7월7일, 숱한 우려와 반대를 무릅쓰고 부모와 함께 소련으로 간 사만다는 2주 동안 모스크바와 레닌그라드(현재의 상트페테르부르크)를 둘러보고, 소련 친구들과 어울렸으며, 소련 최초 여성 우주비행사인 발렌티나 테레슈코바를 만나는 등 즐거운 시간을 가졌습니다. 이후 미국으로 돌아온 사만다는 각종 언론의 스포트라이트를 받으며 소련에 대해 "그 사람들도 우리와 똑같다는 걸 알았다"며 평화의 메시지를 전합니다. 이제 사만다는 미소 간의 평화 친선대사가 된 것입니다.

　그러나 미국의 냉전세력들은 이런 사만다의 활동을 못마땅해했습니다. 그러던 중 9월에 대한항공 여객기가 소련 영공에서 폭파되는 사건이 벌어집니다. 이 사건을 계기로 서방 세계는 일제히 소련에 대한 경제제재와 강압적인 정책을 더욱더 강화하게 됩니다. 사만다에게 쏟아지던 세상의 관심과 언론의 출연 요청도 뚝 끊어집니다. 냉전의 유령이 다시 세계를 배회합니다. '악의 제국'이라는 소련에 대한 증오와 적개심이 날로 팽배됩니다.

　이렇게 세상의 관심 밖으로 밀려난 사만다는 1985년 8월, 여객기 사고로 만 열세 살의 나이에 사망합니다. 한 해 전에 이미 사만다의 친구 유리 안드로포프도 세상을 떠난 뒤였습니다. 사만다의 사망 소식에 비로소 미국 국민들은 긴 잠에서 깨어난 듯이, 평화의 메시지를 전한 이 소녀에게서 진실을 재발견합니다. 미국 전역에서 애도와 함께 조문이 밀려왔고, 미하일 고르바초프 소련 서기장과 레이건 대통령도 애도를 표합니다. 소련은 사만다를 추모하는 기념우표를 발행합니다. 그리고 그제야 미국과 소련은 핵무기 감축 협상을 시작합니다. 바로 안드로포프가 사만다에게 약속했던 그것입니다.

지구 최후의 날을 두려워하며 소련을 다녀온 이 어린 소녀는 죽음으로써 세상에 다시 평화의 메시지를 알렸습니다. 지금 제 앞에는 그녀의 해맑은 미소가 실린 사진이 놓여 있습니다.

13년을 살고 간 저 어리고 맑은 영혼 앞에서 우리는 부끄러움을 느낍니다. 다시 핵전쟁의 공포가 밀려오는 이 한반도에서 우리는 무언가를 해야 합니다. 그러지 않으면 우리는 전쟁의 공포에 또 한 세기를 지내야 합니다.

3부
격변의 동북아,
헤매는 대한민국

미국의 글로벌 공격계획과 일본의 집단적 자위권

일본, 군사대국으로 가는가?

방공식별구역: 중국은 왜? 한국은 어떻게?

전환기의 동아시아, 어디로 가는가?

동북아시아 국가들은 전쟁 준비 중?

미국의 글로벌 공격계획과
일본의 집단적 자위권

미국의 오바마 행정부는 2013년 9월 주목할 만한 신군사전략을 내놓았다. '재래식 신속지구공격(Conventional Prompt Global Strike, 이하 CPGS))' 개발이 바로 그것이다. CPGS는 재래식 무기를 이용해 1시간 이내에 지구촌 어디든 신속하게 공격할 수 있는 능력을 확보하려는 미국의 21세기 핵심 군사전략이다. 이와 비슷한 시기에 일본의 아베 신조 정권은 헌법 해석을 바꿔 집단적 자위권 행사를 공식화하기 시작했다. 그리고 이러한 미국과 일본의 움직임은 미일동맹 강화와 한미일 삼각동맹 추진과 맞물려 있다. 그렇다면 이것들이 한반도와 동북아 정세에 미치는 영향은 무엇일까?

*2013년 9월 11일 방송을 정리한 것입니다.

| '핵무기 없는 세계'에 한반도는 없다

정욱식 최근 미국이 아주 주목할 만한 움직임을 보이고 있습니다. 이름도 무시무시한데요, 글로벌 공격계획이 바로 그것입니다. 이 얘기를 일본의 집단적 자위권과 연결시켜 고민해보는 시간을 갖도록 하겠습니다. 본론에 앞서 현 정부의 안보정책에 대해 간략히 평가해보겠습니다. 현재 박근혜 정부의 각 정책 분야 중에서 대북정책, 외교정책, 안보정책이 가장 높은 지지율을 보이고 있습니다. 전문가들의 여러 지적에도 불구하고, 일반 국민들은 북한에게 적극적으로 대응하고 할 말은 하는, 즉 우리의 자존심을 확실히 세우고 안보를 중시하는 모습을 긍정적으로 평가하고 있는 상황입니다. 이에 대해 편집장님은 어떻게 생각하십니까?

김종대 이와 관련하여 국민들께서 아셔야 될 것이 있습니다. 우리가 안보 억지력을 행사하고 이를 과시하는 행위에 대해 냉철하게 고민해봐야 한다는 겁니다. 북한은 핵무기 터뜨리고 장거리 미사일 발사하는데, 우리는 김정은 집무실의 유리창 깨는 무기를 전시한다 이거 아닙니까? 이는 안보가 아닙니다. 대부분의 제3세계 독재자들이 애용하는 방식인데, '우리도 센 주먹을 하나 갖고 있다.' 이걸 굉장히 보여주고 싶어 합니다. 북한이 딱 그렇습니다. 그런데 싸우면서 닮아간다고 우리도 그래야겠습니까? 무기를 확보하는 목적이 마치 보여주기식 전력증강인 것 같습니다. 국내정치용 성격이 짙어요.

정욱식 군이 지나치게 자기 존재를 과시하려고 하는 것보다는, 묵묵히 자기의 임무를 수행하는 게 오히려 국민들을 안심시키고 믿음을 줄 수 있는 길이라는 생각이 듭니다.

김종대 그게 바로 진짜안보라는 겁니다. 자꾸 보여주기에 치우치면 윗사람들 눈치 보기 급급하고, 주요 지휘관들은 자신의 재임 기간에 업적을 남기려고 노력합니다. 업적주의, 실적주의 말이죠. 이런 데 함정이 있습니다. 그럼 본격적으로 본론에 들어가겠습니다. 이름만도 무시무시한 미국의 글로벌 공격계획에 대해 얘기해보겠습니다.

정욱식 기본적으로 미국은 패권국이고, 자신의 군사작전 범위가 전 세계라고 이야기해온 것이 새삼스러운 일이 아닙니다. 최근 화제가 되는 것이 'Conventional Prompt Global Strike(CPGS)'라는 용어로, 번역을 하면 '전 세계 재래식 신속공격'입니다. '재래식 무기를 이용해 1시간 이내에 지구촌 어디든 신속하게 공격할 수 있는 능력을 확보하려는 미국의 21세기 핵심 군사전략'이라고 말씀 드릴 수 있습니다. 이를 위해 초음속 미사일 개발이 중요한 과제가 됩니다. 핵무기를 사용하는 것은 갈수록 인류사회에서 금기시되어가고 있기 때문에 재래식 무기를 대안으로 생각한 것인데요. 조지 W. 부시 행정부 때 나왔던 얘기가 다시 추진되고 있는 것입니다.

김종대 쉽게 이야기하자면 '대륙간탄도미사일에 핵이 아닌 재래식 탄두를 달아서 같은 개념으로 운용하겠다'는 것으로 이해가 됩니다.

정욱식 네, 그것이 이 전략의 핵심이라고 할 수 있습니다. 오바마 대통령이 2009년에 '핵무기 없는 세계'를 주창해서 노벨평화상을 받지 않았습니까? 하지만 미국 국내에서는 미국이 핵무기를 줄이는 대신에 미사일 방어체제(MD)를 차질 없이 하겠다, 이를 위해 핵무기를 줄이는 대신 핵

최근 미국의 적대국가들이 거부, 혹은 반접근 능력을 강화하고 있는데요. 이건 미국의 군사력이 자신의 세력권 안으로 들어오는 것을 막을 수 있는 능력을 의미합니다. 그러자 미국에서는 이러한 거부 전력 범위 밖에서 신속하게 공격할 수 있는 능력을 갖추겠다, 그 실질적인 대상은 중국이다, 이런 이야기들이 나오고 있습니다.

에 의존해온 안보전략을 비핵전력, 즉 CPGS와 같은 최첨단 재래식 미사일을 통해서 대처해나가겠다고 공화당에게 약속을 하게 된 겁니다. 최근 미국의 적대국가들이 거부, 혹은 반접근 능력을 강화하고 있는데요. 이건 미국의 군사력이 자신들의 세력권 안으로 들어오는 것을 막을 수 있는 능력을 의미합니다. 그러자 미국에서는 이러한 거부 전력 범위 밖에서 신속하게 공격할 수 있는 능력을 갖추겠다, 그 실질적인 대상은 중국이다, 이런 이야기들이 나오고 있습니다.

김종대 쉽게 이야기하면 미국이 탄도미사일 전략을 핵무기용으로만 쓰지 않고 더 다양한 용도로 쓰겠다는 뜻입니다. 그래서 재래식 탄두를 전 세계 어느 곳이든 단시간에 타격할 수 있도록 하겠다는 것이죠.

정욱식 이른바 핵미사일 같은 경우는 끝장을 보는 무기이기에 쉽게 쓰기는 어렵지 않습니까? 반면에 재래식 무기의 사용 문턱은 훨씬 낮습니다. 이에 따라 미국의 CPGS 프로젝트에는 그 자체로 우발적인 충돌과 확전의 위험성, 그리고 핵전쟁 가능성 등이 포함될 수 있습니다. 또한 최근 미국을 보면 예산이 없어 힘들어하고, 이를 만회하기 위해 한국에게도 방위비 분담금 좀 올려달라, 무기 좀 사 가라, 하며 돈 문제로 징징대면서도 이러한 프로젝트를 위해 엄청난 예산의 신무기들을 개발하고 있습니다.

김종대 이러한 개발과 생산 배치과정을 다 합하면 적어도 수백억 달러가 소요됩니다. 결국은 과거에도 이런 미사일 공격이 어렵기 때문에 폭격기를 선호한 것 아닙니까? 한반도 위기 때 아마 보셨을 거예요. B-52 폭격기는 스텔스기가 아니고 B-2는 스텔스기이니 아무래도 스텔스 폭격기에 의한 폭격작전을 선호할 것으로 보입니다. 이에 대응하기 위해 북한이 중거리 미사일을 개발한 것 아니겠습니까? 미 본토 제압과 별도로 오키나와나 괌 같은 중간 비행기지도 타격하겠다고 북한이 나오는 겁니다. 이런 식으로 군비경쟁이 계속 진행되는 상황에서 재래식 탄두를 장착한 대륙간탄도미사일을 개발한다는 것은 좀 엉뚱해 보입니다. 핵에 대한 억제력으로는 기존의 핵탄두를 장착한 탄도미사일을 쓸 수 있는데 왜 굳이 그것보다 파괴력이 더 낮은 것을 개발하느냐 말이죠. 그 배경이 그래서 궁금해집니다.

정욱식 이러한 계획이 미국의 국가안보를 위한 것인지, 아니면 정치적 흥정을 위한 것인지 따져볼 필요가 있습니다. 오바마가 말한 '핵무기 없는 세계'라는 것도 허울만 좋은 허상일 수 있습니다. 그리고 이런 어젠다를 미국 국내정치적으로 강하게 밀어붙이기 위해서 MD나 CPGS 신무기 개발 프로젝트를 요구하는 사람들의 의견을 묵살하거나 외면할 수 없는 상황도 반영된 것으로 보입니다.

또 다른 하나는 오바마 행정부의 이야기로 볼 때 미국은 군사전력에서 핵무기에 대한 의존도를 줄이고 있기에 CPGS 같은 새로운 시스템이 필요하다는 것이죠. 하지만 실제로 안보전략, 군사전략에 있어서 핵에 대한 의존도를 줄이겠다는 계획이 적어도 한반도에서는 적용되지 않는 듯합니다. 미국이 말하는 확장억제라는 게, 재래식 군사력과 MD뿐만 아니라 핵우산 강화도 명시되어 있기 때문입니다. 또한 오바마 행정부도 북한에 대한 선제 핵공격 옵션을 유지하기로 했습니다. 2013년 봄에만 하더라도 B-52, B-2 전폭기와 핵잠수함을 동원해 한미합동군사훈련을 실시하지 않았습니까? 또한 이른바 북한의 핵을 억제하기 위한 맞춤형 억제 전략에 대해 한미 양국이 의견을 같이하고, 이후 SCM 회의에서 이에 대한 합의를 통해 그 내용을 채택한다는 언론보도가 있지 않았습니까?

김종대 이 맞춤형 억제 전략이라는 게 새로운 개념은 아니고 이명박 정부 때부터 많이 나왔습니다. 확장억제력이라고도 하는데, 설명하자면 기존의 핵우산에 재래식 무기까지 포함하여, 한반도의 종합적인 억제력을 제공한다는 것입니다. 미국의 최고 관심사가 MD이듯이, 맞춤형 억제 전략을 논의한다는 확장억제정책위원회가 열리면, 그 분과 중 하나인 미사일 방어 분과가 주요 회의장이 됩니다.

정욱식 보통 '확장억제'라고 하면 전통적으로 미국이 핵우산을 펼쳐 그 동맹국까지 보호해주겠다는 개념이었지만, 최근 핵우산뿐만 아니라 미사일방어체제와 재래식 전력, 즉 아까 말씀 드렸던 CGPS가 현실화되었을 경우, 우선적인 적용 대상이 한반도가 될 것이란 예상을 충분히 해볼 수가 있겠습니다.

김종대 당연히 1순위라고 봅니다. 북한에 대한 억제력 행사라는 것이 미국으로서는 신무기를 개발하는 가장 확실한 명분일 겁니다. 이와 관련 〈뉴욕타임스)가 "북한의 임박한 미사일 공격에 대해 선제공격을 할 수 있는 능력을 미국 대통령에게 제공하게 될 것"이라고 보도하기도 했죠.

정욱식 CGPS에서 미국이 검토 중인 프로그램은 크게 세 가지입니다. 육지나 바다에서 로켓으로 발사하는 초음속 글라이더(glider), 바다에서 발사하는 탄도미사일, 공중에서 발사하는 초음속 순항미사일 등이 바로 그것들인데요. 이들 프로그램이 품고 있는 공통의 특징은 미국의 적대국이나 경쟁국이 보복할 수 있는 거리 '밖'에서 최대한 신속하게 공격능력을 확보하겠다는 것으로 요약됩니다.

김종대 그런 점에서 2013년 3, 4월 위기에서 지금까지 오는 군비경쟁의 맥락에서 이것을 해석해야 되지 않을까 생각합니다. 결국 이러한 신무기를 개발해 미국 본토나 원거리에서 북한을 직접 때리겠다는 개념은 미국이 앞으로 새로운 핵심 분야로 발전시키려는 것이라 할 수 있겠죠. 이런 점에서 '맞춤형 억제'나 CGPS는 우리가 관심을 가져야 할 사항이라고 봅니다.

정욱식 그렇습니다. 한미동맹이 대북 억제력을 강화하는 효과가 있을지는 모르겠지만, 그 부작용도 만만치 않을 텐데요. 적대관계에 있는 쌍방의 한쪽이 억제력을 강화하면 상대방도 맞대응을 하는 것이 군비경쟁의 속성이라는 점에서, 북한도 CGPS와 '맞춤형 억제 전략'에 맞서 핵과 미사일 능력을 강화하려고 할 것입니다. 특히 맞춤형 억제 전략을 작전계획화할 경우 한미합동군사훈련에 미국의 핵 투발수단들인 전폭기, 전투기, 핵잠수함의 출몰 빈도수도 높아질 수 있고, 이는 북한의 반발과 맞물려 군사적 긴장 고조로 이어질 수 있습니다. 또한 맞춤형 억제 전략의 세 축

가운데 하나가 MD라는 점에서 한국의 MD 편입 가속화라는 엄청난 비용도 치르게 될 것입니다.

| 일본의 집단적 자위권과 한미일

정욱식 편집장님, 이러한 미국의 신전략 및 맞춤형 억제와 결부하여 또 한 가지 논의해봐야 하는 문제가 바로 일본의 집단적 자위권 문제 아니겠습니까? 아베 정권은 '해석 개헌'이라는 표현을 쓰면서 집단적 자위권을 2014년까지 명확히 하려는 움직임을 보이고 있습니다.

김종대 일본은 헌법상 교전권이 없는 나라입니다. 헌법 9조, 즉 평화헌법에는 군대를 보유하지 않고 문제해결 방식에 교전도 포기한다고 되어 있지 않습니까?

정욱식 그러니 헌법 해석을 바꿔서 전쟁할 수 있는 나라로 바꾸자는 쪽으로 아베 신조 정권은 물론이고 야당인 민주당도 동조하는 양상입니다. 먼저 집단적 자위권 문제부터 짚어주시죠.

김종대 유엔 헌장 51조에 보면 무력행사와 관련한 주권국가의 고유권한으로 개별적 자위권과 집단적 자위권을 인정하고 있습니다. 자위권이라 하면 우리가 당하지 않도록 상대방을 공격해서 나를 지킨다는 개념입니다. 이게 자위권이고, 집단적 자위권은 동맹국이 공격받으면 동맹국 전체가 이 동맹국을 수호하기 위해 참전할 수 있다는 개념으로 유럽의 나토(NATO)가 대표적인 집단안보체제입니다. 이 집단안보체제는 각 나라가 자기 주권을 조금씩 양보하면서 유지하는 겁니다.

그런데 동아시아에는 이러한 집단안보체제가 없고 각 국가는 주로 자기 일방적인 자위권을 행사하고 있습니다. 한 국가가 군사력을 보다 공격적으로 운용하겠다는 것인데, 유럽과는 다른 상황에서 일본이 저렇게 나오면 주변국들 모두가 피곤해지는 겁니다. 앞으로 일본의 자위대가 일본군이 되는 것은 불을 보듯 뻔한 일입니다. 주변 사태에도 개입하겠다는 뜻으로 들리는데 일본의 주변 사태가 뭡니까? 대만 사태하고 한반도 사태 아닙니까? 최근에 논란이 되고 있는 센카쿠 열도(중국명 댜오위다오)도 포함될 수 있고요. 이러한 전략에 따르면 일본이 무수단리, 동창리 같은 북한의 미사일 기지를 폭격할 수도 있다는 이야기를 하는 것인데, 이를 미국이 묵인하고 있는 상황입니다.

정욱식 미국은 오히려 적극적으로 일본의 집단적 자위권 행사를 요구하고 있습니다. 한국 정부 입장에서 일본의 집단적 자위권을 반가워할 리가 없을 테고요. 동맹국인 미국이 일본에게 집단적 자위권을 요구하는 배경 중 하나는 MD를 효율적으로 운용하기 위해 일본이 집단적 자위권을 잘 행사해야 한다, 이런 건데요. 예를 들어 미군이 미사일 공격을 당할 것 같은 상황에서 일본이 집단적 자위권을 행사하게 되면, 일본이 요격할 수 있다는 겁니다. 이렇게 하면 일본을 미국 주도의 체제에 끌어들일 수 있다는 계산이 나오고요.

그리고 더 중요한 것은 미국이 집단적 자위권과 MD 문제를 연결시키면서 한국도 여기에 참여해야 한다고 주장한다는 점입니다. 우리 정부는 집단적 자위권에 대해서 난색을 표하고 있었지만, 미국 주도의 한미일 삼각체제에 이명박 정부 때부터 은밀하게 편입되기 시작했고, 현재 박근혜 정부 들어서 그 속도가 더욱 빨라지는 양상을 보이고 있습니다. 예를 들면 한국으로 미사일이 날아오는 상황이 발생하면 일본이 한국에게 미사일 날아간다는 정보를 제공하는 것도 집단적 자위권의 범위에 들어가는 것 아니겠습니까? 마찬가지로 일본으로 미사일이 날아갈 때 한국이 일본에 그 정보를 제공하는 것도 집단적 자위권에 해당됩니다. 이 상황에서 우리 정부가 한편으로는 일본의 우경화 움직임에 대해 견제를 하면서, 다른 한편으로는 이 문제의 핵심이라고 할 수 있는 MD체제에 깊숙이 편입되고 있는 모순된 상황에 대해서도 우리가 주목해야 합니다.

김종대 이러한 일련의 흐름을 종합해보면 최종 목적지, 그 가시권의 구체적인 상을 짐작해볼 수 있어요. 예를 들면 중국이나 북한이 쏘는 미사일은 완행열차가 아닙니다. 미국까지 도달하는 데 20분밖에 안 걸려요. 또한국이나 일본에 도달하는 시간도 불과 수분 단위예요. 그러면 '북한이 미사일을 쐈다, 대책회의 하자.' 이걸로는 안 되지 않겠습니까? 그래서 미사일 방어를 하려면 한미일 시스템이 통합되어야 대응이 가능하다는 이야기입니다. 지금 한미일이 병렬적으로 되어 있는데, 적어도 MD만큼은 한미일 일체화로 가야 한다는 것이고, 그렇게 되면 기존의 전후 70년간의 동북아 질서가 근본적으로 바뀌는 겁니다. 우리가 일본과도 안보시스템이 통합되게 되는데 그게 바로 미사일 방어체제, MD인 것이죠.

정욱식 미국 의회 보고서를 보더라도 "MD는 한미일 삼각동맹 체제로 가는 데 있어서 가장 중요한 토대다. 그러한 맥락에서 한일 간에 군사정보보호협정이 체결되어야 한다"고 말하고 있습니다. MB정부가 2012년 6

월에 국회와 국민 몰래 한일군사정보보호협정 체결을 추진하다가 들통 났었죠. 그리고 그걸 무마하겠다고 이명박 대통령이 독도를 기습 방문하여 한일관계에 일대 파란을 일으킨 적도 있습니다.

김종대 제가 보기에 가카는 연구대상이에요.(웃음) 그전까지는 한일군사정보보호협정 체결하자고 했다가, 그다음 달에는 독도에 가서 "일본 왕 사과하라." 그러지 않나. 이해가 안 가요. 그런데 이게 과거지사가 아니에요. 박근혜 정부도 일본과 군사협력을 강화하려 하고 있어요. 우리 국민이 두 눈 부릅뜨고 지켜봐야 할 문제입니다.

☮

미국이 재래식 신속지구공격 계획을 내놓자, 러시아는 재래식 무기를 장착한 대륙간탄도미사일도 핵미사일로 오인될 수 있다며 우발적인 핵전쟁 가능성을 경고하고 나섰다. 중국은 초음속 미사일 개발에 나서겠다고 밝히고 있다. 북한은 핵 억제력 강화로 맞서겠다고 다짐하고 있다. 한편 일본의 아베 신조 정권은 2014년 들어 집단적 자위권 행사 결정에 박차를 가하고 있다. 7월에 내각 결정을 내린 데 이어 미국과의 안보 가이드라인을 개정해 집단적 자위권을 명시한다는 방침이다. 이로써 동북아 정세는 더욱 불투명해지고 있다.

우리가 속한 세계를 멀리서 낯설게 보기

1968년 10월 11일, 미국의 조종사 월터 쉬라가 아폴로 7호를 타고 우주로 향했습니다. 그가 지구 궤도에 머문 시간은 11일. 그때 쉬라는 육안으로 베트남 전쟁을 볼 수 있었습니다.

"밤이면 소총의 불빛까지 보인다. 베트남 상공에서 깜박깜박 빛나는 걸 보았을 때 번개인가 했다. 그러나 번개의 경우 반드시 구름 속에서 빛난다. 그런데 베트남 상공은 맑았던 것이다. 그래서 전쟁의 불빛임을 알게 되었다. 밤에는 마치 불꽃놀이를 보는 듯했다. 그게 전쟁의 불빛이 아니었다면 그 아름다움에 넋을 잃을 정도로 아름다웠다."

그전까지 그는 소련을 이기겠다는 냉전의 신념으로 가득 찬 군인이었습니다. 그러나 전쟁의 불빛이 아름다웠다는 느낌에 그는 큰 충격을 받습니다. 이 체험을 통해 전쟁에 대한 그의 사상과 철학이 완전히 바뀌게 됩니다. 다음은 그가 인터뷰에서 밝힌 심경입니다.

"우주에서 보면 국경 따위는 어디에도 없다. 국경이란 인간이 정치적 이유로 마음대로 만들어낸 것일 뿐이고 원래는 존재하지 않았던 것이다.

그럼에도 불구하고 그것을 사이에 두고 같은 민족끼리 서로 대립하고 전쟁을 일으키고 서로 죽인다. 이건 슬프고도 어리석은 짓이다. 나는 군인으로 살아왔다. 어떤 전쟁이라도 그 전쟁에 이르게 된 정치적·역사적 이유가 있기 때문에 그렇게 간단하게 이 지구에 전쟁 없는 시대가 올 거라고는 생각하지 않는다. 그러나 그런 인식이 있더라도, 우주에서 이 아름다운 지구를 바라보고 있으면 그 위에서 지구인 동료들이 서로 싸우고 전쟁하고 있다는 사실이 정말 슬프게 생각되는 것이다.”

월터 쉬라의 이 말은 일촉즉발의 전쟁위기가 감도는 한반도를 바라보고 난 뒤의 심경입니다. 그는 다름 아닌 한국전쟁 시에 공군 조종사로 참전한 경험이 있었거든요. 한편 쉬라와 함께 아폴로 7호를 탔던 또 한 명의 우주비행사 돈 아이즐리는 우주시대가 오면 미소의 대립 구도도 와해될 것이라고 예언합니다.

“기껏해야 냉전은 앞으로 30~40년이라고 생각한다. 그 세월 동안 제3차 세계대전을 일으킨다든지 하는 바보짓을 하지 않는다면, 확실히 민족국가(national state) 시대에서 행성지구(planet earth) 시대로 돌입할 거라고 생각한다. 지금은 그 과도기이다. 생각해보면 민족국가 시대는 인류사 가운데 기껏해야 최근 300~400년에 지나지 않는다.”

이 두 명의 우주비행사는 ‘행성지구’라는 거시적인 맥락을 봅니다. 그리고 아이즐리의 예언대로 마침내 냉전은 종식됩니다. 물론 이후에도 크고 작은 전쟁은 끊이지 않았습니다. 그러나 냉전종식 이후 지구적 관점이 확산되고 있는 지금은 분명 ‘행성지구’로 가는 과도적 시기인 것만은 틀림없어 보입니다.

그런데 유독 아폴로 7호를 탄 우주인들이 이렇게 커다란 심경의 변화를 겪은 이유는 뭘까요?

다른 우주선들은 달로 향했던 데 반해 아폴로 7호는 지구 궤도에 오랫동안 머물렀다는 점이 다릅니다. 그 11일간 지구를 매일 쳐다보면서 인간과 역사, 그리고 우주에 대해 성찰할 여유가 있었던 겁니다.

이 체험이 없었더라면 그 두 조종사는 귀환한 이후 환경운동가, 평화운동가의 길을 걷지 않았을 것입니다. 보다 멀리서 우리가 속한 세계를 바라볼 때 우리가 갖고 있던 사상과 지식은 달라집니다. 우리가 잘 아는 지구를 멀리서 '낯설게' 보았다는 것, 이것 하나만으로도 사상과 철학이 달라졌습니다. 놀라운 일 아닙니까?

한국인 최초의 우주인 이소연 씨가 우주에서 이런 얘기를 했습니다. "여기서 지구를 보니 국경 같은 것은 보이지 않습니다." 지구 표면 위, 평면적인 시야에서 만들어진 국제정치의 온갖 지식을 멋지게 초월하는 말입니다.

저는 평화를 추구한다고 할 때 이제는 멀리서 우리가 속한 세계를 낯설게 보는 자세가 필요하다고 봅니다. 온갖 국제정치 이론이나 전쟁과 평화에 대한 담론들은 대부분 평면적 시각에서 나타난 미시적인 현상을 다루는 데 치우칠 뿐, 거시적인 맥락에서 원대하게, 입체적으로 우리가 속한 세계를 바라보도록 허용하지 않습니다. 특히 우리가 말하는 보수나 진보, 좌파와 우파 같은 이념의 영역에서는 우리의 지식이 제한될 뿐만 아니라 전쟁을 일으키는 유전자의 독재로부터 해방되는 것이 불가능해 보입니다.

일본, 군사대국으로 가는가?

．．．．．．．．．．
．．．．．．

일본 재무장의 빗장이 풀리고 있다. 자위대의 해공군력은 이미 세계 5위권 안팎이라는 평가를 받는다. 여기에 더해 집단적 자위권을 행사하기 위해 군사력 행사 범위도 커지고 군사력의 성격에도 공격성이 가미될 수밖에 없다. 실제로 아베 정권은 집단적 자위권 추진과 함께 군비증강에도 박차를 가해왔다. 2013년에는 0.8%, 2014년에는 3% 정도 국방비를 증액했다. 이러한 증가폭은 1990년 이후 최대이다. 그런데 집단적 자위권을 비롯한 일본의 재무장은 미일동맹 강화의 맥락에서 이뤄지고 있다. 냉전시대 미일동맹은 일본 재무장을 억제하는 '병마개' 역할을 했다. 그런데 최근에는 미일동맹이 일본 재무장을 부추기고 있다.

이에 따라 중국과 미일동맹 사이의 전략적 불신과 군비경쟁의 위험성은 더 커졌다. 이 점이야말로 집단적 자위권이 아시아 지역의 안보와 평화를 위협하는 핵심적인 사유에 해당된다. 미일동맹과 중국 사이에 낀 한국의 전략적 지혜와 선택도 어느 때보다 중요해지고 있다.

* 2013년 11월 20일 방송을 정리한 것입니다.

| '일본의 집단적 자위권 행사'의 도미노

정욱식 제가 김종대 편집장님께 질문 하나 드리고 싶은데요. 요즘 언론을 보면 "일본이 군사대국이다." "군국주의가 부활하고 있다." 이런 표현들을 많이 쓰고 있는데요. 이런 표현을 그렇게 막 써도 되는 건지 좀 의문이 들 때가 있습니다. 군국주의가 뭡니까, 도대체?

김종대 어떤 나라가 침략적인 근성이 있다고, 또 군사력을 증강한다고 해서 다 군국주일까요? 군사대국화는 맞아요. 군사적으로 대국이 된다는 뜻이에요. 그건 맞는데 군국주의는 약간 개념이 다릅니다. 사무엘 헌팅턴이 1957년에 《군인과 국가(The Soldier and the State)》라는 책을 냈는데, 여기서 민주주의·파시스트·군국주의의 개념을 구분합니다. 여기서 얘기하는 군국주의는 뭐냐 하면, 군대가 정부의 통제를 받지 않는다는 뜻입니다. 그러니까 군대가 정부 위에 있는 거예요. 이걸 군국주의라고 합니다. 군국주의라는 것은, 예컨대 독일의 경우엔 히틀러 총통이 있었고 바로 밑에 군대가 있었고 그 밑에 정부가 있었던 겁니다. 군이 민을 통제하는 거죠. 과거 일본 제국주의 역시 마찬가지고요. 그런데 최근 일본 정권의 성격 자체가 군에 대해 친화적인 성격으로 바뀌고 있는 건 맞으나, 그 정치체제는 민주적인 체제입니다. 그런데 중요한 것은 민주주의 체제에서도 얼마든지 대외정책에 호전성, 공격성을 가질 수 있다는 것입니다. 그리고 민주국가가 군국주의 국가로 바뀐 사례도 있다는 것입니다.

정욱식 그리고 일본도 NSC를 만든다고 하는데요, 이건 어떻게 보십니까?

김종대 NSC, 즉 우리말로 국가안전보장회의라고 하는 것이고, 그래서 이걸 법제화하면 국가안전보장회의법이라고도 해요. 이게 1947년에 미국에서 최초로 만들어져서 민주정치와 군사통치와의 관계를 잘 정립했다고 할 수 있습니다. 현재는 이 NSC가 전 세계에 많이 있어요. 그런데 일본 같은 경우는 그 나라 군의 이미지를 떠올리면 매우 부정적이게 됩니다. 아무래도 전범국가이기 때문이죠. NSC도 그런 의미에서 전 세계 어느 나라, 민주국가에도 많이 있습니다만, 일본은 그런 의사결정기구가 마치 존재하지 않는 것처럼 포장하고 있습니다. 현재 일본은 방위대신이 있고요, 몇 년 전에는 이 방위대신이 차관급에서 장관급으로 승격됐습니다.

그렇게 함으로써 나름대로 제복을 입은 군인과 양복을 입은 민간인을 엄격하게 구분하고, 일본의 방위성에는 어떤 제복을 입은 군인도 관여하지 못하도록 다 막아놨던 겁니다. 이렇게 대외적으론 철저하게 민주국가인 것처럼, 또 군사력이 마치 존재하지 않는 것처럼, 모든 용어를 다 순화시킨 거죠. 그러다 보니 NSC란 틀 자체는 없었습니다. 그걸 이제는 만들겠다는 겁니다.

정욱식 NSC 얘기하다가 일본 얘기도 했는데, 청취자 여러분, 진짜 전문가이신 한국외국어대 법학과의 이장희 교수님이 방금 오셨습니다.

김종대 네, 교수님 어서 오십시오. 최근 일본의 집단적 자위권 문제로 나라 안팎이 시끄러운데요. 우선 이 집단적 자위권이라는 용어 자체는 익숙합니다만, 청취자들께 도대체 이게 뭔가, 집단적 자위권이란 게 무슨 개념인가, 설명을 좀 부탁드립니다.

이장희 예, 유엔 헌장에는 개별 국가가 무력 분쟁을 해결하는 수단으로 힘을 사용하고, 힘으로 위협하는 것이 원칙적으로 금지돼 있습니다. 하지만 여기에 단 하나의 예외로 유엔헌장 51조에 의해서, 위급할 때, 또 아주 상황이 급박할 때 유엔의 조치가 있을 때까지 개별 국가가 자국의 안보에 대해서는 자기 방어를 위해서 사용할 수 있는 게 개별적 자위권입니다. 또 제3국이 그와 같은 일을 당할 때는 자기가 당한 것과 마찬가지로 함께 군사적인 방위를 해주는 것, 그것이 집단적 자위권입니다. 미일 안보조약 같은 것들이 대표적입니다.

정욱식 그러면 유엔 헌장 51조에 개별적·집단적 자위권이 주권국가의 권리로 명시가 돼 있는데, 왜 일본은 안 되는 겁니까?

이장희 일본의 헌법 제9조, 즉 평화헌법에서 완전한 비무장, 교전권 포기, 그리고 전쟁의 위협이나 문제 해결 수단으로서의 힘의 사용 금지를 명시하고 있습니다. 일본 정부가 전수방위 원칙으로 개별적인 자위권은 일본에게도 허용된다고 과거에 해석을 바꾼 바 있습니다. 그래도 집단적 자위권만큼은 일본에게 허용되지 않는 이유가, 바로 헌법 9조가 해외 파병과 군대 보유를 못 하도록 규정하고 있기 때문입니다. 그런데 집단적 자위권이란 것은 바로 군대를 갖는 겁니다. 그 나라 헌법에 의해 완전 비무장을 해야 하는데 여기에 위반되는 것입니다.

정욱식 그러면 일본이 지금 집단적 자위권을 추진하면서 그 헌법을 바꾸게 되는 겁니까? 아니면, 해석을 달리해서 가겠다는 겁니까? 지금 어느 쪽 방향으로 가고 있습니까?

이장희 헌법 개정은 사실상 불가능하고요, 그래서 헌법의 해석을 확대해 적용하려고 준비하고 있습니다. 헌법 개정이 불가능하니까 실질적으로 집단적 자위권을 미국이라든가 국제사회가 허용해주면, 헌법 9조를 사실상 무력화시키는 단계로 가는 겁니다.

정욱식 미국 국방부의 한 고위관료가 "일본의 집단적 자위권 행사는 주권 국가로서 일본의 고유한 권리일 뿐만 아니라, 아시아·태평양 지역의 안정과 평화에도 기여하기 때문에 한국이 여기에 대해서 반대하면 안 된다." 이런 취지의 발언을 했습니다. 그리고 더 나아가서 "한국이 일본과 상호 간 소통도 하고 군사정보도 교환하면 좋겠다." 이렇게 말했는데요. 이건 뭘 의미하겠습니까?

이장희 1997년에 미일방위협력지침이 있었을 때도 미국은 "미일방위협력지침은 바로 한반도 유사 사태 때 미일이 바로 북한에 대한 억제 기능을 하는 거다." 이런 얘기를 했어요. 그렇지만 북한에 대한 억제 기능을 진정으로 원한다면, 저는 일본-북한 간 국교 정상화, 미국-북한 간 국교 정상화, 그리고 6자회담의 정상화를 통해서 한반도 평화, 동북아 평화로 가는 게 훨씬 좋은 방법이라고 생각합니다. 반면 미일 군사협력체제를 강화하고 일본의 재무장을 허용하는 것은 바로 동북아에 진영 논리를 강화하는 것이고, 신 냉전구조를 강화하는 것입니다. 여기에 중국을 고려해보면 충분히 이해가 될 것입니다. 이건 잘못된 방향입니다.

김종대 많은 분들이 가장 관심을 갖는 사항입니다만, 이 집단적 자위권은 분명히 평화헌법을 무력화하는 것입니까?

이장희 사실상 무력화해놓고, 나중에 법적인 수순을 밟으려는 중간단계로 보입니다. 법 개정은 지금 불가능하죠. 일본 헌법 96조에 의하면, 헌법 개정은 중의원, 참의원 3분의 2의 동의를 얻어야 되고, 국민투표에서 과반수 동의를 얻어야 되는데, 그게 거의 불가능합니다. 그래서 이것을 좀 에둘러 가서, 사실상 완전한 비무장을 명시하고 있는 헌법 9조 1, 2항을 무력화시키기 위해 먼저 헌법 해석을 바꿔 집단적 자위권을 행사하려는 거죠. 이렇게 해서 무력을 가지게 되고, 또 교전권도 행사하게 되겠죠. 그러면 사실상 헌법 9조를 무력화시키고 실질적으로는 무력을 행사하게 되는 겁니다. 그리고 종래에는 헌법 9조를 완전히 공식 개정하는 거죠.

정욱식 그런데 일본은, "이건 군사대국이니 군국주의니 이런 것이 아니라, 일본도 보통국가로 가기 위한 것이다. 일본이 정상적인 국가로 가는 것에 대해서 왜 한국이 이렇게 반대하느냐." 이런 식으로 얘기합니다.

이장희 예, 그렇죠. 그러나 그건 일본 우파의 생각입니다. 유엔 헌장 53조와 107조는 일본과 독일은 전범국가로서 어떤 형식이든 정상적인 자위권 행사에 브레이크를 걸고 있습니다. 독일은 아시다시피 과거 나치에 대한 불법성·범죄성을 인정하고, 이제는 국제사회에서 떳떳한 하나의 보통국가로 인정을 받았습니다. 이 53조, 107조에 대한 예외를 독일처럼 인정해달라는 게 일본 정부의 주장인데, 국제사회가 받아들이기 힘든 부분이 있습니다. 왜냐하면 자위권 행사 51조에는 여러 가지 거쳐야 하는 규정이 있습니다.

유엔 안보리에 과정을 보고해야 되고, 또한 그것이 과연 적법하냐 아니냐에 대한 검사를 받아야 되는데, 거기에서는 비례성의 원칙과 정당성의 원칙이 적용됩니다. 이걸 판단하는 기준이 유엔 헌장에 없고 행사하는 국가에게 맡겨져 있기 때문에, 실질적으로 일본의 과거를 고려해보면 곤

란한 부분이 많습니다. 현재 노골적으로 우경화로 가고 있고, 과거의 제국헌법, 천황헌법, 군국주의 같은 것을 노골적으로 답습하려는 아베 정부에게 미국이 집단적 자위권과 군비확장을 인정해준다는 것은 동북아에 불을 지르게 될 우려가 있는 것이죠.

또한 1947년 5월 15일에 제정된 일본 헌법의 핵심은 천황주권에서 국민주권으로의 전환, 평화주의, 인권보장, 이렇게 세 축으로 구성되어 있는데, 이 가운데 평화주의가 헌법의 핵심이죠. 사실 좋은 헌법입니다. 그래서 일본에 '헌법 9조회'라는 단체도 있습니다. 이 단체는 "9조가 일본에만 있어선 안 되고 모든 나라가 헌법에 9조를 넣자." 이렇게 주장합니다. 전 세계가 9조를 넣으면 세계 평화가 이뤄진다는 거죠.

정욱식 그러니까 아베 신조 총리가 요즘 부지런히 다니면서 "일본이 이제 적극적 평화주의를 실천하겠다." 이렇게 얘기하지 않습니까? 그런데 이건 사실상 '군사대국으로 가겠다. 집단적 자위권 행사하겠다. 일본도 전쟁할 수 있는 나라로 만들겠다.' 이런 취지를 '적극적 평화주의'라는 아주 근사한 이름으로 바꿔서 사용하고 있는 건데요. 지금 교수님 말씀의 요지는 일본이 적극적 평화주의를 실천하는 방법은 아주 간단하다는 겁니다. 일본 스스로 평화헌법을 잘 지키고 이 평화헌법이 얼마나 좋은 것인지를 주변 국가들, 더 나아가서는 전 세계 많은 나라에 알리는 것이죠.

이장희 그렇죠. 그런데 일본은 현재 집단적 자위권을 행사할 수 있는, 이른바 미일 간의 합의라든가, 또 주변사태법 등 일본 국내법의 체계를 완벽하게 갖춰나가고 있습니다. 상당수는 1997년 말에 이미 다 끝냈어요. 여기에 2013년 10월에 미국이 일본과의 외교-국방장관(2+2) 회의에서 집단적 자위권을 적극 환영한다고 일본 손을 들어줬습니다. 평소 평화외교, 통일외교, 또 적극적인 안보외교를 강조하는 우리 정부가 이에 대해 제대로 대응하고 있는가, 저는 상당히 의문이 듭니다.

'일본의 평화헌법은 미국에 의해서 강요된 것이다.' 이렇게 아는 분들이 많은데, 실질적으로는 일본이 요구해서 들어간 겁니다. 일제 시대에 외무대신으로서 만주전쟁, 태평양전쟁을 반대했다가 가택연금되었던 시데하라 기주로라는 사람이 있습니다. 일본 패망 이후 초대 총리가 된 사람인데요. 이분이 극우들을 무서워해 몸이 아프다는 핑계로 페니실린을 얻으러 맥아더 관저에 간다고 둘러대고는, 맥아더를 만나 9조를 꼭 넣어 달라 부탁해서 만든 것이 평화헌법입니다. 이 9조는 일본 헌법에 꼭 들어가야 된다고 주장했죠. 맥아더 장군도 그 당시는 그걸 원했죠. 그런데 맥아더는 6·25 전쟁이 터지자 일본 평화헌법 체제를 스스로 허물기 시작했습니다. 동북아 정세가 바뀌니까 그렇게 했죠. 그래서 "자위대도 만들어라. 또 경찰대도 만들어라." 이렇게 지시했는데 엄격히 말하면 이게 전부 다 헌법 9조 위반입니다. 완전한 비무장이라는 건 육해공군뿐만 아니라 기타 전력도 갖지 못하는 것으로 되어 있기 때문입니다.

평화헌법은 지금도 사실상 무력화되었는데, 이제는 국제사회의 경찰국가라는 미국이 공식적으로 일본의 집단적 자위권 행사에 손을 들어줬죠. 이러한 상황이다 보니 동북아는 신냉전구조로 점차 구조화되고 있고, 중국은 현재 여기에 대단히 예민하게 나올 수밖에 없습니다. 정말 미국이 북한의 핵 문제를 비롯해 한반도 평화, 동북아 평화를 원한다면, 북한과 관계 정상화를 해야 되고 북일관계도 정상화하는 데 도움을 줘야 합니다. 이를 바탕으로 동북아 국가들이 다자 차원에서의 평화 분위기와 협력체제를 이루는 데 적극적으로 협조하는 게 바로 미국이 할 일이다, 저는 이렇게 생각합니다.

정욱식 그러면 교수님께서는 미국이나 일본이 이렇게 6자회담에 대해서 상당히 부정적인 반응을 보인 데는, 북한의 위협을 근거로 집단적 자위권 행사를 포함한 일본의 군사적 역할 강화를 염두에 두고 있고, 더 나아가 미일동맹 강화, 또 한미일 삼각동맹으로 가고자 하는 의도가 깔려 있다고 보십니까?

이장희 예, 그런 의도가 깔려 있죠. G2 국가로 부상한 중국에 대한 견제도 고려하고 있는 겁니다. 또한 저는 이 문제의 가장 핵심은 역시 대한민국이라고 봅니다. 지금 우리 정부로서는 일본의 집단적 자위권 문제에 대처하는 것에 대해서 곤혹스러워합니다만, 사실 가장 확실한 대응책은 남북관계를 정상화하고 북미관계·북일관계를 개선하는 데 적극적으로 중재 역할을 하는 것입니다. 그런데 거꾸로 가고 있어요.

김종대 그러면 법학자 관점에서 보시기에 일본의 집단적 자위권이나 새로운 방위계획이 유사시에는 일본의 작전반경을 한반도 인근으로도 확대할 수 있고 더 나아가서는 한반도에 대한 개입의 길도 열 수 있는 위험성이 굉장히 높다고 보시는 겁니까?

이장희 예, 그럴 위험이 큽니다. 과거에 '주변 사태 시'라는 말이 나왔을 때, 한국이나 대만, 중국이 문제제기를 한 바 있습니다. 그러자 일본은 "지리적 개념이 아니라 상황적 개념"이라고 애매하게 답변했습니다. 일본의 병력이 공해에 주둔하고, 미군의 병참을 지원하기 위해서 또는 유사시에 한반도에 거주하는 일본 국민들을 구하기 위해서 공해에 머물러 있다고 하지만, 저는 실질적으로 전시가 되면 전투 지역과 비전투 지역이 구별이 없게 될 것이고 일본 병력이 사실상 한반도로 들어올 것이라고 봅니다.

| 불타는 아시아, 한반도의 앞날은?

김종대 교수님께서 최근 "아시아가 불타고 있다"고 말씀하신 적이 있는데요, 그 의미는 무엇입니까?

이장희 최근에 국제학술회 자료 및 기타 최신자료를 검토해보니 지금 군축이 유럽에서는 효과적으로 진행되고 있는 데 반해, 아시아에서는 군축이 아니라 오히려 군비증강이 확대되고 있는 게 현실입니다.

김종대 사실 노무현 정부 때도 군비증강을 많이 했습니다. 그때 일본이 우리에게 계속 좋은 명분을 제공해줬습니다. 자꾸 독도를 건드려줬어요. 군비증강론자들 입장에서는 일본이 한반도를 툭툭 건드려주니까 얼마나 좋습니까. 그때는 일본이 독도에 상륙한다는 말까지 나왔습니다. 그러면 이걸 군사적으로 방어해야 되는 것 아니냐, 여기까지 갔던 것이고요. 그래서 구축함 이름을 안중근함으로 한 겁니다. 그 뜻에는 노 대통령의 의지가 실린 겁니다. 일본에 대한 경고죠. 여하간 일본이 이렇게 서두르는 데는 그만한 이유가 있는 것 같습니다. 중국, 한국 모두 우려하고 아마 북한도 그럴 거예요. 물론 미국 얘기도 하셨지만, 뭔가 동아시아 세력 구도에 변화가 감지됩니다.

이장희 아시아 지역이 유럽이나 아프리카, 아메리카 지역에 비해서 지역 협력, 지역통합이 지금도 잘 안 되고 있잖아요? 과거에도 우리 아시아인 들끼리 대립하고 있는 사이에 유럽 세력에 의해 아시아 지역이 갈기갈기 찢긴 아픔을 갖고 있습니다. 그런데 지금도 동북아시아가 불타고 있다는 것은 바로 아시아 지역의 협력에 문제가 많기 때문입니다.

저는 여기에 두 가지 요인이 있다고 생각합니다. 하나는 동북아의 가장 중요한 나라인 한-중-일 세 나라 사이의 역사전쟁에 있습니다. 과거청 산에 대한 문제 때문에 서로 협조가 안 되고 있는 거죠. 두 번째는 한반 도가 분단되어 있기 때문에 아시아에서도 냉전구조를 반복하고 있는 겁 니다. 그래서 저는 진정으로 일본이나 중국 등 주변 국가들이 한반도의 평화와 분단 해소에 적극적으로 협력을 해야 될 법적인, 도덕적인 의무 가 있다고 봅니다.

정욱식 지금 여러분께서 주목해야 될 것은 미국의 입장이 최근에 바뀐 게 아니라는 거죠. 1990년대 초반에 일본 정부가 북한과 국교 교섭을 시작 했다가 미국이 막아서 틀어졌잖습니까? 그리고 본격적으로 일본의 군사

남북관계가 발전되고 한반도 정세가 안정화되는 방향으로 갈 때는 일본이 집단적 자위권 같은 것들을 주장할 수 있는 근거 자체가 약하니까 이런 움 직임이 수그러들었다가, 한반도 위기가 고조되고 남북 간 관계가 안 좋아 지면 그걸 근거로 해서 일본이 집단적 자위권을 주장하는 이런 사이클이 계속됐습니다.

적 역할 논의가 다시 시작된 게 1993년~94년 한반도 전쟁위기 직후입니다. 미국이 "한반도에서 전쟁이 나는 상황이 올 수 있는데 지금의 미일 동맹구조에서 일본이 아무런 역할을 할 게 없다"고 말하고 이에 일본 우익들이 호응한 것입니다. 그러니까 아까 교수님께서 말씀하셨던 1997년 주변사태법도 이런 맥락을 갖고 있는 것이죠. 그래서 경험적으로 보면 남북관계가 발전되고 한반도 정세가 안정화되는 방향으로 갈 때는 일본이 집단적 자위권 같은 것들을 주장할 수 있는 근거 자체가 약하니까 이런 움직임이 수그러들었다가, 한반도 위기가 고조되고 남북 간 관계가 안 좋아지면 그걸 근거로 해서 일본이 집단적 자위권을 주장하는 이런 사이클이 계속됐습니다.

이장희 일본 기득권 세력의 뿌리를 볼 필요도 있습니다. 일본은 뉘른베르크 군사법정에서 독일의 전범 세력이 완전히 처벌된 것과는 완전히 다릅니다. 소위 천황 세력들이 없어지지 않고 거의 모두 석방되었습니다. 일본의 정치, 외교, 경제, 사회, 언론계를 이들이 지배하고 있고, 그 후예들이 또 그대로 대물림을 하고 있는 게 현실입니다. 때문에 자기들의 과거 기득권을 지키려는 이런 정치세력, 역사인식을 제대로 못 하는 사람들이 여전히 일본의 중심에 있습니다. 이런 기본적인 문제로 일본의 시민사회와 NGO도 큰 역할을 못 하고 있습니다. 그 때문에 답답한 상황입니다. 이런 상황의 일본에서는 보수적인 생각을 하지 않고 조금 열린 생각을 가진 사람들이 살아남기 힘듭니다. 그래서 우리가 양심적인 NGO라든가 일본의 지식인을 만나면 굉장히 고마운 겁니다.

제가 국제법을 공부하기 때문에 말씀 드리자면, 1648년 베스트팔렌 체제라는 게 있어요. 국가주의 체제거든요. 현재 국제사회가 원하는 적극적 평화, 인권, 인간화로 가려면 이 베스트팔렌 체제인 국가주의 체제를 탈피하고 국경을 넘어서 평화와 인권과 번영을 위하는 양심 세력들끼리의 자유로운 소통이 필요합니다. 그것은 정부 간의 외교도 중요하지만 한일 간의 국경을 넘어 양심적인 평화 세력, NGO 간의 끊임없는 교류를 통해 서로 연대해야 합니다. 일본에 있는 NGO가 영향력이 커지고 양심 세력이 성장할 때 일본도 변할 수 있을 겁니다.

김종대 이제 마지막 질문을 드려야 될 것 같은데요. 어찌 됐든 박근혜 정부는 집단적 자위권 문제와 관련해서 국내 여론과 미국 사이에서 일종의 샌드위치 신세를 겪고 있지 않습니까? 이 국면에서 우리 정부에게 해줄 조언이 있다면 무엇이 있을까요?

이장희 첫째는 우리 정부가 남북관계 정상화에 대한 확고한 의지를 가져야 하고, 이를 위해서는 대북정책을 바꿔야 한다고 봅니다. 두 번째는 우리 대통령께서 좀 넓게 전문가들의 얘기를 듣는 게 좋을 겁니다. 대통령 주변을 보니 너무 관료화된 분들이 많은 것 같다는 생각이 듭니다. 그리고 집단적 자위권에 대해서는 특별성명이라도 발표해서 반대 의사를 분명히 해야 된다고 봅니다.

김종대 박근혜 정부 관계자들이 이 당부를 꼭 유념하시길 바라겠습니다. 이장희 교수님, 귀한 말씀 정말 감사드립니다.

중국과 미일동맹 사이의 전략적 불신과 군비경쟁의 위험성은 더 커졌다. 이 점이야말로 집단

적 자위권이 아시아 지역의 안보와 평화를 위협하는 핵심적인 사유에 해당된다. 미일동맹과 중국 사이에 낀 한국의 전략적 지혜와 선택도 어느 때보다 중요해지고 있다.

방공식별구역
: 중국은 왜? 한국은 어떻게?

· · · · · · · · · · · · · · · · ·

중국이 2013년 11월 23일 방공식별구역을 선포하고 이에 대해 주변국들이 반발하면서 동아시아 정세가 요동치고 있다. 방공식별구역(Air Defense Identification Zone: ADIZ)이란 한 나라가 자국의 영공을 방위하기 위해 영공 외곽의 일정 공역에 설정한 구역을 의미한다. 그런데 중국이 발표한 방공식별구역에 한국의 방공식별구역 일부가 중첩되고 이어도 상공이 포함되자 한국이 민감하게 반응하고 있다. 또한 중국, 대만, 일본이 각기 영유권을 주장하고 있는 센카쿠 열도(중국명 댜오위다오)가 포함되자 대만과 일본도 반발하고 있다. 여기에 더해 주일미군의 비행훈련 구역과도 일부 겹치면서 미국도 반발 대세에 합류하고 있다. 그렇다면 방공식별구역이란 도대체 무엇이고, 이게 왜 논란이 되고 있는 것일까? 그리고 한국은 어떻게 대처해야 할까?

* 2013년 12월 4일 방송을 정리한 것입니다.

도대체 방공식별구역이 무엇인가?

김종대 중국의 방공식별구역 선포에 따른 주변국들의 움직임이 아주 빠르고 긴박하게 진행되고 있는데요. 오늘은 홍익표 민주당 의원과 최종건 연세대 정치외교학과 교수를 모시고 이 문제를 집중적으로 파헤쳐보려 합니다. 우리 홍 의원님과 최 교수님 보니 뭔가 말씀하시려고 잔뜩 벼르는 눈치들이에요.(웃음) 오늘 기탄없이 다 쏟아내시기 바랍니다. 우선 촌철살인의 이론가 최종건 교수께서 방공식별구역이 무엇에 쓰는 물건인지 설명해주시죠.

최종건 '방공식별구역'이라고 하는 것을 마치 영공처럼 간주하는 분위기가 있는데요. 이 문제에 제대로 대처하려면, 방공식별구역에 대한 개념 정의부터 할 필요가 있습니다. 쉽게 말씀 드리자면, 우리 집 대문 앞에 골목이 있는데 대문 앞에 누가 왔다갔다 하면 기분이 나쁘잖아요. 불안하기도 하고요. 그런데 이 골목은 사유지가 아니라 공유지란 말이죠. 그래서 "너 우리 골목 우리 대문 앞에 왜 있냐." 하고 물어보는 것이 방공식별구역 선포의 의미입니다.

영해 밖에 있는 것을 공해라고 하듯이 영공 밖에 있는 것은 공역이라고 합니다. 이러한 공역의 특정 구역에 어떤 나라든지 방공식별구역을 일방적으로 선포할 수는 있는 것이죠. 비행기 자체는 무기화가 될 수 있습니다. 워낙 빠르고 영공으로 들어오면 대처할 시간이 별로 없기 때문에 방공식별구역으로 들어오는 비행기에 대해서 "언제부터 언제까지 지나갈 것이고 지나가는 목적이 무엇인지 밝히라"고 요구하게 됩니다. 이것을 마치 영토처럼 수호해야 할 대상, 주권이 침해되는 것이라고 간주하는 경향이 있는데요. 만약에 그렇다면 우리는 지난 60년 동안 일본의 방공식별구역이 우리의 비행구역과도 일부 중첩되었는데, 과연 무엇을 했는지 묻게 됩니다. 정말 이건 냉정한 개념 정의가 필요하고, 거기에 걸맞은 대책을 세울 필요가 있습니다.

정욱식 방공식별구역이 처음 생긴 게 미국이 진주만 피격을 당한 뒤 아닙니까? 적국의 항공기가 느닷없이 날아와서 폭격을 가하니까 미국이 자기 나름대로 대책을 강구한 것인데요. 이러한 역사적 뿌리를 보면 방공식별구역이란 게 상당히 군사적인 개념이지 않습니까?

최종건 어떻게 보면 역사의 아이러니라고 할 수 있죠. 일본군이 폭격한 진주만 사태와 한국전쟁을 거치면서 미국이 동북아시아에 방공식별구역을 설정했는데, 지금 다시 중국이 아디즈를 선포하면서 문제가 되는 겁니다.

김종대 홍익표 의원님도 나와 계신데요. 지금 국민들의 가장 큰 관심은 한국이 방공식별구역, 즉 아디즈를 확대하면서 여기에 이어도를 포함시킬 것인가 말 것인가에 있지 않습니까? 혹시 이와 관련해서 정부는 어떻게 설명하고 있는지 그 내용부터 소개해주시면 고맙겠습니다.

홍익표 우선 정부는 "이어도는 영토가 아니다"라고 말하고 있는데 이 얘기는 맞습니다. 우리가 보통 섬과 암초를 구분할 때 기준이 있지 않습니까? 그 기준에 따르면 이어도는 수중 암초이기 때문에 국제법상으로도 영토로 인정받기 어렵습니다. 다만 사실상 우리가 관할하는 지역으로 우리가 편성을 해왔던 겁니다. 배타적 경제수역(EEZ) 안에 있다고 말이죠.

정부의 입장은 현재까진 그 정도 수준입니다. 그런데 이번에 중국이 방공식별구역을 발표하면서 일본의 방공식별구역을 침범해 들어갔는데, 묘하게도 이어도가 그 안에 포함되었죠. 참고로 중국이 선포한 배타적 경제수역에도 이어도가 포함됩니다.

정욱식 그러니까 이번에 중국이 방공식별구역을 발표하는 과정에서 이어도가 일본의 방공식별구역에 들어가 있는 것이 알려졌고, 한국의 민항기나 군용기가 그쪽으로 왔다갔다 할 때, 일본에 통보를 해왔다는 것을 국민들이 처음 알게 된 것이죠.

홍익표 여기에 또 우리의 비행정보구역(FIR)이 있지 않습니까? 그 비행정보구역의 외곽 부분에도 일본의 방공식별구역과 겹치는 부분이 있어요. 이에 대해 범정부 차원에서 진작 종합대책을 세워서 일본, 중국과 협의를 했어야 했는데, 그동안 안 했다는 것 자체는 중대한 직무유기라고 생각합니다. 60년이나 된 문제를 중국이 선포하니까 이제야 대책을 세운다고 허둥지둥하고 있는 것이죠.

그리고 아까 최종건 교수와 정욱식 대표가 아디즈의 역사적 연원을 짚어주셨는데요. 이 문제를 다시 정리해보면, 1950년 12월에 미국이 최초로 자체적인 아디즈를 선포했고, 한국전쟁 발발 직후인 1951년에 미국이 한국엔 카디즈(KADIZ), 일본엔 자디즈(JADIZ)를 동시에 그은 겁니다. 1951년 3월에요. 현재까지 아디즈를 선포하고 있는 국가는 20여 개국 정도입니다. 아디즈 같은 경우는 영공에 들어오기 전에 일정 구역을 안보상의 이유로 임의 설정해놓은 것이고, 거기에 들어올 경우 사전통보를 요구합니다. 통보 없이 들어올 때는 경고비행이나 유도비행을 하고, 심한 경우 공격을 할 수도 있습니다. 그런데 모든 것을 선(線) 방어 개념으로 보면서 이것을 영토 개념, 반드시 사수해야 될 것으로 몰고 가는 것은 문제가 있다는 생각이 듭니다.

최종건 정확한 지적이신데요. 문제는 중국의 차디즈(CHADIZ) 선포가 벌어진 지 불과 2주 만에 우리도 카디즈를 확대하겠다는 것이거든요. 2주 만에 우리가 확대한다는 조급한 모습을 보여주는 것도 어떻게 보면, 마치 안 하면 그 선점한 지역을 잃어버리는 듯한 뉘앙스가 상당히 강합니다.

김종대 그런데 사실은 2주도 아니고 5일 걸렸어요. 차디즈 선포 후 2주 후에 카디즈 확대가 나왔지만, 정부가 검토에 들어간 다음부터 계산하면 5일밖에 안 지나서 나왔거든요. 어쨌든 동북아 정세가 긴박하게 움직이고 있어요. 11월 23일에 중국은 방공식별구역을 전격적으로 선포하고 곧바로 정보수집기 2대를 댜오위다오(일본명 센카쿠 열도) 인근으로 출격시켰어요. 같은 날 일본 항공자위대도 같은 장소에 전투기를 발진시켜 대응했고요. 이러다가 정말 한판 붙는 거 아닌지 모르겠어요.

정욱식 그뿐만이 아닙니다. 중국이 발표한 바로 다음 날 미국은 '하늘을 날아다니는 항공모함'이라는 별명을 얻을 정도로 어마어마한 B-52 전폭기 2대를 발진시켰습니다. 그런데 재밌는 현상도 있습니다. 바로 B-52가 발진한 다음 날 미국 정부는 자국의 민간 항공사에게 "거기 들어갈 때 중국 정부한테 사전에 통보하라"고 얘기해서 한국과 일본을 굉장히 당황시켰어요. 일종의 미국의 이중 플레이라고 할까요?

최종건 제 생각에 미국은 지금 늘 하던 방식대로 하고 있는 겁니다. B-52 2대를 보냈다고 하나, 사실상 미국 입장에서는 군사적으로 일본 방공식별구역만을 인정하는 거죠. 중국 건 인정 못 한다는 뜻이고요. 그리고 9·11 테러 이후 미국이 상당히 민간 항공기의 안전에 대해서 민감해하기 때문에 민간 항공사들에게는 준수하라고 하는 것 같아요. 이러한 미국의 이중적인 잣대에 대해서 가장 혼란스러운 것은 아마 일본일 거예요.

홍익표 다시 이어도 문제를 짚고 싶은데요. 이어도 인근 지역이 우리 안보에 어느 정도 위협이 되고 안보상 얼마나 필요한지를 면밀하게 검토한 다음에 카디즈를 확대하든지 하는 게 순서라고 봐요. 지금까지 아무 문제 없었으니까 카디즈를 그냥 유지했던 것 아니겠어요? 그러다가 중국에 의해 논란이 되고, 그로 인해 그동안 일본의 자디즈에 이어도가 포함됐던 게 알려졌단 말이에요. 그러자 급하게 이어도 상공을 "우리가 카디즈로 하겠다." 이렇게 나오고 있는데요. 아디즈를 설정하는 근본적인 이유는 안보상 필요에 따른 것인데, 이걸 확대한다면서 정확한 설명을 안 하고 있어요.

그리고 두 번째는 좀 근본적인 문제인데요. 어쩌면 우리도 일정하게 책임이 있다고 생각합니다. 중국이 이 시점에 왜 이렇게 나오는가 하면, 아시다시피 천안함 침몰 이후에 계속 미국의 항공모함이 서해상에 들어왔거든요. 이것에 대해서 중국은 '왜 우리 앞마당에 외국 군함이 들어오느냐'며 굉장히 민감하게 반응하고 있는 것이죠.

| G2시대, 한중관계를 어떻게 가져가야 하나

정욱식 지금 굉장히 중요한 부분을 지적해주신 것 같은데요. 홍 의원님 말씀의 연장선상에서 본다면 중국의 방공식별구역에 서해는 아직 포함되지 않았단 말이죠. 이에 따라 한국의 방공식별구역 확대에 중국이 일종의 보복조치로 서해까지 방공식별구역을 확대할 가능성도 배제할 수 없을 것 같아요.

최종건 중국이 조급하게 움직인다면 그럴 가능성도 있다고 봐야겠죠. 근본적으로 지금 현재 일본 방공식별구역은 대만 북부에서 상해까지 U자형으로 중국을 꽉 조이는 형태거든요. 그리고 그것은 아시다시피 미국이 그어준 것입니다. 그러자 중국은 '이제는 우리도 숨통을 좀 트자.' 이런 상황인 것 같고요. 또 공교롭게도 미국이 2013년 10월 초에 일본과 외교-국방장관(2+2) 회담을 하면서 "센카쿠도 미일동맹 적용 지역이다." 이렇게 발표하지 않았습니까? 그래서 중국은 "그래? 그럼 우리 아디즈는 이렇게 설정할 건데 어떻게 할래?" 이런 식으로 나오는 것 같습니다. 일단 중국의 방공식별구역 선포는 미일동맹을 겨냥한 것이기 때문에, 서해로까지 확대시켜 한국과의 마찰도 불사할 것인지는 두고 봐야 할 것 같습니다.

그렇기 때문에 여기서 중요한 것은 우리가 강대국처럼 행동할 순 없다는 겁니다. 왜냐하면 지금처럼 '강 대 강' 구도로 가다가 갑자기 중국과 미국이 다시 친해지는 상황도 염두에 두어야 하거든요. 우리가 미국 편에 서서 세력균형 역할을 하는 것처럼 하다가 미국과 중국이 친해지는 상황

이 올 수도 있어요

김종대 그러면 '개밥의 도토리' 되는 것 아니에요? 미중관계에서 우리가 어떤 입장을 취할 것인가, 이건 박근혜 대통령이 베이징 가서 한복 입고 중국어로 얘기한다고 해결되는 문제는 아니겠죠. 미중관계에 대해 우리에게는 두 가지 관점이 있을 수 있어요. 하나는 미국과 중국의 충돌을 기정사실화하고 미국 편에 바싹 붙어서 중국 견제에 동참하는 게 안전하다는 것이고, 또 하나는 어느 한편에 줄서지 않고 미중 간의 갈등과 거리를 두면서 생존과 번영을 도모하자는 관점입니다. 무엇이 합리적 선택인지는 사람마다 다르겠지만, 답답한 것은 우리 정부에게 어떤 철학과 원칙도 보이지 않는다는 거예요.

정욱식 중국에 시진핑 체제가 등장하고 한국에 박근혜 정부가 등장하면서 '한중관계 허니문'이라고 표현하지 않았습니까? 이번에 방공식별구역에 대한 갈등을 둘러싸고 '이제 허니문 끝났다.' 이런 진단들도 나오는데, 전문가 두 분의 의견을 듣고 싶습니다.

홍익표 저도 좀 세련되고 유식하게 표현하면(웃음), '아시아 패러독스' 같은 '박근혜 패러독스'라고 생각합니다. 여론조사를 보면 박근혜 대통령

미중관계에 대해 두 가지 관점이 있을 수 있어요. 하나는 미국과 중국의 충돌을 기정사실화하고 미국 편에 바싹 붙어서 중국 견제에 동참하는 게 안전하다는 것이고, 또 하나는 어느 한편에 줄서지 않고 미중 간의 갈등과 거리를 두면서 생존과 번영을 도모하자는 관점입니다. (…) 답답한 것은 우리 정부에게 어떤 철학과 원칙도 보이지 않는다는 거예요.

이 다른 건 다 못하는데, 외교와 대북관계는 잘해서 지지율이 높다는 것 아니에요? 그런데 실제로는 외교를 제일 못하고 있어요. 남북관계하고 요. 아무것도 성과가 없는 건데, 제일 못하는 외교가 박근혜 대통령 지지 율을 유지하고 있어요. 그래서 저는 '박근혜 패러독스'라고 얘기합니다. 지금 미국과 중국이 'G2시대'라고 해서 강력하게 충돌하고 있는 국 면은 사실입니다. 미국은 단순히 과거처럼 군사적 측면뿐 아니라 경 제, 통상까지 같이 부딪혀서 소위 재균형을 취하겠다는 것 아닙니까? TPP(Trans-Pacific Partnership, 환태평양경제동반자협정: 아시아, 태평양 지역 국가 들 간 다자간 자유무역협정)는 바로 이걸 겨냥하고 있고요. 여기에 대응하는 게 중국의 신형대국관계라는 거죠. 그리고 경제적으로는 RCEP(Regional Comprehensive Economic Partnership)이라고 해서, 우리말로는 역내포괄적 경제동반자협정인데요. 이게 아세안하고 한중일, 여기에 호주와 뉴질랜 드까지 포함해서 아시아 지역에서의 지역경제공동체를 추구하는 것입니 다. 그래서 '메가(mega) FTA'라는 표현까지 합니다. 미국 중심의 TPP와 중국이 주도하는 RCEP 사이에서 우리가 어떤 전략과 입장을 취하느냐 가 대단히 중요한데요, 이명박 정부 때까지 한국은 TPP에 대해서 굉장 히 유보적이었습니다. 그런데 갑자기 박근혜 정부는 TPP로 가겠다고 하 는데, 미국이 와서 압력을 가하면 갑자기 입장이 바뀝니다. 우리 정부가 외교적으로 갈팡질팡하고 있는 거죠.

최종건 통상 우리가 G2라는 말을 쓰잖아요. Group of 2라고 해서 가장 위에 있는 강대국 둘을 얘기하는 건데요. G2라는 단어에 대해 중국 사람 들은 상당히 거부감을 갖고 있어요. 중국 입장에서 볼 때, G2가 냉전시대 미소관계처럼 돼버리는 것에 대해 '우린 여전히 개발도상국이고 여전히 국내 정세가 중요한데 우리가 글로벌한 문제를 다루어야 하느냐?' 하는 우려를 보이고 있는 것이죠. 반면 G2 대신 중국이 말하는 신형대국관계 측면에서 보면 중국은 자신들의 핵심이익은 지키겠다는 것이죠.

그리고 한국이 TPP에 들어가버리면 가장 치명적으로 피해를 보는 게, 이른바 농업 13개 부문인데요. 이게 매우 정치적 파급력이 큽니다. 더군다나 경제적인 이익을 따지는 것도 매우 힘들어서 우리가 유보했던 것입니다. 한국의 원래 구상은 우리가 중국, 유럽과 FTA를 체결하면, 미국과는 이미 FTA가 되어 있으니, 우리가 FTA의 허브가 될 수 있다는 것이었습니다. 그런데 갑자기 TPP 같은 것을 통해 다자협정으로 가겠다고 하면 우리 통상전략이 방향을 잃게 됩니다. 이런 상황에서 보면 주위가 상당히 산만하고 분산되는 느낌이 있어요.

홍익표 한마디 추가한다면 중국은 G2라는 표현보다 C2라는 표현을 좋아합니다. C2라는 것은 신형대국관계의 핵심인데, 즉 cooperation and coordination, 즉 '협력과 조정'을 의미합니다. 중국이 말하는 신형대국관계라는 것은 과거 미소 대립과 같이 강대국이 꼭 서로의 이해관계가 불일치해서 충돌하는 게 아니라, '두 강대국 간에도 이해를 조정할 수 있고 협력할 수 있는 여지가 있다'는 차원에서 제기됐던 겁니다. 다만 미국이 힘으로 압박을 하거나 군사동맹, 그러니까 미일동맹 또는 한미일 동맹의 형태로 압박해오는 것에 대해서는 자기 목소리를 내겠다, 이 두 가지가 지금 중국의 입장인 것 같습니다.

정욱식 정리해보면 방공식별구역 논란으로 중국은 미국의 견제를 좀 밀어내고 싶어 하는 부분들이 있는 것 같고, 미일동맹은 버티고 싶어 하는 것 같아요.

김종대 과연 지금의 정세가 어쩌면 미래에 닥칠지 모를 거대한 충돌을 미리 보여주는 것인가, 아니면 그 반대로 공존과 협력의 새 질서로 가는 한때의 성장통이자 진화의 와중에 있는 불가피한 진통인가? 이 두 가지가 우리를 괴롭히는 딜레마이자 고민이라고 할 수 있겠습니다. 오늘 좋은 말씀 감사합니다.

☮

방공식별구역 논란의 배경에는 미국의 세력권 지키기와 중국의 세력권 넓히기라는 전략적 게임이 똬리를 틀고 있다. 현상유지와 현상변경의 충돌인 셈이다. 일본이 미국의 현상유지 전략에 편승하면서도 자신은 '전쟁을 할 수 있는 국가'로 변모하려는 시도 역시 갈등의 중대 요인이다. 그리고 이 사이에 낀 한국을 자기편으로 만들기 위해 미일동맹과 중국의 각축전이 뜨겁게 달아오르고 있다.

전환기의 동아시아, 어디로 가는가?

동북아시아가 전환기에 접어들고 있다. 중국은 강해지고 있는데 그 속내를 알기 어렵다. '태평양 국가'를 자임하는 미국은 중국을 봉쇄할 의도가 없다면서도 석연치 않은 행보를 보이고 있다. 장기간의 경기침체를 의미하는 '잃어버린 20년'을 겪어온 일본은 우경화와 군사대국화로 빈자리를 채우려고 한다. '21세기의 짜르'로 불리는 푸틴의 러시아도 동방정책을 펴고 있다. 세계의 부랑아 국가처럼 취급당해온 북한은 핵과 미사일 증강으로 '게임체인저'가 되고 싶어 한다. 외교안보의 좌표를 잃어버린 한국은 국내정치적으로 국가정보원과 사이버사령부 등 국가기관의 선거 개입 문제로 정치적 내전 상태에 빠져들었다. 이 와중에 각국의 점증하는 민족주의와 그 도구로서의 영토 문제가 동북아 평화를 더욱 어렵게 하고 있다. 희망의 빛은 찾을 수 없는 것일까?

*2014년 1월 1일 방송을 정리한 것입니다.

| '중국 위협론'의 실체

김종대 이번 시간에는 '동아시아 어디로 가는가'라는 주제로 동아시아 정세를 진단하고 전망해보겠습니다. 우리 국제정치학계 최고의 석학이신 연세대학교 정치외교학과 문정인 교수님 모셨습니다.

정욱식 문정인 교수는 단순히 학자로서뿐만 아니라, 노무현 정부 때 동북아시대 위원장으로 있으시면서 당시 논란이 되었던 동북아 균형자론과 관련된 일을 하셨습니다. 2000년 남북정상회담 때는 특별수행원 자격으로 방북하기도 하셨죠.

교수님, 최근 동아시아 혹은 동북아 정세에서 어떤 것들을 주목하고 있으신지요?

문정인 최근 동북아에선 "○○가 위협이다." "○○는 위협이 아니다." 이런 얘기들이 많은데요. 국제정치학에 구성주의라는 이론도 있지만, 결국 위협이라는 건 객관적으로 존재하는 것이라기보다는 사람들이 마음속에서 만들어내는 것을 얘기하는 겁니다. 물리적으로 아무리 강해도 내가 위협을 느끼지 않을 수 있고, 거꾸로 힘은 별로 강하지 않은데 내가 위협으로 간주할 수도 있습니다. 인식의 문제가 중요하다는 거죠. 최근 대표적인 건 결국 '중국의 부상'을 위협으로 볼 것인가의 문제겠죠. 중국이 미국이라고 하는 패권국에 도전해서 미국이 만든 기존 질서를 바꾸려고 하는 수정주의 세력이냐, 아니면 현존 질서에 순응하는 세력이냐, 바로 여기에 모든 초점이 맞춰지는 것이고요. 이것 때문에 지금 새로운 질서, 새로운 위협이 또 생겨나는 것 아닌가 하는 우려도 나오는 것이죠.

정욱식 '중국은 수정주의 세력인가'에 대한 교수님의 생각은 어떠십니까?

문정인 제가 만난 중국의 대다수 정책결정자나 학자들은 기본적으로 중국은 수정주의 세력이 아니라고 얘기해요. 그러니까, 그건 미국과 일본, 특히 워싱턴과 도쿄에 있는 보수적인 학자들이 만들어낸 일종의 인벤션(invention), 창조물이라는 겁니다. 중국 공산당의 가장 큰 목표는 2020년까지 소강사회(小康社會) 건설, 즉 대다수의 중국 사람들이 유족한 삶을 영위할 수 있는 사회를 만드는 것이고, 이를 위해 대외적으로는 평화관계, 대내적으로 사회조화관계가 필요하다는 논리입니다.

일부지만 중국이 수정주의 세력이 돼야 된다고 주장하는 사람들도 있어요. 가령 칭화대학에 있는 옌쉐통 교수가 대표적입니다. 중국의 '대국굴기(大國崛起)'를 주장하면서, "중국 경제력이 이렇게 커져가는데, 거기에 보조를 맞춰서 군사 강대국이 돼야 된다. 이게 중국이 가야 할 길이다." 이렇게 얘기합니다. 하지만 제 개인적으로는 아직도 중국 공산당은 기본적으로 대외적 평화, 대내적 조화, 그리고 2020년까지 소강사회 건설을 기본적인 목표로 잡고 있는 것 같습니다.

김종대 그러면 동아시아가 훨씬 더 공정과 협력이 살아 있는 조화로운 관계로 발전해야 되는데, 최근 몇 년간의 형세는 위기가 아닌가 싶을 정도로 불안했단 말이죠. 어떤 때는 우리가 상당히 불안감을 느끼기도 했는데, 왜 그렇게 됐다고 보십니까? 그리고 그 불안감의 실체가 근거가 있다고 보시나요?

문정인 우선 언론이나 정치인들이 위기를 과장하는 경향이 있는 것 같아요. 그리고 기본적으로 지금도 미국 패권질서라는 의식이 깔려 있죠. 만약 그 질서를 부인한다면 정말 위기가 오는 것이라고 생각할 수 있죠. 그런데 지금 중국의 행보를 볼 때, 미국이 만들어놓은 질서에 편승하겠다는 입장이지 새로운 질서를 만들겠다는 건 아니거든요. 안보질서도 마찬가지고, 중국이 WTO(세계무역기구)에 가입한 것에서도 볼 수 있듯이 무역질서도 그렇죠. 지금 미국이 주도하는 TPP와 중국이 주도하려는 RCEP 사이에 논쟁이라고 하는 게 있긴 합니다만, 기본적으로 중국은 자유무역질서라고 하는 미국이 만들어놓은 질서에 편승하여 더 많은 이익을 보겠다는 것이지 새로운 질서를 만들겠다는 건 아닙니다.

중국의 행보, 행태에 대해서는 외부에서 만들어진 것들이 더 많아요. 가령 신자유주의적 개혁(Neoliberal Reform) 노선을 토대로 하여 패러다임을 결정하는 '워싱턴 컨센서스'에 대항하여, '베이징 컨센서스'라는 게 나왔거든요. 중국 모델을 따라가는 것을 의미하는데, 이것도 사실은 조슈아 라모(Joshua Cooper Ramo)라는 미국 학자가 만든 것입니다.

'중국 위협론'이라는 것도 똑같은 거예요. 중국은 자신의 부상이 위협이 아니라고 생각하는데, 워싱턴이나 도쿄, 서울에 있는 일부 보수적인 학자들이 중국 위협론을 얘기하고 있어요. 그러니 주체와 객체 사이에 엄청난 괴리가 있는 겁니다. 정말 이것을 위협으로 보느냐 하는 건 우리 인식의 문제입니다. 우리가 중국이라고 하는 나라를 선의로 보면 얼마든지 여러 가지 문제를 대화로 해결해갈 수 있어요. 그러나 다른 시각으로 볼 경우에는 중국이 상당히 공세적이고 공격적으로 나오는 걸로 보이는 겁니다.

| 미국의 Pivot to Asia 전략과 아시아 패러독스

정욱식 그래서 최근 몇 년 동안, 그리고 앞으로도 상당 기간 동안, 역시 동아시아에서 가장 중요한 변화는 중국의 부상에 있을 텐데요. 이에 맞서 미국은 2011년에 새로운 아시아 전략을 내놓았습니다. '미국의 아시아로의 중심축 이동(Pivot to Asia)', 다른 말로는 '재균형(Rebalance) 전략'을 들고 나오는데, 지난 2년여 동안에 미국의 아시아 전략을 총평해주신다면요?

문정인 Pivot, 즉 '축'이라고 하는 말 자체는 할포드 매킨더(Halford Mackinder)라는 영국의 지정학자가 쓴 용어입니다. 결국 미국은 중국의 부상을 지정학적 위협으로 봅니다. 지정학적 위협이라는 건 크게 두 가지인데요. 하나는 육로 안전을 구축하는 대륙전략 이론이라는 것이고, 다른 하나는 미국의 해군 전략가 알프레드 마한(Alfred T. Mahan)이 얘기하는 해양패권 전략입니다. 지금 미국에서 중국을 위협으로 보는 사람들은 '부상하는 중국, 13억 인구를 가진 나라가 2020년까지 소강사회를 만들겠다고 하는 건 그만큼 자원이 더 필요한 것이고, 때문에 중국이 더 공세적으로 나올 것'이라고 보는 겁니다. 이 점에 대한 지정학적 발상이 바로 미국의 Pivot to Asia라고 할 수 있습니다.

그러니까 Pivot to Asia라고 하는 게, 동북아에서는 한미일 3국 공조, 동남아에서는 베트남·필리핀·싱가포르 이런 국가들을 규합해나가는 것이고, 인도양에서는 인도, 남태평양에서는 호주와 협력하는 것입니다. 이패턴은 중국 봉쇄라고 하는 의미도 있지만, 결국 해로 안전과 관련된 해상 수송로, 교통로와 관련된 미국의 포석이라고 볼 수 있는 겁니다. 그런데 개인적으로는 이 자체가 현실적인 대안이 아니라고 봅니다. 지금 현실적으로 나타난 문제가 없는데 미래에 있을지도 모를 위협, 그 자체도 상당 부분 미국 스스로 만들어낸 위협인데, 그것 때문에 중국 위협론을 부상시키면서 그런 전략을 편다는 게 문제라는 생각이 강하게 듭니다. 경제적 상호의존과 인적 교류도 크게 늘어나고 있는데 말이죠.

정욱식 올해(2014년)가 공교롭게도 1차 세계대전이 발발한 지 딱 100년 되는 해입니다. 그런데 지금 선생님께서 말씀하신 경제적 상호의존성의 증대, 민간교류의 활발, 이런 것들이 19세기 말부터 20세기 초까지 유럽에서 굉장히 번성하면서 '이제 전쟁의 시대는 끝났다, 평화의 시대가 왔다.' 이런 인식들이 굉장히 많지 않았습니까? 그런데 1차 세계대전으로 이 환상이 산산조각 나고 말았는데요.

문정인 그건 상당히 중요한 포인트인데요. 그 점에 관해 헨리 키신저가 《헨리 키신저의 중국 이야기(On China)》라는 책의 결론 부분에서 상당히 재미있는 주장을 하죠. 1900년 정도 되자 비스마르크가 일구어놓은 통일된 독일이 철강 생산량에서 영국을 능가해버려요. 그래서 강력한 도전 세력으로 두각을 나타내기 시작했어요. 그러자 영국 정부는 에어 크로(Eyre Crowe)라는 당시 외무성 심의관 정도 되는 사람에게 조사를 시켜요. 왜냐하면 이 사람은 아버지가 영국 외교관이었지만, 어머니는 독일 사람이었기 때문에 독일을 잘 아는 인물로 여겨진 거죠. "자, 빌헬름 2세의 지금 의도가 뭐냐, 의도를 좀 파악해봐라." 이런 지시를 받아 작성된 것이 그 유명한 '크로 메모(Crowe Memorandum)'예요.

크로 메모에서 얘기하는 것은 '독일의 1차적인 목표는 유럽 제패에 있다. 그리고 유럽 제패가 끝난 다음은 결국 세계 제패에 있는데, 결국 대영제국 해군과 충돌할 수밖에 없다. 그러니까 지금부터 독일에 대한 견제, 균형전략으로 나가야 된다.' 이런 결론이었어요. 그런데 키신저는 재미있는 주장을 해요. 그 크로 보고서가 잘못됐다는 거예요. 크로 보고서가 사실상 1차대전 발발의 원인이 됐다고 보고 있어요.

김종대 아하, 그러니까 말이 씨가 된 경우군요.

문정인 그렇죠. 말이 씨가 되죠… 결국 우린 모든 게 그렇잖아요? 외부의 위협이 있어야 내부적 단결이 되니까 외부의 위협을 인위적으로 창출하는 경향이 많은데, 1907년 크로의 메모라는 게 바로 그런 시각에서 작성됐던 것이죠. 그래서 지금 키신저는 이렇게 경고를 해요. "미국이 크로 같은 시각을 가지고 중국의 부상을 위협으로 간주하면 큰 재앙이 올 수 있다. 그러지 말고 미국은 중국의 부상을 그냥 수용해야 된다. 중국의 5000년 역사를 봐라. 미국보다 훨씬 앞서서 패권적 지위를 가졌던 국가 아니냐. 그리고 미국과 중국이 협력해서 아시아-태평양에 새로운 질서를 만들자." 이게 이른바 키신저의 충고입니다. 그런데 오늘날 워싱턴에 이른바 '상하이 학파'라 불리는 키신저파를 따르는 사람들의 숫자는 극소수예요. 지금 워싱턴에서 미국의 외교정치를 좌지우지하는 사람들은 오히려 크로 학파(Crowe school)에 속한 사람들이 많아요. 오바마의 Pivot to Asia는 사실상 이 학파적 발상이라고밖에 볼 수가 없죠.

김종대 그러면 미국의 이런 정책이 상당히 어떤 패러독스 같은 양상으로 보입니다. 이게 지금 '아시아 패러독스'란 말도 있지 않습니까?

문정인 그것은 제가 노무현 정부 때 동북아시대위원회에서 만든 첫 번째 보고서에 동북아가 갖고 있는 이중적 모순 구조를 얘기하면서 쓴 표현이에요. 한편으로는 경제적 상호의존의 증대, 그리고 사회문화적 교류협력이 상당히 강해지고, 중산층도 많이 확대되면서 동북아 지역에서 공동의 번영과 평화를 모색할 수 있는 정체성 형성이 가능한 측면이 있습니다. 하지만 다른 한편으로는 양안 문제, 한반도 문제, 북핵 문제, 민족주의 문제, 과거사 문제, 영토 분쟁 등 불안요인들도 있다는 겁니다.

그래서 우리는 동북아 협력구상이라는 걸 만들어나가야 된다고 주장했습니다. 지금 엄격한 의미에서 노무현 대통령의 동북아 협력구상과 박근혜 대통령의 동북아 평화협력구상 사이에는 차이점이 없습니다. 우리가 봤던 갈등 대립 모순 구조에 대해 박근혜 정부에서도 아시아 패러독스라는 표현을 쓰고 있는데, 그건 똑같은 현상이었어요. 우리가 사는 사회 자체가 통합의 요소가 있으면 또 분열의 요소가 있고, 평화의 요소가 있으면 갈등의 요소가 있고, 이런 것들이 하나의 소용돌이(vortex)를 이루면서 흘러가는데, 그런 걸 2003년에 이미 간파했던 거죠.

| 박근혜 정부에게 바라는 한반도 · 동북아정책

김종대 이제 한반도 문제로 좀 넘어가겠습니다. 흔히 동북아 문제를 푸는 데도 한반도 문제 해결이 중요하다고 하는데 그건 왜 그런가요?

문정인 동북아 자체의 문제에서도 한반도 문제가 제일 중요합니다. 왜냐

하면 남북 문제가 해결이 잘되어 제도적 통일은 아니라도 사실상의 통일이 이루어진다면 결국 북으로부터의 군사 위협이 사라지게 되니, 우리가 한미동맹에 목을 맬 이유가 사라지지 않습니까? 그러면 한미관계도 정상적 관계가 되겠죠. 저는 지금의 한미관계는 비정상 관계라고 봅니다. 그리고 한중관계가 좋아지게 되면 북중관계도 좋아질 수밖에 없죠. 그럼 남북관계가 더 좋아지면서 선순환 관계가 나올 수 있는 겁니다. 그렇기 때문에 지금 한미동맹보다 더 중요한 것은 우리가 남북관계를 어떻게 관리해나가느냐 하는 것이라고 봅니다.

김종대 그럼 남북관계가 이렇게 관리가 안 되는 이유는 무엇입니까?

문정인 저는 우리의 극단적 보수세력들과 북의 군부세력들이 한반도 상황이 나쁜 걸 더 좋아하는 데 이유가 있다고 봅니다. 그래야 자기들의 국내 정치적 입지도 강화되고 자기들의 존재 이유가 증명되겠죠. 저는 이것이 가장 큰 문제라고 봅니다.

김종대 북한은 말할 것도 없고, 남한의 국방 당국이나 정보기관의 최근 행태를 보면 장성택 사건 이후 북한에 대한 엄청난 공포를 조장하는 측면이 있고, 또 그러면서 북한에 대해 더욱 강압적인 전략을 선호하는 경향이 있는 건 분명한 것 같습니다.

정욱식 앞으로 한반도 정세를 전망함에 있어서 미국의 대북정책을 우리가 짚지 않을 수 없을 것 같습니다. 도대체 오바마 행정부가 북한과 대화를 기피하는 이유가 무엇인지에 대해 짚어주시면 좋을 것 같습니다.

문정인 우선 오바마 스스로가 북한에 대한 아이디어가 전혀 없는 사람이라는 점이 있고, 두 번째는 오바마 1기 당시 미국 국가안전보장회의

(NSC) 아시아 담당 선임국장이었던 제프리 베이더(Jeffrey A. Bader)라는 사람이 만들어놓은 프레임 때문이라고 볼 수 있습니다. 이 프레임의 핵심은 '북은 신뢰할 수 없고, 북이 선제적으로 행동을 하기 전에 북한과 대화는 없다는 겁니다. 여기에 한반도 문제에 가장 핵심 당사자인 한국이 이명박 대통령 재임 5년 동안 오바마 행정부로 하여금 북한에 압력을 가하고 북한을 고립시키는 전략을 펼치도록 만든 겁니다. 그런 와중에 이란 핵 문제가 악화되기 시작하고 시리아 문제, 이스라엘-팔레스타인 문제가 연이어 터지면서 북한 문제라고 하는 게 거의 실종되어버린 상황이 됐습니다.

김종대 그러면 다시 우리의 문제로 돌아와서, 박근혜 정부의 통일외교안보정책에 대해 평가해주시기 바랍니다.

문정인 저는 한반도 신뢰 프로세스라는 구상 자체는 지지합니다. 문제는 북한이 신뢰할 만한 행동을 해야 신뢰 프로세스가 가동이 된다면, 이건 신뢰 프로세스가 아니라는 겁니다. 북한이 신뢰할 만한 행동을 하지 않음에도 불구하고 우리가 여러 가지 정책적 노력을 통해서 북한의 행태를 바꿀 때, 비로소 한반도 신뢰 프로세스가 이루어지는 겁니다. 하지만 그렇게 돌아가는 것 같지 않아서 안타까운 생각이 듭니다. 지금부터라도 조금 더 가시적인 결과를 보여줄 수 있으면 좋겠습니다.

우선 이산가족 재상봉, 금강산 사업을 재개하는 문제에 대해 논의하고, 5·24 조치 해제 등 구체적 방안을 통해 남북관계를 개선하면서 한반도 긴장을 완화시키는 게 상당히 중요하다고 봅니다. 그리고 조금은 전향적인 외교, 담대함과 상상력을 가진 외교를 해줬으면 좋겠습니다. 물론 가장 좋은 것은 우리가 미국으로부터는 안보 이익을, 중국으로부터는 경제 이익을 계속 유지하는 것입니다. 그런데 현실적으로 상당히 어려워 보입니다. 결국 우리가 가야 할 길은 단기적으로는 한미동맹을 유지하는 가운데, 모든 주변 국가들과 신뢰관계를 구축하면서 중장기적으로는 새로운 안보질서, 새로운 경제질서를 만들어나가는 겁니다.

김종대 담대함과 상상력, 외교에도 그런 게 있습니까?

문정인 물론이죠. 예를 들어 6자회담 같은 경우, 우리가 미국의 눈치만 보고 있었다면 굳이 먼저 나서서 만들어갈 필요가 없는 것이었거든요. 지금 미국은 북핵 문제와 관련해 아직도 '전략적 인내'라는 정책을 쓰면서 기다리겠다는 건데, 우리 입장에선 정말 다급한 문제거든요. 우리가 미국의 눈치만 보고 있을 수는 없잖아요. 미국을 설득하고 중국과 같이 6자회담 재개하고 북핵 문제를 하나씩 풀어가야죠. 중국은 지금 하고 싶어 하지만 혼자 못 하잖아요. 우리가 중국과 함께하면 미국도 설득할 수 있고, 이를 통해 북핵 문제 해결을 진전시키면 남북관계도 진전이 되면서 상호 선순환 효과를 가져올 수도 있어요. 그래서 너무 겁먹지 말고 담력을 갖자는 겁니다.

한중일 3국 간에도 영토 문제, 역사 문제에 더해 최근에는 방공식별구역 문제까지 생겼어요. 박근혜 대통령이 동북아 평화협력 구상이라는 걸 내걸었잖아요. 지금 시진핑 주석도 그런 구상 낸 적이 없고 아베 총리도 낸 적이 없으니까 박근혜 대통령이 여기서 외교적 상상력을 발휘해야 하는 거예요. 한중일 정상회담이 좋은 방법이 되겠죠.

김종대 최근에 아베 신조가 야스쿠니 신사를 참배하지 않았습니까? 이에

문정인 연세대학교 교수	한중일 3국 간에도 영토 문제, 역사 문제에 더해 최근에는 방공식별구역 문제 까지 생겼어요. 박근혜 대통령이 동북아 평화협력 구상이라는 걸 내걸었잖아 요. 지금 시진핑 주석도 그런 구상 낸 적이 없고 아베 총리도 낸 적이 없으니까 박근혜 대통령이 여기서 외교적 상상력을 발휘해야 하는 거예요. 한중일 정상 회담이 좋은 방법이 되겠죠.

대해 '도저히 한국 대통령이 저 인간을 만나주는 건 못 봐주겠다.' 하는 정서들이 국민들 속에 상당히 강한 것 같습니다.

문정인 그건 상당히 위험한 접근방법이에요. 우리가 일본 국민과 아베를 동일시하면 안 됩니다. 아마 일본 국민 중에 아베의 생각을 지지해주는 사람은 10%도 안 될 거예요. 그런데 문제는 우리가 아베를 비판하면서 일본 국민들까지 싸잡아 비판하게 되고, 여기에 중국과 함께 양쪽에서 협공을 하게 되면 일본 국민은 아베 편을 들 수밖에 없어요. 일본 국민들은 상당히 상황논리에 강한 사람들이에요. 그렇기 때문에 우리에겐 아주 신중한 접근이 필요해요. 아베 정부에 대해선 강하게 비판해야겠지만, 평화를 애호하는 일본 국민들까지 비판할 필요는 없어요. 중국에게도 이런 점을 주지시킬 수 있어야 하고, 그런 시각에서 결국 아베와 일본 국민을 분리시키는 고차원적인 노력이 필요한 것이죠.

사실상 한일관계도 그렇고 대북 문제도 그렇고 국내정치적으로 활용하려고 하는 의도가 상당히 많은 것 같아요. 그건 정략적이고 전술적이고 정파적인 이익이죠. 그러나 남북관계를 개선하고 동북아의 평화 안보 협력을 가져오는 대승적·전략적 이익은 좀 구분을 시켜서 볼 필요가 있지 않느냐, 이런 생각이 듭니다. 단기적인 정략적 이익을 좇다 보면 중장기적이고 대승적인 이익을 놓치게 되거든요. 이런 것들에 대해서 박근혜 대통령이 관심을 기울였으면 좋겠습니다.

정욱식 이런 측면에서 볼 때 "박근혜 정부의 대북정책은 자기와의 싸움이다." 이렇게 말하고 싶습니다. 그걸 자꾸 국내정치에 이용하려는 유혹에서 벗어나는 게 대북정책뿐만 아니라 대외정책을 현재와 미래의 국익을 위해서 설계할 수 있는 출발점이다, 이런 취지의 말씀입니다.

문정인 제일 중요한 게 시간은 기다려주지 않는다는 것입니다. 제가 볼 때 북한 핵 문제나 남북관계, 한중일 3국협력 문제 등은 기다린다고 해결되는 것들이 아닙니다. 미국은 엄격히 말해 아웃사이더, 역외자예요. 미국은 기다릴 수 있지만 우리는 기다릴 수가 없죠. 그런 점에서 우리 대통령께서 정말 상상력과 담력을 가지고 새로운 남북관계, 새로운 외교정책의 전환점을 가져오길 강력하게 바랍니다.

김종대 자, 시험 문제가 매우 어렵습니다. 〈진짜안보〉가 이 어려운 문제를 풀기 위해 앞으로 계속 고생해야 할 것 같은 예감이 듭니다. 시험 문제를 잘 정리해주신 문정인 교수님께 감사드립니다.

2014년 4월 미국의 버락 오바마 대통령이 한국을 다녀갔다. 7월에는 중국의 시진핑 주석이 방한했다. 미국과 중국 사이에 한국 끌어안기 경쟁이 치열하게 전개되고 있는 것이다. 그것도 외교, 안보, 경제 등 전방위에 걸쳐 이뤄지고 있다. 이러한 상황 전개는 우리가 어떻게 하느냐에 따라 딜레마가 될 수도 있고 기회가 될 수도 있다. 또한 공교롭게도 동북아 주요 6개국은 모두 6자회담 참가국들이다. 이 틀을 잘 활용하면 동북아에도 다자간 평화체제 구축이 가능해질 수 있다. 그런데 안타깝게도 6자회담은 장기간 공전 상태이고 이 사이에 동북아 국가들은 전쟁 준비 태세를 강화하고 있다.

동북아시아 국가들은 전쟁 준비중?

2014년은 동양과 서양에서 역사적 대사건이 발생한 지 각각 120주년과 100주년이 되는 해이다. 동양에서는 청일전쟁으로 중화주의의 몰락과 일본 제국주의의 발호가 교차했다. 그 이후 동북아시아는 한국전쟁까지 60년간의 전쟁에 돌입했다. 100년 전 유럽에선 '유럽의 패러독스'가 대폭발했다. 1815년 나폴레옹 전쟁 이후 주요 국가 간에 세력균형 체제가 형성되고 경제적 상호의존과 민간교류가 대폭적으로 늘어나면서 '큰 전쟁은 없을 것'이라는 기대가 대단히 컸다. 그러나 이러한 기대는 사라예보에서 울린 총성 몇 방으로 산산조각 났고 유럽은 1·2차 세계대전에 휩싸였다. 그렇다면 100년 전 유럽의 패러독스가 21세기에 동북아시아에서 재연되고 말 것인가?

* 2014년 2월 5일 방송을 정리한 것입니다.

| 전쟁수행 체제로 바뀌는 동북아시아

김종대 오늘은 동북아 상황을 바라보는 시야를 넓혀서 얘기를 나눠보죠. 최근 동북아 주요 국가들이 전쟁 준비, 전쟁수행 태세를 정비한다고나 할까요? 그런 움직임들이 보여요. 아시다시피 클라우제비츠라는 유명한 사상가가 《전쟁론》이라는 책을 썼죠. 전쟁의 과학적 원리를 근대적 관점에서 기술한 책입니다. 이 전쟁의 논리는 절대적 논리이고 외교의 논리는 협상의 논리입니다. 헨리 키신저도 '외교는 상대적이고 전쟁은 절대적'이라는 취지의 말을 한 적이 있고요. 때문에 클라우제비츠는 전쟁을 얘기할 때 가장 중요한 명제로 극단의 상황을 가정하라는 가르침을 주고 있습니다. 전쟁은 극단으로 치닫는다는 거예요. 그리고 폭력 사용은 무제한적이라는 겁니다. 이게 바로 전쟁의 논리입니다. 결국 전쟁이라는 극단으로 치닫는 상황을 우리가 하나의 이미지로 구성하면서 그것을 준비하는 게 전쟁의 논리라고 볼 수 있어요. 죽음이나 파괴를 불사하는 폭력을 가장한 전쟁의 논법은 항상 국가로 하여금 '가장 극단적 상황에서 생존하느냐 마느냐.' 하는 것들을 가정하게 만듭니다. 이런 것들을 과학적으로 해명한 게 클라우제비츠의 《전쟁론》입니다.

정욱식 "평화를 원하거든 전쟁을 준비하라." 이런 말도 있지 않습니까? 그런데 최근 일본이 이런 움직임을 보이고 있어요. 일본의 평화헌법 체제가 사실상 전쟁을 포기하는 내용이 핵심이라고 한다면, 지금 아베 신조가 얘기하는 '적극적 평화주의'는 전쟁을 할 수 있는 나라로 변신하겠다는 취지를 담고 있는 것 같아요.

김종대 그렇습니다. 그러니까 침략적인 전쟁을 부인한다는 말은 하지만, 그렇다고 해서 전쟁을 마다할 생각은 없다, 이런 식인데요. 여기서 주목할 게 있어요. 집권 자민당이 매년 신년정책을 발표할 때 하던, 전쟁을 치르지 않겠다는 뜻의 '부전(不戰)의 맹세'가 올해(2014년)는 빠졌습니다.

정욱식 평화헌법 체제에도 불구하고 전수방위, 그러니까 침략적 전쟁은 안 하겠지만 순수한 방어적 의미의 전쟁은 불가피하다는 것 아니겠습니까?

김종대 전수방위 원칙의 핵심은 '기반적 방위력'입니다. 그러니까 일본 자위대의 지상·해상·공중 전력은 4개의 열도에 골고루 분산되어서 균형적으로 배치가 되어왔어요 이것을 기반적 방위력이라고 했는데, 이 원칙이 지켜진 게 2010년까지였어요. 그런데 2010년에 중일관계 긴장이 발생하고, 미일동맹에 대한 조정 논의가 나오면서 기반적 방위력을 '동적 방위력'으로 전환하겠다고 한 겁니다. 이게 뭘 의미하냐면, 이제 자위대 전력을 기동하고 집중해서 상대방을 타격할 수 있는, 즉 기존의 정적인 방위력을 동적인 방위력으로 전환하는 것이라고 보시면 됩니다.

정욱식 미국식으로 얘기하면 붙박이형 군대에서 전략적 유연성을 갖춘 신속기동군으로 전환하는 것이군요.

김종대 그렇습니다. 그리고 나서 아베 정권 출범 뒤 방위계획대강을 재차 개정하고 있는데, 2013년에 중간 보고서가 나왔습니다. 주요 내용은 일본 전역에 분산된 육상 자위대 7개 여단을 앞으로 신속기동군으로 재편해 공격 부대로 바꾸겠다는 것입니다. 그리고 해병대사령부를 창설하겠다는 얘기까지 나오고 있는데, 이건 유사시 상대방을 점령해 전쟁을 종

결짓는 지상군 체제로 운영한다는 취지를 담고 있어요. 상당히 중요한 함의가 있는 것이죠.

또한 해상 자위대의 잠수함을 16척에서 22척으로 증강시켰습니다. 일본은 현재 전 세계에서 해상 초계기를 가장 많이 가지고 있습니다. 이게 100대 정도로 유지됩니다. 그리고 준항모라고 하는 이즈모호가 구축됐죠. 바다의 방공기지라는 이지스함도 지금 6척인데 늘어날 조짐이 보입니다. 이렇게 함으로써 해양 강국이 되겠다는 겁니다. 현대 해양 분쟁에서의 결정적인 우세를 점할 수 있는 해군을 증강시키고 있는 거죠.

정욱식 네 그렇죠. 다른 나라는 어떻습니까? 다른 나라들도 전쟁수행 체제로 바뀌고 있는 겁니까?

김종대 전쟁수행 결심을 한다는 체제는 이런 뜻입니다. 냉전이 끝나고 20년이 지날 때까지 동북아에서 국가급의 전쟁을 기획할 수 있는 나라는 현실적으로 미국밖에 없었어요. 미국이 아닌 어떤 나라가 이렇게 군사력을 효과적으로 운용해서 전쟁을 할 수 있는가? 저는 없다고 봐요. 그런데 최근 동북아 국가들은 군사력의 양만 늘리는 게 아니에요. 국가에서 그러한 군사력을 신속하고 또 공격적인 형태로 편성해서 전쟁을 지도하려면 그에 맞는 체제가 필요해요. 그게 군사제도입니다. 구체적으로는 우선 국가안전보장회의(NSC)를 창설하고, 이어서 거기에 맞는 군사지휘 체계를 개편하는 것이에요. 그런데 이게 중국과 일본에서 똑같이 일어났어요.

정욱식 한국에서도 NSC가 부활했고, 북한도 NSC의 일종인 대외일군협의체가 만들어졌습니다. 이런 걸 보면 동북아에서 일종의 NSC 창설 도미노 현상이 벌어지고 있다고도 볼 수 있군요.

김종대 그렇죠, 도미노 현상. 그런데 이게 동북아 4개국에서 비슷한 시기에 일어났다는 겁니다. 여기에 대해서 지금 아무도 정치적인 해석을 못하고 있어요. 이것은 군사력의 양과 질이 바뀌는 것뿐만 아니라, 전쟁을 수행할 수 있는 시스템으로 빠르게 변화하면서 4개국이 공통적으로 전쟁을 할 수 있다는 의지를 천명한 겁니다. 중국의 경우는 인민해방군이 7개에서 5개 군구로 통폐합됩니다. 이 변화에서 시진핑 주석이 가장 강조한 게 두 가지 있습니다. 신속성과 공격성입니다. 그렇게 되면 지금 중국은 말라카 해협에서 남중국해, 동중국해, 서해, 심양에 이르기까지 자신들이 설정하고 있는 국가의 핵심이익에 대한 군사적 투사력을 즉각 행사할 수 있는 나라로 바뀌게 됩니다.

| 동북아시아는 1차대전 당시의 유럽?

정욱식 얼마 전 영국의 군사전문기관이 발표한 보고서를 보니까 2015년이 되면 중국의 국방비가 영국, 프랑스, 독일 세 나라를 합친 것보다 더 많아지고 2024년이 되면 서유럽 국가 모두를 합친 것보다 많아진다고 합니다. 여기에 그 나라가 갖고 있는 객관적인 군사력도 중요하지만 그것을 위협으로 인식하느냐 그렇지 않느냐 하는 인식의 문제도 중요할 겁니다.

이와 관련해서 재미있는 여론조사 결과가 있더라고요. 미국의 퓨 리서치

센터(PewResearch Center)라는 곳에서 2013년 봄에 아시아 국가들을 상대로 여론조사를 했습니다. 각국의 국민들에게 "중국의 국방비 증강에 대해서 우려하느냐? 부정적으로 보느냐?" 이런 질문을 했어요. 일본 같은 경우는 98%가 부정적으로 본다고 나왔고요. 한국 같은 경우는 91%였습니다.

김종대 일본은 거의 만장일치고 한국도 거의 대부분이네요.

정욱식 네. 상당히 높은 수준인데, 그럼 다른 나라는 어떠냐? 동남아 국가들, 지금 중국과 영토분쟁을 겪고 있는 나라들 같은 경우에는 50% 안팎 정도 되고요, 파키스탄 같은 경우는 5% 정도밖에 안 되더라고요. 어떤 나라를 군사적으로 위협으로 간주하느냐 그렇지 않느냐 하는 것은 그 나라가 갖고 있는 객관적인 군사력도 중요하지만, 그것을 위협으로 인식하느냐 그렇지 않느냐 하는 주관적인 인식의 문제가 중요하지 않습니까? 이 부분 관련해서 편집장님께 여쭤보고 싶은데, 중국의 국방비 증액을 비롯한 '중국 위협론'을 우리 한국은 어떻게 바라봐야 할까요? 퓨 리서치센터가 조사한 여론조사 결과를 보면, 미국의 아시아 동맹국들 가운데 한국도 중국에 대한 부정적 인식이 높은 것으로 나오고 있는데요. 과연 한국을 비롯한 아시아 국가들이 독립적이고 균형적인 시각으로 중국을 바라보고 있는 것인가, 아니면 워싱턴의 시각으로 바라보고 있는 것인가, 이런 문제제기가 가능할 것 같은데요?

김종대 우리는 약소국 트라우마가 있기 때문에 냉정하고 객관적인 평가보다는 감정에 치우치는 면이 상당히 많다고 봅니다. 지정학적으로 주변에 새로운 강자가 출현했을 때, 한반도가 항상 불행으로 연결된 경험을 많이 겪다 보니까 세력균형이 바뀐다든가 현상이 타파되는 듯한 조짐이 나타나면 바람직하지 않게 생각하는 경향이 강합니다. 그렇다고 '이거 아무 걱정거리 아니니 우리 신경 쓰지 말자.' 이런 취지는 아닙니다. 분명 주목해야 할 현상이 있습니다.

과거 일본이나 중국에서 군을 현대화한다는 의미는 다분히 정상국가가 되기 위한 몸부림으로 이해된 측면이 강했어요. '내 주권 내가 행사하겠다.' '내 안보 내가 지키겠다.' 이런 보통국가 지향 차원에서 지난 20년간 군사력 증강이 암암리에 이뤄져왔어요. 그런데 지금 상황 같은 경우 조금 다르다고 봅니다. 뭐냐 하면 군사력을 증강하는 핵심이자 요체가, 바로 가상적국이 될 수 있는 상대편에 대해서 우위를 달성하여 상대방의 취약점을 내가 공격할 수 있고, 내 취약점은 방어할 수 있는 능력을 갖추겠다는 방향으로 가고 있어요. 이건 국가급의 교전이 벌어졌을 때, 빠른 시간 내에 상대방을 제압할 수 있는 우위 전략에 맞춰서 본격적으로 방위계획을 수립하고 있다는 겁니다. 이런 점들은 과거에 비해서 상당히 강화된 경향입니다. 이게 바로 군비경쟁적인 요인이라고 볼 수 있고, 그것이 지역의 안정과 평화에 불안을 끼치고 있어요. 사실 올해가 1차 세계대전 발발 100주년이 되는 해잖아요. 이런 움직임만 놓고 볼 때, 동북아시아의 상황이 1차대전 직전 유럽과 비슷한 측면이 있긴 해요.

정욱식 아베 신조 일본 총리도 동북아가 100년 전 유럽과 비슷하다고 말한 적이 있었죠. "1차대전 발발 직전의 영국과 독일의 관계를 보면, 엄청나게 교역량이 늘어나고 민간 교역이 활성화되었는데 전쟁이 터지지 않았느냐. 오늘날의 일본과 중국 관계가 흡사하다." 이런 취지로 얘기하지 않았습니까? 그것에 대해서 중국의 반응은 이랬습니다. "야, 괜히 멀리 다른 지역 역사를 볼 게 아니라 너희 역사나 좀 제대로 파악해라. 19세기에 동아시아의 전쟁이 어떻게 시작됐느냐? 그리고 일본이 저지른 전쟁 범죄에 대해서 오늘날 일본 정부가 어떤 태도를 보이고 있느냐? 그러니까 다른 나라 역사 공부하지 말고 너희 역사 공부해라." 이런 식으로 말이죠. 중국이 이렇게 핀잔을 주니까 아베 신조도 바로 받아쳤어요. "중국의 군사비가 지금 동아시아의 긴장을 고조시킬 뿐만 아니라 중국의 경제성장에도 부정적인 영향을 주고 있다"고 말이죠. 사실 제가 아는 범위 내에서 어떤 나라 국가수반이 다른 나라의 군비 증강에 대해서 우려를 할수 있습니다만, 내정간섭이라고 할 수 있는 경제 문제까지 연결시켜서 비난했다는 것은 처음 들어보는 얘기거든요.

김종대 그러니까 말이 오가는 것 보면 1차대전 같아요. 실제 총칼만 안 들었지.

정욱식 말싸움이 주먹다툼으로 번지지나 않을까 걱정도 됩니다. 이러다가 정말 한판 붙는 거 아닙니까?

김종대 저도 그런 질문 많이 받는데, 그전에 짚어볼 게 하나 있어요. 사실

결국은 21세기 초에 이렇게 먹구름처럼 밀려오는 국가의 불안, 언제든 국가는 실패할 수 있다는 비관적인 느낌 같은 게 동아시아 국가들에게 있는 것 같아요. 이로부터 탈출하기 위한 하나의 출구가 국가주의로의 회귀이고, 이런 담론이 국내정치에 강력한 기제로 작동되다 보니까, 그것이 군비경쟁으로 연결되는 현상이 나타난 겁니다.

동아시아 국가들이 기본적으로 세력균형이 변화하는 전환기적인 시점에 불안감을 더 강하게 느낀다는 데 문제가 있습니다. 지금의 중국 군대 개편이 연안에서 가장 활발하게 일어나고 있는 데는 아편전쟁 치욕 같은 중국의 역사성도 있는 겁니다. 그러다 보니까 제1도련선(島連線), 제2도련선 같은 해상방어선을 설정해 외부 해양으로 확장하고자 하는 발상이 나오는 거죠.

결국은 21세기 초에 이렇게 먹구름처럼 밀려오는 국가의 불안, 언제든 국가는 실패할 수 있다는 비관적인 느낌 같은 게 동아시아 국가들에게 있는 것 같아요. 이로부터 탈출하기 위한 하나의 출구가 국가주의로의 회귀이고, 이런 담론이 국내정치에 강력한 기제로 작동되다 보니까, 그것이 군비경쟁으로 연결되는 현상이 나타난 겁니다. 우리의 경우도 방어적 전술에서 공격 전술로의 전환을 준비하고 있습니다. 즉, 클라우제비츠의 이론처럼 공격자로서의 주도권을 쥐겠다는 것이고, 그렇게 함으로써 우리 군이 싸우는 게 유리해지는 거라고 국방부는 믿는 겁니다. 북한도 마찬가지이고요.

정욱식 쉽게 풀어본다면 동북아 국가들 사이에 전쟁이 일어날 가능성이 과거보다는 높아지고 있다는 인식이 강합니다. 무력충돌을 가능케 하는 요인과 그걸 억제하는 요인으로 나눠서 전쟁 가능성을 설명해주시면 어떨까요?

김종대 그리스의 역사가 투키디데스가 그랬죠. "전쟁이 일어나는 가장 큰 원인은 전쟁이 일어날 거라는 믿음 때문이다." 만약 중국과 일본 간에, 혹은 한국과 중국 간에도 상대방이 적이라고 생각하고 적으로 대하면 실제 적이 됩니다. 이것이 전쟁 가능성을 높이는 거예요. 한때는 동아시아 지역주의라는 공존과 화해와 협력, 그리고 아시아 공동체 구상이 있었는데, 이게 퇴조하고 국가주의가 횡행하고 있습니다.

정욱식 우리 국민들 사이에도 외교를 잘하려면 강력한 군사력이 있어야 된다는 인식이 강한 것 같습니다. 그 부분에 대해서 김종대 편집장님은 어떻게 생각하십니까?

김종대 한때는 탈냉전 이후에 공존 협력, 공동체 사상이 주류가 될 거라고 예상을 했었잖아요. 네트워크로 연결되고 상호의존이 강화된 세계, 이게 〈뉴욕타임스〉 칼럼리스트인 토마스 프리드먼이 얘기한 '평평한 세계'예요. 그런데 지금 세계의 각 나라들은 민족과 감성적인 역사관의 담장에 둘러싸여 있습니다. 동북아 국가들이 국가주의를 내세우면서 군사력을 증강하는 요인을 과소평가하면 안 됩니다. 이는 우리의 생존에 분명히 영향을 줄 수 있는 사안이기 때문에 신중히 고려해야 됩니다.

정욱식 지금 동북아 군비경쟁에 대해서 여러 가지 우려의 목소리가 나오고 있습니다만, 간단한 통계를 보더라도 6자회담 참가국들 가운데 북한을 제외한 한국, 미국, 중국, 일본, 러시아 이 다섯 나라의 국방비를 합치면 전 세계 국방비의 70%를 차지하고 있는 상황입니다. 그런 측면에서 볼 때 6자회담 체계라는 것이 대단히 중요하고 유용합니다. 이것이 동북아 군비경쟁에 중요한 요인이 되고 있는 북한의 핵과 미사일 문제를 해결할 수 있는 아주 유용한 틀입니다. 또 6자회담의 5개 실무그룹 가운데 동북아 평화안보 체제가 있지 않습니까? 그런데 갈수록 국가 간의 불신이 커지는 흐름에 더해, 각국 내에서 부상하고 있는 민족주의를 정치적

이해관계와 결부시켜 호전적이고 강력한 대외정책을 국내정치적 지지기반으로 삼는 세력이 있는 것 같아 걱정입니다.

김종대 사실은 이런 갈등을 또 조장하는 데 한몫한 게 미국입니다. 일본을 앞세워 동아시아에서 재균형 전략을 쓰려고 하면서 한국도 여기에 끌어들이려 하고 있죠. 일본의 집단적 자위권을 부추긴 나라도 다름 아닌 미국 아닙니까?

정욱식 어떻게 보면 미국이 한편으론 남북한 사이에서, 또 한편으로는 중일 사이에서 아슬아슬하게 줄타기를 하는 것 같습니다. 갈등을 방치하고 때로는 조장하다가, 이게 무력충돌로 비화될 것 같으면 자제시키려 하고 말이죠. 어쩌면 미국은 동아시아의 '불안한 평화'가 자신들의 이해관계에 가장 잘 맞는다고 여기는 것 같아요. 결국 이러한 경향이 주목되는 이유가, 미국에서 한반도 문제는 주요 관심사에서 멀어지는 것이 아닌가 하는 느낌 때문입니다. '전략적 인내'라는 이름을 달고 말이죠.

김종대 지금 중국에서는 한국에 대한 외교도 주변 외교이고, 주된 외교는 일본과 미국이라고 평가합니다. 한국은 미국 말만 잘 듣는 나라이기 때문에 사실은 주변 외교라는 겁니다.

정욱식 정리하자면 올해는 1차 세계대전이 발발한 지 100년째가 되고, 동북아 차원에서는 청일전쟁 발발 120주년이 되는 해입니다. 이 120주년을 두 단계로 나눌 수 있을 것 같아요. 전반기 60년은 전쟁의 시대, 그 이후 60년은 굉장히 불안한 평화였지만 전쟁이 없었던 시기로 말이죠. 이제 120년을 거쳐 동북아가 새로운 국면에 접어들고 있는 만큼, 이럴 때 우리 한국이 정신을 바짝 차려야 하겠습니다.

120년 전과 오늘날의 동북아를 비교할 때, 가장 비약적인 성장을 한 나라가 바로 한국이다. 비록 주변을 워낙 강한 나라들이 둘러싸고 있어 상대적인 왜소함을 느끼는 경우가 많지만 한국의 종합 국력은 세계 10위권이다. 국제질서 역시 제국주의 시대와는 판이하게 달라져 있다. 그렇다면 지난 세기 동북아 전쟁의 가장 큰 희생자였던 우리가 이제는 동북아 평화를 여는 데 앞장서야 하지 않을까?

비바람이 치니 제비가 바빠진다

1971년에 중국의 마오쩌둥 주석은 비밀리에 미국의 키신저 국무장관을 만납니다. 시인이자 혁명가인 마오 주석은 이렇게 말합니다.

"세상은 조용하지 못하고 폭풍우가 다가오고 있습니다. 그리고 비바람이 가까워지니 제비들이 바빠집니다."

여기에서 비바람은 바로 소련의 팽창주의 위협을 의미했습니다. 이에 키신저는 이렇게 응수합니다.

"우리가 폭풍우를 막는 데 더 많은 역할을 해야 하지 않겠습니까?"

마오 주석이 재차 말합니다.

"비바람이 들이닥치는 것은 미룰 수가 있어요. 하지만 언젠가는 오는 것을 완전히 막기란 몹시 어렵지요."

이듬해인 1972년에 중국은 '세계 인민의 적'의 우두머리인 미국 대통령을 베이징으로 불러들입니다. 미국과 중국은 20여 년간의 적대관계를 청산하는 '상하이 코뮤니케(공동성명)'를 발표합니다. 미국은 서로 다른 이데올로기를 가진 국가라도 관계를 개선할 수 있다고 선언함으로써 반공 이데올로기에 의한 대공산권 봉쇄정책을 수정합니다. 중국도 '세계 피압박 민족에 대한 지지'를 거듭 밝히면서도 결코 타국을 침략하는 초강대국이 되지 않겠다고 약속합니다.

키신저에 의하면 마오쩌둥은 "외교와 역사에 밝은 제왕적 철학자"이고, 2인자인 저우언라이는 "공자 같은 고매함과 지혜를 가진 정치인"이며, 덩샤오핑은 "우울한 눈빛을 지닌 용감한 작은 거인"이었습니다. 2013년으로 90세를 맞이한 키신저는 2012년에 이렇게 말한 바 있습니다.

"저우언라이 총리와 내가 비밀 방문을 통해 코뮤니케 내용에 합의를 봤을 때, 저우언라이는 나에게 이렇게 말했다. '이게 세상을 뒤흔들어놓을 겁니다.' 그로부터 40년이 지난 지금 미국과 중국이 각자의 노력을 한데 모아 세상을 뒤흔드는 것을 넘어, 다시 공동번영의 새로운 세상을 같이 건설할 수만 있다면 이 얼마나 위대한 결정인가!"

덧붙여 그는 이렇게 주장합니다.

"떠오르는 중국에 대하여 미국의 신보수주의자들은 갈등과 충돌이 불가피하다고 말한다. 문제는 이런 자들이 지금 워싱턴을 점령하여 중국을 봉쇄하자고 선동하고 있다는 것이다. 그러나 중국은 미국과 '공진화'하는 존재이다. 진정한 태평양의 세기를 열어가려면 미국과 중국은 충돌하지 말고 반드시 협력해야 한다."

최근 미국은 일본을 앞세워 중국을 견제하려 합니다. 이에 맞서 중국은 한미일의 군사일체화에 심각한 갈등과 충돌의 조짐을 발견하고 역시 공세적으로 대응하려 하고 있습니다. 2013년 말에 중국이 선포한 방공식별구역 논란이 바로 그것입니다. 다른 체제끼리 협력해야 한다는 40여

년 전의 '상하이 코뮈니케'가 붕괴될 위기입니다. 지금 동북아시아는 불타고 있습니다. 냉전으로 회귀하려는 우리 사회의 전쟁주의자들과 보수언론은 연일 영토주권을 내세우며 중국과의 충돌을 선동합니다. 이들의 선동대로 우리 사회가 움직인다면 그간 안정과 번영을 누려온 한반도는 그 생존의 기반이 뿌리째 흔들립니다.

　마오 주석의 말대로 비바람과 폭풍이 다가옵니다. 우리가 생존하려면 그 비바람을 피해야 합니다. 무모하게 미국과 중국이 충돌하는 폭풍 속으로 뛰어들면 우리는 파국을 면치 못합니다. 비바람이 치니 제비가 바빠집니다.

4부
진짜 통일대박을 향하여

NLL 대파국의 진실

유라시아로 가자

흡수통일? 꿈깨자!

한반도 통일, 독일 통일로부터 배운다

NLL 대화록의 진실

북방한계선(NLL)에는 국내-남북한-국제관계가 얽히고설킨 '코리아 냉전'의 모순이 집약되어 있다. NLL은 근원 자체가 불분명하고 역사적 진실은 영토선이 아니라는 데 있다. 반면에 남북한 무력충돌을 거치면서 '정서적 영토선'으로 간주하는 경향은 갈수록 강해지고 있다. 여기에 더해 중국의 심장부에서 가장 가까운, 그리고 미국이 남북한 갈등을 이유로 수시로 접근하려는 지정학적 성격까지 가미되어 있다. 이 가운데 핵심은 역시 국내정치에 있다. 새누리당은 2012년 대선 때 느닷없이 "노무현 대통령이 NLL 포기 발언을 했다"고 공격했다. 불법적인 선거 개입으로 궁지에 몰린 국가정보원은 2013년 6월에 남북정상회담 대화록을 무단 공개했다. 그렇다면 NLL의 진실은 뭘까? 정론직필의 작가 유시민과 함께 그 진실을 파헤쳐보자.

* 2013년 11월 6일 방송을 정리한 것입니다.

| 노무현 대통령은 NLL을 포기했나?

정욱식 오늘은 특별한 손님 한 분을 모셨습니다. 본인께서는 정계를 은퇴했다고 말씀하고 계십니다만, 정계에서는 여전히 이분을 놓아주지 않고 있는 상황입니다. 유시민 전 보건복지부 장관님께서 자리를 함께해주셨습니다.

유시민 〈진짜안보〉 청취자 여러분, 안녕하세요? 제가 보건, 바이러스 이런 거 다루던 사람입니다. 남북관계, 안보 이런 거랑 비슷해요. 개인의 건강을 지키는 것이나, 사회의 건강을 지키는 것, 나라와 민족의 건강을 지키는 것은 닮은 점이 있잖아요.

김종대 네, 벌써 안보의 영역이 확장되고 있어요. 이게 바로 학자들이 '포괄안보'라고 얘기하는 거죠.

유시민 그리고 오늘은 전직 장관으로 나온 게 아니고 작가로 나왔습니다. 제가 남북정상회담 대화록 독해에 관한 책을 냈거든요. 장관님보다는 작가라고 불러주세요.(웃음)

정욱식 많은 분들이 왜 안보 방송에 유시민 작가님을 모셨는지 궁금해하실 텐데요. 말씀 드린 것처럼 유 작가님께서 얼마 전에 《노무현 김정일의 246분: 남북정상회담 대화록의 진실》이라는 책을 내셨습니다. 이 단행본을 가지고 대화록의 진실을 한번 파헤치고, 우리의 통일외교안보정책을 총괄적으로 평가해보고자 합니다. 먼저 이 책의 집필 동기와 이 책에 대한 내용을 간략하게 소개 부탁드립니다.

유시민 2013년 6월 24일, 국정원에서 2007년 남북정상회담 대화록 발췌본과 전문을 국회와 언론에 다 공개해버린 사실을 모두들 알고 계실 겁니다. 저는 순간적으로 '야, 이제 논란이 끝나겠구나. 그런데 국정원이 왜 공개했지?' 이런 생각이 들었습니다. 한글만 읽을 줄 알아도 NLL 포기 발언이 없었다는 것을 알 수 있으니까요. 그런데 하루 이틀 시간이 지나면서 보니까, 난독증 환자가 너무 많은 거예요.

가장 논란이 됐던 노무현 대통령의 발언 중에 "NLL은 바꿔야 됩니다"라는 게 있습니다. 그런데 그 구절만 뽑아서 "NLL을 바꾼다고 그랬다. NLL은 하늘이 두 쪽 나도 바꾸면 안 된다, 지켜야 된다. 따라서 노무현은 종북이고 김정일 편을 들었고 국가안보를 팔아먹었고 반역의 대통령이다"라는 표현까지 나옵니다. 즉, 전후 맥락과 상관없이 어떤 메시지, 어떤 문장을 자기가 믿고 싶은 방식으로 그냥 해석해버린 거죠.

정욱식 노무현 대통령이 "NLL을 바꿔야 한다"고 말한 건 사실이지만, 그건 '서해평화협력특별지대라고 하는, 보다 거대한 구상과 비전을 가지고 더 이상 남북한의 젊은이들이 피를 흘리지 않는 평화경제의 바다로 바꾸자.' 이런 취지의 얘기였습니다. 그런데 그걸 마치 NLL을 포기한 것처럼 왜곡해서, 지금까지 1년 넘게 온 나라를 들었다 놨다 하는 어처구니없는 일이 반복되고 있습니다.

유시민 그렇기도 하고, 자기들의 주관적인 생각이나 소망 또는 감정 같은 것들에 치우쳐서 그런 면도 있죠. 그러면 국민들은 왜 거기 휘둘릴까요? 여론조사를 보면, 응답자 중 4분의 1 이상이 NLL 포기가 맞다고 대답을 했어요. 정치인들은 자기 이해관계 때문에, 고인이 된 대통령이지만 정치적 경쟁자 같은 개념이니까 모함을 한다 치더라도, '국민들 중에 왜 거기 따라가는 사람들이 이렇게 많을까? 왜 이렇게 난독이 심할까?' 하는 의문을 갖고 유심히 살펴봤더니 크게 두 가지 이유가 보였어요. 하나는 언론 보도 제목만 보고 판단하는 분들이었어요. 보수 신문과 그것의 버금딸림 방송들의 뉴스 제목만 보시고 판단하는 분들이에요.

다른 하나는 대화록이 좀 읽기가 어렵다는 점입니다. 왜냐하면 남북의 최고 권력자, 또는 국정 최고 책임자들이 시간이 제한돼 있는 상황에서 여러 의제들에 대해 많은 의견을 노출하는 회담이었거든요. 그런데 그 와중에도 뭔가 합의를 해야 되고 성과를 내야 된다는 압박이 있었고, 그래서 대화 자체가 굉장히 압축되어 있어요. 남북 정상들과 우리 일반 시민들은 정보 격차가 많습니다. 그렇기에 이에 대한 해설이 필요하다고 생각한 거죠.

정욱식 그래서 '직접 나서야겠다.' 이런 생각을 하신 거군요.

유시민 이와 관련한 조그만 강의를 한 뒤 노무현 재단에서 온라인으로 소책자도 냈는데, 그 정도 가지고는 풍부하게 이 대화록의 문맥을 이야기하기 어렵겠다는 생각이 들었기 때문입니다. 저도 우선 이 대화록을 이해하기 위해서 옛날 합의문서들을 찾아보고 옛날 사건에 대한 정보를 검색해보면서 다 맞춰본 겁니다. 사실 제가 몰랐던 거라면, 국민들 99%가 몰랐을 가능성이 많거든요. 때문에 제가 이 대화록을 공부하는 과정에서 여러 가지 자료를 찾아보면서, 실제로 굉장히 놀란 게 하나 있어요. 노태우 대통령 시절에 남북 간 중요한 합의서들이 많이 만들어졌고, 그 합의 안에도 포괄적이고 미래 지향적인 내용들이 많았다는 거예요. 이것을 처음 알게 되었습니다.

정욱식 사실 김대중 정부 때 나온 6·15 공동선언이나, 노무현 정부 때 나온 10·4 선언의 중요한 모태가 노태우 정부의 남북기본합의서 아니겠습니까?

김종대 노태우 대통령에 대해 굉장히 놀라신 것 같은데, 사실 집권한 지 불과 반년 만에 7·7 선언이라고 하는 한반도 평화를 위한 대통령 특별 담화를 발표하고, 남북 간 협력, 고위급 회담, 기본합의서 발표 등 혁신적인 조치와 실천적인 조치가 이어졌어요. 그뿐입니까? 남북관계 개선을 기반으로 중국, 소련, 동유럽 등 대공산권 외교까지 쭉쭉 뻗어나갔습니다.

유시민 우익, 그러니까 보수진영의 언어로 하면 대한민국 경제 영토를 옛 공산권 쪽으로 확장해서 지구 절반을 얻은 거죠. 그런데 왜 보수들조차 노태우 대통령을 잘 평가 안 해주는지… 그건 참 안타까운 일이에요.

김종대 본격적인 책 얘기로 들어가서, 대화록에서 노무현 대통령은 NLL을 포기했는가? 우선, 이것부터 얘기를 좀 해봅시다.

유시민 '진짜안보'라는 건 사람들이 걱정을 별로 안 하는 상황이죠. 그게 바로 안보가 잘된 상태예요. NLL 문제를 다루는 것도 '안보를 보는 관점의 차이가 결정적인 차이다.' 이렇게 봅니다. 박근혜 대통령이 애용하는 표현에 따르면, 'NLL은 피와 죽음으로 지킨 곳'인 반면, 노 대통령이 남북정상회담에서 하려고 했던 바는 '더 이상 NLL 때문에 누군가 죽거나 피를 흘릴 필요가 없는 상황을 만들자'는 것입니다. 하지만 김정일 위원장은 무성의하게 이 회담에 임했고 남측의 제안에 대해 별다른 반응을 보이지 않았어요. 그러면서 자기가 딱 하나 제안한 게 공동어로구역이었습니다.

김 위원장이 어떤 마음으로 그걸 제기했는지 모르겠지만, 그건 우리가 못 받아들이죠. 정전협정 이후 60년 가깝게 그 해역을 우리가 관할해왔는데, 갑자기 공동어로를 하고 북한 배가 오갈 수 있게 하자면, 그걸 어떻게 합의하겠어요? 그런데 대통령이 일단 좋은 아이디어라고 긍정적인 화답을 해요. 그러면서 한마디 걸칩니다. "NLL은 옛날 기본합의에 따라서 협의하기로 하고." 이렇게 슬쩍 지나가요. 그때 옛날 기본합의가 바로 노태우 대통령이 체결했던 남북기본합의서입니다.

그런데 김정일 위원장이 반박을 안 합니다. 그 뒤에 한마디도 NLL 문제에 대해서 반박하는 게 안 나와요. 그러니 노무현 대통령이 "그 선을 건드리지 말고 그 위에다가 평화경제지도를 새로 만들어서 덮어 씌워버리자." 하며 일거에 해결하자고 합니다. 이에 대해 김정일 위원장은 "그카면 우리 정상들이 큰 틀에서 이렇게 큰 구상으로 합의했다고 발표를 하고, 세부적인 건 나중에 협의하기로 하고… 이렇게 발표를 하면 남쪽 사람들이 좋아할까요?" 이렇게 물어봅니다.

김종대 하하하. 오히려 김정일 위원장이 남쪽의 여론을 더 걱정한 것이군요. 이 발언 속에는 NLL 등 남북관계를 푸는 데 남한 내 여론과 국내정치가 중요하다는 뜻이 담겨 있는 것으로 보입니다.

유시민 결국 NLL을 포기한 게 아니라 그냥 두는 거예요. 그 NLL은 그냥 군사해도상에만 존재하는 게 되고요. NLL을 둘러싸고 서로 힘을 겨루던, 해주에서 인천 사이의 서해 5도 일대를 경제적으로 공동해역으로 만드는 것이 당시 구상이었습니다.

이런 게 바로 진짜안보죠. 그렇게 될 때 남북은, 지금까지 서로 대립하던 가상의 선 대신, 함께 경제적 이익을 얻을 수 있는 공동의 해역을 공유하게 되기 때문에, 여기서는 군사충돌이 일어날 가능성이 없어지는 겁니다. 북 해군은 20km 이상 저 장산곶 북쪽으로 해군 주력이 이동해야 되고요. 우리는 우리 합참 통제선 밑으로 내려와야 되기 때문에, 거기서 직접 남북 양쪽 군대가 해상에서 충돌할 위험이 근원적으로 없어지는 거죠.

김종대 그렇습니다. 이와 달리 지금 새누리당은 첫 번째로 "영해 포기다", 두 번째로 "안보가 위협받는다"고 얘기하고, "NLL은 생명선이다. 곧 죽어도 무조건 지켜야 된다." 이렇게 주장하고 있어요. 그런데 왜 죽으면서 지킵니까, 살아서 지켜야지. 사수가 아니라 생수.

정욱식 NLL 생수? 이거 김종대 편집장 어록에 추가해야겠네요.(웃음)

김종대 그러니까 지킬 수(守)자만 들어가면 되는 거라고요. 차이는 꼭 피 흘리고 죽어가면서 지킬 것인가, 아니면 경제를 통해 서로 번영하면서 지킬 것인가, 이거 아닙니까?

정욱식 정답입니다. 그런데 대화록을 보면 김정일 위원장이 굉장히 NLL 문제에 집착하는 걸 알 수 있었어요. 김종대 편집장께서 보시기에 왜 북한이 이렇게 NLL에 집착을 하는지, NLL이 북한의 안보·경제상 어떤 위험 요소가 있는지 설명해주시겠습니까?

김종대 예컨대 1999년 제1연평해전은 꽃게잡이에서 시작된 문제였어요. 서해에서 갑자기 꽃게가 많이 잡히니까 어선이 몰려들고, 그 어선을 경비하기 위해서 군함이 외곽에서 다시 몰려들었던 거죠. 이건 남북한 모두 마찬가지였어요. 이렇게 보면 북한에게 NLL의 중요성은 먼저 외화벌이, 경제적 이익의 측면이 있는 거죠. 두 번째는 남북 대치 상황에서 남측의 군함들이 점점 북상하기 시작하면서 평양이 가까워지게 됐습니다. 가장 가까운 해주항은 갇힌 항구고 항구로서의 기능이 거의 마비된 상태였습니다.

정욱식 그렇죠. 북한의 입장에서 NLL이 북쪽으로 뻗쳐 있으니 비수처럼 느껴지겠죠.

유시민 저는 이 대화록 전체를 보면서 핵 문제도 그렇고 NLL 문제도 그렇고, 김정일 국방위원장이 집요하게 눈앞에 목표로 두고 있던 것은 평화체제였다고 생각해요. 미국이 적대정책을 철회해서, 더 이상 북한이 미국의 교전 당사국이 아니게 되는 상황, 여기에 초점을 맞추고 있다는 인상을 받았습니다. 그래서 이 NLL 문제를 어떻게든 해결해서 현안이 아닌 것으로 만들고 남북이 군사적 신뢰를 기반으로 공동의 사업을 하는 단계로 가고 싶어 했던 것 같아요. NLL 문제를 해결하거나 적어도 문제가 되지 않도록 관리하지 않으면 평화협정 체제로 갈 수 없기 때문에, 김정일 위원장이 집요하게 NLL 문제를 제기한 것 같아요. 대화록을 읽으면서 이 점이 북으로서는 매우 중요한 문제였다, 저는 그렇게 받아들였습니다.

정욱식 돌이켜보면 당시 노무현 대통령은 나름대로 고도의 전략을 가지고 대화에 임한 것 같아요. NLL, 평화체제, 북핵, 종전선언 등의 문제들이 서로 분리되어 있는 것이 아니라고 보았죠. 평화협정으로 가려면 오랜 시간이 걸리는데 어떻게 해서든지 한반도에서 정전상태를 끝내고 평화협정으로 가는 문을 열기 위해서는 종전선언이 필요하다고 여겼던 것 같고요. 또 종전선언을 가능하게 하기 위해서는 남북한 사이의 군사적 신뢰 구축, 군사 문제 해결이 중요하다고 생각했던 거죠. 그런데 NLL을 변경한다고 하는 것은 남측 정서상 도저히 받아들일 수 없는 문제였기 때문에 선은 그대로 두되, 이것을 평화협력특별지대라고 하는 평화 경제의 새로운 지도를 통해서 덮어버리려고 했습니다.

| 대한민국의 미래는 누구에게 달려 있는가

유시민 한 가지 더 논의되어야 할 점은 노무현 대통령 취임 직후에 한미 관계가 최악이었다는 겁니다. 특히 북한 핵 문제나 한반도 정세를 둘러싸고 한미 정상 간의 이견이 많았습니다. 이 대화록을 가만히 보면 노무현 대통령의 고민의 초점은 한반도 정세, 더 나아가서는 동북아 정세의 주도권을 어떻게 대한민국이 가져올 것인가 하는 것과, 대한민국이 정세의 주도권을 행사하기 위해서는 북미관계와 상관없이 남북관계를 풀어나가야 된다는 것이었습니다. 저는 그것이 당시 회담 전략의 기본이었다고 봅니다.

노무현 대통령 전략과 관련해서 한 말씀 더 드리고 싶은데요. 제가 2003년 4월에 보궐선거에서 국회의원이 됐어요. 그리고 나서 4월 말에 청와대를 갔는데, 노 대통령이 엄청 화를 내더라고요. 부시 대통령 때문이었어요. 그때 북핵 위기가 왔는데, 이에 대해 미국이 부시 독트린을 발표하고 "악의 축 국가는 선제 핵 공격도 할 수 있다." 이렇게 나오면서 북에 대한 미국 독자적인 군사공격을 검토하고 있을 때예요. 노 대통령이 취임해 있을 때 그 상황이었어요. 노 대통령이 "아니 이런 법이 어디 있나? 우리는 민족의 생사가 걸린 문제인데, 모든 문제는 다 북한과 미국 사이에서 벌어지고, 일단 북이나 미국 어느 한쪽이 엇길로 나가서 갈등이 조성되면, 대한민국 대통령은 할 수 있는 일이 아무것도 없고. 뭐 이런 게 있나?" 하면서, 이 상황이 너무 화가 난다는 거예요. 그래서 어떻게든 남북관계 또는 동북아 정세의 주도권을 우리가 가져와야 된다고 생각한 것이죠.

김종대 그 말씀은 결국 자주와 관련된 것인데요. 사실 자주는 철학적이면서 굉장히 이념적인 용어이고 아주 정치적인 용어인데, 정상회담에서 이게 자주 나왔어요.

정욱식 2차 정상회담이 열린 2007년 10월의 시점으로 봤을 때, 김정일 위원장은 노무현 정부 출범 이후에 남북관계가 기대했던 만큼 진전되지 못한 근본적인 이유에 대해 "남측 정부의 자주성이 결여돼 있기 때문 아니냐. 미국의 비위를 맞추는 데 급급한 것이 아니냐?" 하면서 문제를 제기했던 것 같습니다.

김종대 대화록에 김정일 위원장의 발언이 이렇게 나옵니다. "6·15 공동선언은 상징화된 빈 구호가 되고, 빈 종이·빈 선전곽이 됐다고 생각합니다. 내 솔직한 심정인데, 우리 민족이 자주성 결여로 지금 대국의 장단을 맞추는…" 이렇게 되어 있는데, 지금 그 얘기를 하신 거죠?

유시민 자주에 관한 김정일 위원장의 기본입장 발표 때 한 얘긴데, 이건 거의 인신공격이죠. 선빵을 먹인 겁니다. 실제로 김 위원장은 "면전에서 (남한이) 자주가 없다고 그러면 인격모독일지도 모르겠지만…" 이러면서도 계속 자주성을 잃었다고 얘기해요. 굉장히 모욕적인 발언이었습니다. 노 대통령은 이에 대해서 "평소에 미국에 대해서 못마땅하게 여기는 것도 많고 우리 국민의식도 변해가고 있다. 또 미국이 언제까지 군사력, 기술력 가지고, 뭐를 가지고 이렇게 할 수 있겠냐? 그렇게 못 한다. 그러니까 이 시대 변화의 흐름을 타고 우리 대한민국은 점차 자주적인 쪽으로 나아가고 있다. 지금. 그렇게 보시라." 이렇게 답을 합니다. 그리고 반격을 시작하죠.

이 정상회담은 가만히 보면 오전은 김정일 위원장의 공세, 오후에는 노무현 대통령의 반격, 그리고 종국적으로는 밀고 당기다가 "서해협력평화특별지대라는 구상을 가지고 덮어씌워서 NLL 문제를 해결하는 쪽으로 합의하고 앞으로 잘해봅시다." 하면서 정리가 됩니다.

정욱식 예, 그러니까 저는 회담 후반부에 가서는 두 정상 사이에 어떤 묘한 화학작용이라고 할까요? 그런 게 분명히 있었던 것 같아요. 이후에 좀 여유롭게 농담도 주고받을 정도로 정상회담이 진화되는 모습도 볼 수 있었습니다.

유시민 나중에 김정일 위원장이 울분을 토하는 장면이 나와요. 어떤 언론도 이걸 보도 안 했더라고요. 저는 김정일이라는 사람이 굉장히 소심한 사람이라는 것을 대화록 전체를 보면서 알 수 있었어요. 그런데 소심한 사람이기 때문에 상황을 깨치고 나갈 수 없어서 답답하고 우울한 겁니다. 김일성 주석은 창업자였기 때문에 굉장히 융통성 있게 광폭의 합의를 했어요. 1991년 남북기본합의서도 그래서 가능했죠. 그런데 10·4공동선언을 보면 김정일 위원장이 회담하는 내내 매우 소심한 모습을 보이고 의심이 많아요. 이유는 결국 김정일 위원장이 상속자였지 자기 힘으로 뭔가 개척해본 적이 없는 사람이었기 때문일 거예요. 노무현 대통령은 대한민국 아웃사이더 출신으로 주류세력으로부터 온갖 핍박과 모함을 받아가면서 이뤄온 사람이고, 김정일 위원장은 그냥 왕세자였다가 왕이 된 사람입니다. 이러한 두 사람의 캐릭터, 인격적 특성의 차이가 매우 분명하게 드러나는 대화록이 바로 남북정상 대화록입니다.

김종대 제가 느낀 바는 '남북한, 한반도 정세라는 것은 동북아 정세와 맞물려서 돌아가는구나.' 하는 것입니다. 이 정상회담이 열릴 때 베이징에서는 6자회담이 열리고 있었습니다. 그러니까 김정일 위원장이 한편으로 소심하기도 하면서 또 한편으로 전략가라고 보이는 점은 베이징에서 6자회담이 어떻게 돌아가는가를 시시각각으로 들으면서 거기에 대한 판단을 이 정상회담에 반영한 것으로 보였기 때문입니다.

유시민 그래서 중요한 게 지도자의 지적인 능력입니다. 저는 박근혜 대통령은 이명박 대통령보다 좀 나을 것으로 봤어요. 하지만 지금 보면 남북관계에 대해서 완전 무지해요. 제가 볼 때는 북핵 문제에 있어 핵심은 북한의 김계관 6자회담 수석대표가 정상회담 자리에서 "핵물질, 핵 시설, 핵 계획을 우리가 연말까지 다 신고하고 무력화하지만, 무기화된 정형은 신고 안 합니다"라고 얘기한 부분입니다. 그러니까 자기들이 핵실험을 통해서 가지고 있던 무기, 그건 신고 안 하겠다는 얘기예요. 그 얘기는 결국 미국이 북한과 교전 당사국이 아니게 될 단계에서만 무기화된 정

유시민
전 보건
복지부
장관

우리 국민들이 한반도에는 핵무기가 없기를 바라지 않습니까? 박근혜 대통령이 우리 국민들의 염원, 한반도 비핵화에 대한 소망, 이런 것들을 충족시키려면 우선 북한의 입장을 정확히 알아야 돼요. 핵무기 폐기까지 가려면, 결국 종전선언, 평화협정 체결을 위한 협상을 시작해야만 그 틀 안에서 무기화된 정형까지 폐기하는 문제를 논의할 수 있는 겁니다.

형, 이미 개발한 핵무기를 포기할 수 있다는 겁니다. 이 점이 아주 중요합니다.

우리 국민들이 한반도에는 핵무기가 없기를 바라지 않습니까? 박근혜 대통령이 우리 국민들의 염원, 한반도 비핵화에 대한 소망, 이런 것들을 충족시키려면 우선 북한의 입장을 정확히 알아야 돼요. 핵무기 폐기까지 가려면, 결국 종전선언, 평화협정 체결을 위한 협상을 시작해야만 그 틀 안에서 무기화된 정형까지 폐기하는 문제를 논의할 수 있는 겁니다. 그런데 지금 도대체 남북관계나 6자회담에 임하는 박근혜 대통령의 기본 인식이 뭔지를 모르겠어요. 아마도 지금 남북정상회담 대화록 전문을 안 읽어보신 것 같습니다.

김종대 그러니까 읽긴 읽었는데 국정원 발췌록을 읽으신 겁니다.

정욱식 유 작가님이 북핵 문제에 아주 핵심적인 문제를 짚어주셨습니다. 그런데 2차 정상회담 3개월 후에 청와대 주인이 바뀌지 않았습니까? 이명박 정부가 두 가지를 들고 나옵니다. 하나는 북한의 핵 신고서에 핵무기가 포함되어 있지 않다는 것이고, 또 하나는 우라늄 농축 프로그램이 빠져 있다는 것이었습니다. 그러면서 기존 6자회담 합의에 없었던 검증 문제를 강하게 들고 나오면서 중유 제공을 중단시켜버립니다. 그게 2008년 12월에 6자회담이 결렬된 아주 핵심적인 이유였습니다. 그 뒤로는 6자회담이 안 열렸습니다. 결국 북한의 핵무기를 어떻게 처리할 것인가 하는 문제, 이 문제에 대한 논의의 문을 열기 위해서는 평화협정, 평화체제에 대한 능동적인 자세가 있지 않으면 얘기조차 꺼내기 힘든 구조입니다.

유시민 9·19공동성명에 있는 한반도 평화포럼을 하려면 6자회담에서 러시아와 일본은 빠지고, 남북미중 4자가 모여서 해야 합니다. 어디서든 모여서 핵무기 폐기를 포함한 평화협정 체제를 의제로 한 협상이 필요합니다. 이 협상을 위해서 북이 어떤지 파악하고 거기에 맞게 해야 되는데, 앞으로도 계속 북에게 "먼저 핵 포기를 하면 뭐 해줄게." 이렇게 하면 안 됩니다. 그렇게 하면 앞으로도 남은 4년 임기 동안 아무 진전 없이, 북한의 핵 능력은 강화되고 서해 NLL 주변의 군사적 위협을 포함한 한반도 정세의 불안정은 계속될 것입니다.

김종대 유 작가님이 책에서 재미있는 표현을 쓰셨는데요. '혁명의 신화' '난민촌 정서' 같은 표현입니다. 북한은 아직도 혁명의 신화에 갇혀 있는 사고방식이나 정책이 있는 것 같다는 지적이고요. 남한은 6·25 트라우마에 아직도 갇혀 있는 상태, 즉 난민촌 정서가 여전히 강하다고 하셨죠. 그런데 우리 대한민국 같은 경우에 이미 세계 10위권 국력을 갖고 있는데, 난민촌이라고 말씀하시는 건 좀 우리를 좀 모독하는 표현 아닌가요?

유시민 난민촌이 아닌데 난민촌 정서를 가지고 있는 거예요. 그러니까 한국전쟁 때 수백만 명이 죽고 다치는 엄청난 참극이 벌어졌고, 이후 60년 동안 지속되어온 물리적 충돌과 이념적 대립을 겪었잖아요. 이게 집단적 트라우마예요. 지금은 전혀 다른 나라가 됐죠. 그럼에도 불구하고 우리들의 의식이나 정서는 여전히 난민촌 정서를 갖고 있는 거예요. 현직 대통령이나 집권세력이 이 정서를 이용해서 남북관계를 국내정치에 이용하고 있어요. 이게 지금 문제 해결을 가로막는 우리 내부의 요인인데, 쉽게 해결할 길은 없죠. 국민들 개개인이 현실을 직시하면서 더욱 성숙한 시민의식, 우리 역사와 국가에 대한 자부심, 이런 것들을 많이 가지게 될 때 달라질 수 있을 거라고 봐요.

노무현 전 대통령의 NLL 발언을 두고 최전방 공격수를 자임했던 윤상현 새누리당 의원이 2014년 5월 '깜짝 고백'을 했다. "노 전 대통령은 'NLL 포기'라는 말씀을 한 번도 쓰지 않으셨다"며, "국가 최고 통수권자가 어떻게 대한민국의 영토를 포기할 수 있었겠느냐"고 반문했다. 이로써 NLL 논란은 끝난 것일까? 2012년 대선 유세 때 NLL 대화록을 울부짖듯 소리 내 읽었던 김무성 의원은 2014년 7월 새누리당 대표가 되었다.

우리 안의 '아파르트헤이트'

1990년 71세의 나이에 감옥에서 나와 새로 인생을 시작한 노인이 있었습니다. 백발이 성성한 이 노인은 28년간 달고 있었던 죄수번호 '46664'를 마침내 떼어버릴 수 있었습니다. 이후 아프리카 국민회의(ANC) 의장을 맡은 데 이어 1994년 4월 27일 자유총선거로 대통령에 선출된 넬슨 만델라(Nelson Rolihlahla Mandela)입니다. 그는 대통령에 취임하고 난 이후에도 그 자신을 박해했던 사람들을 용서했습니다. 흑백이 공존하는 사회, 적대와 증오를 녹이는 평화공동체를 향한 불굴의 노력은 그가 93세의 나이로 타계한 2013년까지 단 한 번도 멈춘 적이 없었습니다.

그리고 2013년 12월 10일, 요하네스버그 FNB 축구 경기장에서 역대 최대인 세계 100여 개국의 수반과 정상급 인사들이 참여한 가운데 이 거인을 떠나보내는 추모식이 엄수되었습니다. 여기에는 유대교, 이슬람교, 기독교 등 종교 지도자와, 서로 갈등하고 경쟁하는 적대관계의 지도자들까지 모두 한마음으로 참석했습니다. 종교와 이념, 적대감을 초월하여 평화와 화해를 위한 범지구촌평의회가 열린 것이나 다름없었습니다.

만델라가 떠나면서 인류에게 남긴 마지막 큰 선물이었습니다. 그런데 예상치 못한 문제는 이날 추모식에서 오바마 대통령이 라울 카스트로 쿠바 국가평의회 의장과 악수를 하면서 불거졌습니다.

공화당의 존 매케인 상원의원이 둘의 악수를 1938년 히틀러를 방문하고 돌아와 의회에서 평화를 확보했다고 선언한 네빌 챔벌린 전 영국 총리에 비유하며 격렬히 비난한 것이었습니다. 공화당은 "오바마 대통령이 쿠바의 라울에게 독재정권을 유지할 선전거리만 제공했다"며 비난하고 나섰습니다. 사망한 만델라가 이 광경을 지켜보고 있다면 가슴을 치며 개탄할 일입니다. 오바마 대통령이 적과 손잡았다는 사실 하나만으로 비난받아야 한다면, 만델라의 정신은 짓밟혀지는 것입니다.

그런데 오바마에 대한 이런 식의 비난은 어디서 많이 듣던 논리입니다. 그간 우리 사회의 보수세력도 매케인 의원처럼 김대중, 노무현 대통령의 정상회담을 챔벌린 수상이 히틀러를 만나 농락당한 1938년의 뮌헨 회담에 비유해왔습니다. 독재자와 만나는 유화정책은 그 자체로 죄악이라는 단순논리입니다. 그리고 이것이 바로 적대와 차별을 지속하는 흑백분리정책, 즉 아파르트헤이트의 본질인 것입니다. 이러한 분리와 적대를 신봉하는 사람들은 인간의 보편적 이성과 양심, 불굴의 용기에 대한 경외심을 잊어버렸습니다. 오직 인간은 나약하고 공포에 약한 존재이기 때문에 이 나약함을 보완해주는 집단이나 조직의 권위에 복종해야 한다고 생각합니다. 이럴 경우 국가는 개인의 한계를 극복해주는 신성한 권위가 되어버립니다. 오염된 세상에서 자신을 보호해주는 울타리가 바로 국가나 군대, 종교이기 때문에 나약한 개인은 집단의 권위에 귀속되어버립니다. 우리 사회의 종북 프레임과 국가주의는 바로 그러한 분리적 사고의 변종이고, 부정적 인간관에서 나오는 것입니다. 이것이 바로 우리 안의 아파르트헤이트라고 할 수 있습니다.

그리스의 역사가 투키디데스는 "전쟁이 일어나는 가장 큰 원인은 전쟁이 일어날 것이라는 믿음"이라고 했습니다. 세상과 인간을 비관적으로 인식하면 그 믿음대로 전쟁이 일어납니다. 그러나 우리가 세상의 부정적인 면에서 나약해질 때마다 그 두려움을 넘어 인간 정신의 긍정적인 측면을 바라보면 바로 그곳에서 평화와 화해의 길이 나타납니다. 이러한 경이로운 체험을 하라는 것이 바로 넬슨 만델라가 우리에게 가르쳐준 위대한 교훈입니다.

유라시아로 가자

2005년 9월 19일, 한반도는 물론이고 동북아에 있어서도 아주 중요한 합의문이 나왔다. 6자회담의 9·19 공동성명이 바로 그것이다. 이 성명에는 한반도 비핵화와 평화체제 구축, 미국의 대북 안전보장 및 북미관계와 북일관계 정상화, 에너지와 경제협력, 동북아 평화안보체제 구축이 망라되어 있었다. 그러나 이 합의는 미국의 대북 금융제재로 곧바로 위기에 처했다. 6자회담이 문을 닫고 날선 공방전이 이어지던 2006년 10월에는 북한이 최초의 핵실험을 강행하기도 했다. 9·19 공동성명 채택 당시 통일부 장관이자 NSC 상임위원장을 맡고 있었던 정동영 전 장관으로부터 파란만장했던 남북관계와 6자회담의 얘기를 들어보자.

* 2013년 11월 13일 방송을 정리한 것입니다.

| 안타까웠던 2차 남북정상회담

김종대 오늘은《10년 후 통일: 한반도의 미래, 지승호가 묻고 정동영이 답하다》의 저자이신 정동영 전 통일부 장관님 나오셨습니다.

정동영 안녕하십니까? 반갑습니다. 두 분이 방송하신다기에 기대가 컸는데, 이렇게 불러주셔서 영광입니다.

정욱식 저희가 영광입니다. 이 자리에는 정청래 의원님도 함께하고 계십니다. 정 의원께서 이 책을 반드시 본인이 소개해야 한다고 우기셔서 함께하셨어요.(웃음)

정청래 저도 이 책을 읽었습니다. 이 책의 소개는 저만큼 잘해줄 사람이 없을 것 같아 이렇게 나왔습니다. 제가 이 책이 나오자마자 제일 먼저 읽고 페이스북, 트위터에 "이 책을 꼭 읽어야 된다. 대한민국 5000만 국민이 읽어야 될 필독서"라고 얘기했습니다. 그 이유가 뭐냐 하면, 이 책 내용이 '대한민국과 한반도가 어디로 갈 것인가'에 대한 좌표를 정확하게 그려냈기 때문이고, 남과 북이 같이 이길 수 있는 길은 평화로 가는 길임을 논리적으로 밝히고 있기 때문입니다. 또한 김정일 국방위원장과 가장 오랜 시간 면담을 하고 담판도 지으면서 6자회담의 9·19 성명을 직접 이끌어낸 당시의 성과물과 기록들이 이 책에 나와 있기 때문입니다.

김종대 방금 정청래 의원님 소개대로 진짜 영광과 좌절이 교차하고, 기대와 환희, 그리고 안타까움이 교차했던 게 남북관계인데, 그 한가운데 있던 분이 바로 정동영 장관님이십니다. 지난 역사를 모아서 이렇게 책을 내셨는데, 이 책을 왜 내시게 됐는지 설명을 부탁드립니다.

정동영 2013년 봄에 개성공단이 닫히고 한반도가 전쟁의 가능성에 휘둘리는 것을 보면서, 한반도 정세에 대한 억측과 왜곡이 진실처럼 유통된다는 점이 안타까웠습니다. 사태의 본질을 이해하기 위해서는 막연히 '북한 핵 문제는 해결이 불가능한 문제다.' 이렇게 생각할 것이 아니라 차근차근 한번 따져볼 필요가 있겠다는 생각이 있었습니다.

김종대 정 장관님 별명이 '개성동영'이었던 만큼, 개성공단 사태를 보면서 그 누구보다도 착잡하셨을 것 같습니다. 이번에 쓰신 책의 서두가 좀 무겁게 읽힙니다. 남북관계의 난제로 시작해서, 전쟁과 집단적 증오, 그리고 국내정치에 종속된 통일정책과 외교정책의 특수한 면을 지적하셨습니다.

정동영 그게 이 책의 핵심입니다. 모든 문제가 정치로 수렴된다는 말은 특히 분단 문제에서는 정확한 진단이라고 생각됩니다. '한국전쟁이 끝난 지 60년이 지난 상황에서 한반도에 이런 불안정한 상태가 또 앞으로 얼마나 더 지속되어야 하는가.' 하는 질문이 제기될 겁니다.

김종대 그러고 보니 장관님은 1953년 7월 27일 휴전협정일이 생일이십니다.

정동영 다른 사람들은 잊어버린다 해도 저는 평생 잊을 수 없는 날입니다.(웃음) 자기암시일 수도 있지만, 제가 정치를 시작하면서 이 부분에서 좀 기여를 해야겠다고 마음먹었고, 노무현 정부 때 통일부 장관을 맡게 되었습니다. 공교롭지만 제가 통일부 장관 겸 NSC 상임위원장으로 있던 시기에 개성공단이 가동되기 시작했고, 이어서 9·19 성명이 만들어졌습니다. 앞으로 10년간 한반도에서 개성공단과 9·19는 계속해서 굴러

가야 할 2개의 중요한 바퀴죠. 그런 측면에서 9·19와 개성공단에 얽힌 전후좌우를 이 책에서 재조명했습니다.

정욱식 그러고 보니 장관님은 통일부 장관 때 극과 극을 경험하셨어요. 2004년에는 베트남에 체류 중이던 400여 명의 탈북자를 전세기를 이용해 귀국시킨 바가 있었습니다. 그런데 그게 언론에 유출되면서 북한이 "평양 땅을 밟아보지 못할 것"이라며 장관님께 분풀이를 했었습니다. 그런데 장관님께서는 이듬해 평양에 가셔서 통일부 장관으로는 유일하게 김정일 위원장과 단독회담을 하시지 않았습니까?

정동영 제가 2004년 7월 1일에 취임했는데, 이미 외교안보관계장관회의에서 탈북자 귀국이 결정돼 있었습니다. 어쨌든 제가 김정일 위원장 면담을 전후해 2005년 제2의 6·15시대라고 불릴 만큼 남북관계가 급물살을 탔죠. 그래서 남북 간에는 남쪽이 북한 상선의 제주해협 통과를 허용하고, 북한의 고위대표단이 동작동 국립묘지를 방문하는 등의 교류가 있었습니다. 이런 동력으로 6자회담에서 9·19 성명을 성사시킬 수 있었던 겁니다.

김종대 그렇다면 직접 김정일 위원장과 장시간 대화를 해보시고, 어떤 사람이라고 느끼셨습니까?

정동영 우선, 첫 느낌은 말이 통한다는 것이었습니다. 또 클린턴 행정부 때 국무장관이었던 매들린 올브라이트나 김대중 대통령도 김정일 위원장을 만나고 나서 "굉장히 총명한 인물이다. 그리고 유머감각이 있다." 이런 평가들을 하셨는데, 저도 그런 인상을 받았습니다. 2차 남북정상회담에 대해서도 얘기를 나눴는데요. 2000년 6·15 1차 정상회담 맨 끝줄에 이렇게 되어 있잖아요? "조속한 시일 내에 두 번째 정상회담을 서울에서 개최한다." 이 2차 정상회담을 위해 제가 "서울에서 개최한다는 합의문 문구는 없던 걸로 하고 장소는 위원장께서 결정하십시오." 이런 제안을 했습니다. 김정일 위원장이 나중에 좋은 소식을 보내겠다고 했는데, 한 달여 뒤에 북측 대표단이 제3국을 제안했습니다. 그 3국이 나중에 보니 러시아의 이르쿠츠크였습니다.

그러니까 당시 러시아 블라디미르 푸틴의 정치적 관심과 경제적 관심이 있었다고 보는데요. 남북한의 지도자를 이르쿠츠크로 부르게 되면, 이것은 한반도 문제의 주요한 당사자로서 러시아의 위상을 과시하는 의미가 있을 겁니다. 또한 이르쿠츠크와 주변에 있는 무한한 자원과 철도를 연결하는 원대한 시베리아 개발을 구상했던 것으로 생각됩니다. 김정일 위원장으로서도 그때까지 상대하던 미국과 중국 외에 러시아를 끌어들이려고 했던 것 같습니다. 일종의 균형외교 시도가 아니었나 생각합니다. 그러나 이르쿠츠크 정상회담은 불발됐습니다. 장소 문제보다는 9·19 공동성명 직후 대북 금융제재인 방코델타아시아(BDA) 문제가 불거지면서 정상회담 분위기 조성이 안 된 탓이 컸습니다. 지금 생각해도 대단히 아쉬운 대목입니다.

정욱식 그렇죠. 2차 남북정상회담이 2005년 가을에 열렸다면 한반도 정세와 남북관계도 크게 달라지지 않았을까 하는 아쉬움을 많은 사람들이 토로하고 있습니다. 결국 2007년 가을에 가서야 정상회담이 열렸는데, 좋은 합의를 해놓고 이행할 시간이 부족했습니다. 청와대의 새 주인은 이행할 생각이 없었고요.

정동영 저도 그게 대단히 아쉽습니다. 이명박 대통령이나 박근혜 대통령의 태도가 말이죠. 개인적으로는 참여정부 임기가 끝난 후에 시베리아 철도를 타고 가면서 이르쿠츠크에 갈 기회가 있었습니다. 최근에 그때를 떠올리며 '내가 기차 타고 갔던 길을 이명박 전 대통령이나 박근혜 대통령도 한 번쯤 달려봤더라면…' 하는 생각을 한 적이 있습니다. 그러면 좀 더 거시적인, 좀 더 시야가 탁 트이는 그런 전망을 가지고 나라를 운영하지 않았을까 하는 아쉬움이 있더라고요.

김종대 그러니까 박근혜 대통령도 뭔가 좀 원대하고 개방적인 사고를 하면, 지금같이 자폐적이고 자기중심적인 대북정책이 좀 완화되고 많이 개선될 것 같아요.

| 한반도 대결 구도를 이용하는 세력들

정동영 지금 한반도는 미국, 중국, 러시아, 일본 등 가장 대표적인 강대국들이 동서남북을 둘러싸고 있는데, 제 핀란드인 친구 한 사람이 이런 얘기를 하더라고요. "한국에 제일 부러운 게 있다. 그게 뭐냐면, 위치다." 핀란드나 스칸디나비아 나라들은 지구의 중심으로 나오려면 발틱해를 지나 북대서양을 통해서 나와야 되거든요. 그런데 우리는 세계에서 제일 큰 4대 강국이 지척에 있습니다. 이러한 지정학적 위치가 우리 역사에선 때로는 재앙이었고 때로는 축복이었죠. 물론 대부분은 재앙이었지만 말이죠. 그런데 이 재앙을 축복으로 만들어가야 하는 사명이 지금 이 동시대인들에게, 특히 지도자들에게 있는 것이죠.

정욱식 아주 중요한 말씀입니다. 일본의 동북아 전문가가 저한테 이런 말을 한 적이 있습니다. "한국이 새로운 성장 동력을 찾지 못하면 일본처럼 장기불황으로 접어들 가능성이 상당히 높다. 그러나 한국이 일본과 다른 게 딱 한 가지가 있다"고요. "그게 뭡니까?" 그러니까 "북한이다"라고 얘기했습니다. 그만큼 나라 밖에 있는 경제학자들조차도 한국이 새로운 미래를 개척할 수 있는 유력한 땅이 북한에 있고 북한과 함께 유라시아 대륙으로 가는 길에 있다는 걸 너무나도 잘 알고 있습니다. 그런데 우리는 자꾸 이러한 지정학적, 혹은 지경학적 기회 자체를 살리지 못하고, 오히려 자폐 현상이 심해지고 있는 것 같습니다.

정동영 저도 책에서 그 부분을 많이 강조했습니다. 그런데 사실 문제는 뭐냐 하면, 그러한 비전이 이른바 종북, 또 공안통치와는 양립을 못 한다는 겁니다. 말하자면, 남북긴장과 안보불안이 조성되어야만 종북몰이 효과가 극대화되는 것이기 때문에, 이산가족 상봉을 하고 금강산 관광객이 늘어나고 개성공단이 확장되는 상황에서는 종북 공세를 못 하거든요. 그러니까 국내정치가 결국 발목을 잡는 겁니다.

나라 밖에 있는 경제학자들조차도 한국이 새로운 미래를 개척할 수 있는 유력한 땅이 북한에 있고 북한과 함께 유라시아 대륙으로 가는 길에 있다는 걸 너무나도 잘 알고 있습니다. 그런데 우리는 자꾸 이러한 지정학적, 혹은 지경학적 기회 자체를 살리지 못하고, 오히려 자폐 현상이 심해지고 있는 것 같습니다.

정욱식 그렇죠. 그런데 돌이켜보면 2005년 초반만 하더라도 정세가 참 안 좋지 않았습니까? 부시가 재선에 성공했고요. 또 콘돌리자 라이스 국무장관이 인준 청문회에서 북한을 가리켜 "폭정의 전초기지"라고 했습니다. 설상가상으로 북한이 핵 보유까지 선언하지 않았습니까? 이처럼 어려운 국면 때 통일부 장관과 NSC 상임위원장으로 재직을 하셨어요. 당시 미국을 상대한다는 게 참 쉽지 않은 일이었고 북한도 설득하기가 만만치가 않았을 텐데요. 어떻게 보면 한국 외교 사상 가장 힘든 환경 속에서도 여러 가지 성과를 이루어내셨습니다.

정동영 여러 모로 운이 좋았던 것 같아요. 주한미국대사를 했던 크리스토퍼 힐이 국무부 동아태 차관보가 되면서 힘이 있는 6자회담 수석대표로 들어섰는데, 힐이 야심이 있었단 말이죠. 힐은 코소보 사태를 해결한 명성이 있었는데, 여기에 한반도 문제도 한번 해결해보겠다는 욕심이 있었어요. 그리고 또 하나 저에게 행운이었던 것은 헨리 키신저와의 관계였습니다. 2005년 6월 평양에서 돌아와 집중하고자 했던 것은 미국에게 북한의 메시지를 전달하고 미국을 설득하는 일이었습니다. 그래서 워싱턴에 가기 전에 뉴욕에서 키신저에게 먼저 김정일 위원장의 메시지를 설명했습니다. 키신저는 미국 공화당의 대부이고 부시 행정부의 외교안보정책을 다루는 사람들이 거의 다 후배들이거나 제자들이잖아요. 키신저는 사전에 먼저 설명을 받은 것에 대해 매우 고마워하면서 걱정 말라고 했어요. 스테판 해들리 백악관 안보보좌관, 라이스 국무장관, 도널드 럼스펠드 국방장관 등에게 다 전화해놓겠다고 했습니다.

실제로 키신저 전 국무장관이 많이 도와줬어요. 제가 워싱턴에 갔을 때

분위기가 많이 부드러워진 걸 봐도 키신저가 수고를 해준 걸 알 수 있었습니다. 딕 체니 부통령이 네오콘의 수장이잖아요. 백악관에서 그를 만났어요. 체니 부통령은 기본적으로 북한 핵 문제의 핵심은 북한 정권 문제이고, 그래서 북한 정권을 무너뜨려야 핵 문제가 해결된다는 입장이었습니다. 그래서 제가 북한이 6자회담에 복귀할 의사가 있다고 말하니, 두고 보자는 태도를 보이더군요. 조용하지만 아주 거만한 사람이라는 느낌을 받았습니다.

천만다행으로 북한이 7월 말에 6자회담 복귀 의사를 발표했습니다. 그 이전에 우리 정부가 북한에게 편지도 보냈습니다. 약속을 지키라고 말이죠. 어쨌든 간에 네오콘의 미국 안에서도 힐이라는 협상 대표가 제 역할을 하고 남북이 꾸준히 소통한 결과, 7월 말에 6자회담이 열리게 됩니다. 그리고 어려운 협상 끝에 9월에 9·19 공동성명도 타결을 봤습니다. 어려운 조건 속에서 한국 외교가 주도하고 선도한 금자탑이었습니다. 그런데 지금 한국은 미국, 중국, 일본, 러시아와 대등한 입장에서, 아니면 그들을 이끌고 가는 입장에 서서 적극적으로 9·19 공동성명을 활용해야 함에도 불구하고, 소극적인 자세로 일관하는 것이 너무나 아쉽습니다. 사실 박근혜 대통령이 말한 '북핵 고도화'가 이루어진 시기는 지난 5년 아니겠습니까?

정욱식 그런 점에서 보면 결국 대화와 협상이 진행되는 기간 동안에는 북핵 능력 고도화가 일단 멈춘단 말이죠. 그런데 대화가 단절되어 적대와 대결 관계로 돌아서고 제재와 압박으로 가면, 그 기간에 북은 죽기 살기로 핵 능력 고도화에 매달리는 거죠. 지난 5~6년이 그런 기간이었어요.

김종대 이 책에서 가장 안타까운 장면이 바로 이 대목인데요, 9·19 공동성명이 하루 만에 거의 휴지 조각이 되는 급반전 사태가 일어납니다.

정욱식 돌이켜보면 BDA에 대한 미국의 제재가 크게 두 가지를 날려버렸어요. 하나는 6자회담을 날려버렸고, 더 중요하게는 2차 남북정상회담도 이것 때문에 무산된 것 아닙니까?

정동영 그렇죠. 우린 9·19 공동성명이 채택되면서 남북정상회담도 본격 추진할 계획이었는데, BDA 문제로 쭉 늘어진 것입니다.

어쨌든 9·19 성명 합의의 전후를 쭉 살펴보면 정욱식 대표가 말씀하신 대로 보통 정권이 아닌 미국의 네오콘들이 9·19 합의를 견딜 수 없어했던 겁니다. 자존심 상하는 일이라는 것이었죠. 그래서 네오콘이 9·19 공동성명을 찢어버린 겁니다. 이를 위해 두 가지를 들고 나왔습니다. 하나는 BDA에 북한이 불법적으로 자금 세탁을 했다고 해서 그에 대한 제재를 들고 나온 것이고, 또 결정적으로는 경수로 문제가 있습니다. 당시이 경수로 문제는 1993~94년 1차 핵 위기와 2003년 이후 2차 핵 위기에도 대단히 중요한 문제였고, 이에 따라 앞으로 핵 문제를 해결하는 데 있어서 매우 중요한 사안입니다. 2005년에 9·19 공동성명이 나올 수 있었던 데는 경수로 문제에 대해서 다리를 만든 것이 주효했습니다. '만일 북한에 경수로를 못 지어주게 되면 우리가 전기를 송전해주겠다'는 중대 제안이 바로 그것이었습니다. 이렇게 뜨거운 감자인 경수로 문제는 일단 뒤로 미뤄놓자는 게 9·19 공동성명의 중요한 내용이었습니다.

정욱식 9·19 공동성명에는 경수로를 적절한 시점에 논의키로 했었죠. 그런데 미국이 '적절한 시점'을 일방적으로 해석해 "북한이 완전히 핵을 포기하고 핵확산금지조약(NPT)과 국제원자력기구(IAEA)에 복귀해서 국제적인 신뢰를 완전히 회복한 다음에 논의하겠다."이렇게 발표해서 북한이 발끈했죠. 잠시 옆에 두기로 했던 경수로를 네오콘이 다시 테이블에 올려놓으면서 파행을 겪게 된 것입니다.

정동영 그래서 9·19 공동성명이 사실상 파기되어버린 거죠.

정욱식 그리고 또 중요한 게 있습니다. 북미관계 정상화 문제 관련해서 9·19 공동성명에서는 사실상 핵 문제만 해결되면 관계 정상화로 가는 것으로 미국이 약속을 했습니다. 그런데 바로 다음 날 미국의 스티븐 해들리 당시 국가안보 보좌관이 핵 문제만 해결되어서는 안 되고, 미사일 문제, 생화학무기 문제, 그리고 인권 문제 등이 포괄적으로 해결되어야 관계 정상화가 가능하다고 말했습니다.

정동영 굉장히 중요한 문제를 짚어주셨는데, 그래서 또 '왜'라는 문제가 나옵니다. 60년 동안 휴전체제에서 한 걸음도 못 나간 것, 거기다가 1993년 1차 핵 위기에서 2013년 3차 핵실험에 이르기까지 20년 동안 이렇게 핵 문제가 계속 악화일로를 갈 수밖에 없었던 것이 '왜 그런가?' 하는 것이죠. '과연 이건 해결할 수 없는 문제인가?' 이와 관련해서 키신저 박사가 한 얘기가 재미있습니다. "북한은 세계에서 가장 작고 약한 나라다. 인구 2000만의 나라를 상대로 해서, 세계 최강인 미국, 중국, 러시아, 일본, 남한까지 있는데, 이걸 외교로 풀 수 없다면 외교라는 것은 그럼 어디다가 쓰는 것이냐?"

그런데 왜 20년 동안이나 북핵을 해결하지 못하고, 또 60년 동안이나 휴전체제라는 것이 유지되느냐? 이게 핵심일 것 같아요. 결국 남북한의 긴장과 한반도의 대치 상황, 국지적인 냉전이 결국은 주변 4강의 이해관계와 맞는 것이죠. 그중에서도 이 상황을 가장 잘 이용하는 게 아베 신조 일본 총리 아닐까요? 헌법에 군대도 못 갖게 되어 있는데, 지금 집단자위권이니 뭐니 해석하는 그 근거가 뭐겠습니까? 어쨌든 남북한 대결 구도를 이용하고 있는 것이죠.

| 통일이 가져다줄 미래

김종대 한반도 정세가 흐렸다 개었다가 정말 숨 막히게 전개되는 하나의 시퀀스(sequence) 같은데요. 나름대로 이 속에서 하나의 핵심적인 메타포(metaphor)를 만들어주셨다는 생각이 듭니다. 도대체 왜 안 되는 거냐? 왜 못 하겠냐? 외교가 못 하는 일이 뭐냐? 이런 문제제기는 상당히 가슴 아프게 들립니다. 그런데 반드시 짚고 넘어가야 될 주제가 있어서 제가 주제를 바꾸지 않을 수가 없는데요. 개성공단에 대한 엄청난 애정을 수도 없이 표현하고 계시거든요. 일종의 분신처럼 말이죠. 대체 정 장관님께 개성공단은 뭡니까?

정동영 제가 2007년에 대선에 나왔을 때, '개성 동영' '시베리아 철도로 가자'라는 캐치프레이즈를 내걸었습니다. 사실 이명박 대통령이 4대강 사업 하지 않고 개성공단과 한반도종단철도(TKR)와 시베리아횡단철도(TSR)를 연결해 유라시아로 갔으면 우리 민족에게 대운이 트였을 것이라고 생각합니다. 우리는 여전히 68년째 분단을 유지하고 있는데, 역시 분단국이었던 독일과 가장 핵심적인 차이는 뭐냐 하면 독일 정치와 한국 정치의 차이입니다. 한국의 위정자들은 자신의 권력을 창출하고 유지하는 데 분단을 이용하고 활용했습니다. 선거에 써먹었어요. 분단에 기생하는 세력들에 의해서 역사가 왜곡된 것이 너무 안타깝죠. 그래서 이 개성공단이 바로 그에 대한 대안이자 일자리 문제를 해결하는 기회로서 제가 줄곧 주목하고 추진해온 것입니다. '통일' 하면 젊은이들은 식상해하고 고개를 돌립니다. 그들에게 "당신들의 밥이요, 일자리요, 꿈이다" "단순히 산업공단 하나가 아니라 한국형 통일 모델이다"라고 확실하게 말해야 합니다. 그래야 젊은이들도 남북관계와 통일에 대한 생각을 달리할 수 있을 겁니다.

정욱식 어느덧 방송을 마쳐야 할 시간이 다가오고 있는데요. 정 장관님께서 끝으로 하시고 싶은 말씀을 들려주시죠.

정동영 끝으로 하고 싶은 말은 남북이 긴밀하게 소통하면 미국도 설득할 수 있다는 겁니다. 한반도 문제의 주인은 한반도에 살고 있는 사람들입니다. 그렇기 때문에 미국이 아무리 생각이 달라도 남북이 서로 대화를 하고 협력하려고 하면 거기에 끌려오지 않을 방법이 없습니다. 그래서 드리고 싶은 말씀은 대만과 중국 본토를 보자는 거죠. 대만과 중국 본토는 우리보다 더 으르렁거렸습니다. 그런데 불과 5년 만에 정경분리 원칙으로 밀고 나오니까 일주일에 600편의 비행기가 뜨고 700만 명의 사람들이 오가고 있습니다. 마음대로 여행하고 전화하고 편지하고 투자하고 있어요. 게다가 중국은 대만 사람 200만 명한테 영주권까지 줬단 말이죠. 남과 북도 마음대로 전화하고 편지하고 할머니 집에 가서 평양에 살다

오기도 하고 땅도 사고… 이런 상황이 10년간 지속되면 고통스런 과정 없이 사실상의 통일 상태가 되는 겁니다. 그렇게 되면 북한의 1000만 노동력과 6조 달러가 넘는 광물자원을 한국 경제에 결합하고, 북쪽의 토지를 이용해서 한국의 제조 경쟁력이 독일과 일본을 넘어설 수 있습니다. 유라시아 대륙으로 쭉쭉 뻗어나갈 수도 있고요. 그런 미래가 우리 앞에 있다는 거죠.

김종대 가슴이 무거워지면서도 벅차게 하는 말씀입니다. 정전협정이 평화협정으로 바뀌면 정전협정 체결일에 태어나신 정동영 장관님의 제2의 인생이 열립니다. 지금까지는 정전협정의 인생이었다면, 그다음에는 평화체제의 인생입니다. 그러나 이건 개인의 인생만이 아닙니다. 7000만 한반도 주민과 아시아 사람들이 평화와 번영을 공유할 수 있는 방법이기도 합니다. 이 희망찬 길에 우리 모두 나설 수 있기를 바랍니다.

☮

요즘 한국의 처지를 구한말과 비교하는 목소리가 높다. 그런데 100년 전에는 부산에서 열차를 타고 유럽까지 갈 수 있었다. 그런데 그 길이 막힌 지 70년이 되어가고 있다. 섬나라보다도 못한 처지를 기회로 바꾸려면 남북관계와 6자회담의 병행 발전이 대단히 중요하다. 우리가 북한과 손을 잡고 유라시아 대륙으로 뻗어나갈 수 있는 길이 여기에 있기 때문이다.

평화의 길은 고난의 길

이집트의 사다트 대통령은 1970년대 제4차 중동전쟁의 영웅입니다. 그런 그가 이슬람권의 지도자로는 최초로 이스라엘 예루살렘을 방문합니다. 이스라엘 의회 연설에서 그는 이스라엘 국민을 향해 이렇게 말합니다. "당신들의 신은 우리와 싸우라고 말하지 않았습니다." 이어 사다트는 이스라엘과 평화협정을 체결하고 노벨 평화상을 수상했습니다. 그로부터 3년째 되던 해인 1981년, 그는 군 사열 도중 이슬람 근본주의자에게 암살당했습니다.

이스라엘의 평화주의자는 라빈 전 총리입니다. 그도 역시 1·2차 중동전쟁의 영웅이었습니다. 그는 요르단 강 서안의 점령지를 팔레스타인에게 양도하기로 한 제2차 오슬로 협정을 간신히 성사시키고 1991년에 아라파트 팔레스타인해방기구(PLO) 의장을 만나 평화협정을 체결합니다. 그러자 이스라엘 전역에서는 라빈 반대 시위가 벌어집니다.

노벨 평화상을 수상한 이 노 정치인은 "내가 국민을 직접 설득하겠다"며 대중 집회에 참석합니다. 집회에서 그는 평화의 노래를 부릅니다.

"우리 평화의 날을 기다리지 말고 그날을 향해 나아가요." 이 노래 가사가 적힌 종이쪽지를 양복 위주머니에 넣는 순간 총알이 날아가 그곳을 뚫어버립니다. 암살 얼마 후 피에 절은 이 종이쪽지 사진이 공개되자 세계는 전율합니다. 이때가 노벨 평화상을 수상한 지 3년째 되던 1994년입니다.

구 소련의 고르바초프 전 공산당 서기장은 1980년대 후반부터 '신사고'를 천명하고 일방적인 군축과 평화노선을 채택하여 냉전을 종식시킨 인물입니다. 이 위대한 혁신가는 "인류가 전쟁과 영원히 결별하는 것이 미래의 길을 여는 토대다"라며 전 세계에 평화를 정착시킵니다. 이 업적으로 노벨 평화상을 받았는데 3년째 되던 1991년에 소련 연방으로 회귀하려는 군부 일각의 군사 쿠데타로 실각하고 맙니다.

전 서독 총리인 빌리 브란트는 1968년에 신동방정책으로 동독과 화해협력을 도모하여 노벨 평화상을 수상했습니다. 동독과의 평화공존을 정착시키려던 이 신념가는 노벨상을 수상하면서 "오랜 여행 끝에 아름다운 날을 맞이했으나 아직도 목표 지점은 멀기만 하다"고 말합니다. 이 평화정책 때문에 서독의 보수파로부터 공격받은 그는 그로부터 3년 후인 1971년에 자신의 비서가 동독의 간첩이라는 이유로 총리직에서 물러납니다.

20세기 100년의 역사를 되돌아보면, 평화를 구현하려던 정치 지도자가 단 한 번이라도 제대로 임기를 마친 사례가 있었는지 의문이 들 정도입니다. 그런 만큼 20세기는 평화 지도자들의 수난사였던 폭력의 시대였습니다. 에릭 홉스봄에 따르면 20세기에 전쟁으로 사망한 총 인원이 1억

8000만 명에 달한다고 합니다. 그런 만큼 폭력의 100년을 거쳐온 인류가 각종 대립과 반목을 부추기는 광신주의, 분열주의, 이데올로기에 자유를 빼앗겼고, 이에 저항을 하면 어김없이 죽임을 당했던 것이지요.

김대중 전 대통령의 햇볕정책은 사다트, 라빈, 고르바초프, 간디가 추구했던 평화정책을 거의 그대로 계승하는 20세기 마지막 평화정책이자 21세기의 첫 번째 평화정책이기도 합니다. 그런데 놀랍게도 노벨 평화상을 수상하고 정상적으로 임기를 마쳤고, 그 후임자가 정책을 계승했습니다. 이렇게 20세기 평화정책이 무려 10년이나 살아남은 사례는 한국이 거의 유일합니다. 그러나 지금은 예전의 20세기 노벨 평화상을 수상한 비운의 지도자들처럼 그 놀라운 성취가 이적과 반역으로 낙인찍히고 또다시 한반도는 분열과 전쟁의 논리로 치닫는 상황입니다. 이러한 비극의 순환구조는 현재의 한국 정치에서도 그대로 재현되어 NLL 영토 포기 논란과 남북정상회담 대화록 논쟁으로 이어졌습니다. 너무나 슬픈 일이 아닐 수 없습니다.

평화를 향한 우리의 노력은 언제든 국가주의의 폭력에 노출되어 있습니다. 그만큼 오늘의 수난이 고통스러울지라도 내일의 역사에서 승리하는 불굴의 신념가를 이 시대는 필요로 합니다. 바로 여기에서 우리는 또 한 번 평화와 공존의 새 질서를 향한 우리의 꿈을 만들어가야 할 때입니다.

흡수통일? 꿈 깨자!

흡수통일의 망령이 한반도를 배회하고 있다. 1994년 북한의 김일성 주석이 사망하고 이듬해부터 대기근이 발생하자 '5년 내에 북한이 망할 것'이라는 전망이 압도적으로 많았다. 그로부터 20년이 지난 오늘날까지도 북한은 건재하다. 그런데도 한미 양국 내에서는 북한 급변사태 및 흡수통일론이 여전히 맹위를 떨치고 있다. 한미연합군의 작전계획도 여기에 초점이 맞춰지고 있다. 북한은 100만 대군과 더불어 핵무기와 미사일을 갖고 있다. 1만 개 안팎의 지하 터널로 전국토가 요새화되어 있고 영토의 80%가 산악지형이다. 그리고 중국 및 러시아와 국경을 접하고 있다. 이런 북한을 붕괴시키고 안정화 작전을 펼쳐 통일국가를 이룬다는 것이 가당키나 한 것일까?

*2014년 1월 9일 방송을 정리한 것입니다.

| 한반도를 둘러싼 복잡한 군사계획들

정욱식 안녕하십니까? 얼마 전 박근혜 대통령의 "통일은 대박이다"라는 발언이 있었고, 최근 언론보도를 보면 북한 급변사태에 대비한 군사계획 얘기들이 많이 나오고 있습니다. 이러한 언론의 중요한 보도들을 추려보면, 먼저 한미연합사의 5027, 5029 이런 작전계획을 5015로 통합하기로 했다는 소식이 들립니다. 그리고 북한에서 급변사태가 발생할 경우에 미지상군은 중국의 개입을 사전에 예방하기 위해서 휴전선을 넘지 않고 북한의 안정화 작전은 한국군이 담당하기로 했다, 또 미군은 그래도 북핵을 비롯한 대량살상무기를 제거하기 위해 특수부대를 투입하는 문제들이 얘기되고 있는데 이는 미군의 이름이 아니라 유엔의 이름으로 들어갈 것이다, 이런 얘기들이 나오고 있습니다.

김종대 새로운 내용이 많네요. 과거와는 느낌이 좀 다르다는 생각이 듭니다. 지금까지 북한 급변사태, 불안정 사태 관련 계획에 대해서는 굉장히 우리 국민들 사이에 혼란이 많았습니다. 또 한미 간의 입장이 다 일치된 것도 아니고요. 〈내일신문〉 보도는 5015로 기존 작전계획들이 통합이 된다는 얘기인데, 5015가 뭔지 다들 궁금해하실 겁니다.

원래 2015년이 우리가 전시작전권을 미국으로부터 반환받는 해 아니었습니까? 이는 한미 간의 지휘체계 변환을 의미하여, 곧 과거와 다른 절차로 전쟁을 수행하게 됨을 뜻합니다. 이런 상황에 대비하여 군에서 전략동맹 '2015 계획'도 만들어왔고, 그 상징적 의미에 맞춰서 기존 작전계획의 문제점을 대부분 보완한 새로운 작전계획을 '5015'라는 명칭하에 지금 준비 중인 것이 아닌가, 이렇게 추정됩니다.

문제는 우리가 이런 좁은 한반도에서 너무 많은 작전계획을 갖고 있다는 것입니다. 북한의 핵미사일 발사 징후가 있으면 우리가 선제적으로 북한에 군사행동을 하는 것을 핵심 골자로 한 5026에, 한반도 전면전의 기본계획이라고 하는 5027, 여기에 미 태평양사령부에서 소규모의 병력을 동원해서 특수작전을 위주로 하는 5028이 있고, 끝으로 북한 급변사태나 불안정 사태에서, 전쟁은 아니지만 북한의 안정화나 지역 개입을 핵심 골자로 한 5029가 있습니다. 그런데 이 5029는 작전계획이 아닌 개념계획입니다. 그리고 태평양사령부에서 정규 전쟁은 아니지만 무력시위를 통해서 북한의 진을 빼버리는 군사계획으로 5030이 있는데, 이것은 연합사령부 계획이 아닌 태평양사령부 계획입니다.

정욱식 부시 행정부 때 도널드 럼스펠드 국방부 장관이 5030을 제안했다가 콜린 파월 국무장관에게 세게 박치기를 당했었죠? 이게 무슨 작전계획이냐며, 자기가 군 생활을 수십 년 해봤지만 상대방을 진을 빼서 잡아먹겠다는 게 무슨 작전계획이냐고 반발했던 기억이 납니다.

김종대 그러니까 콜린 파월같이 야전에서 잔뼈가 굵은 군인들은 이 계획이 좀 유치하다고 생각했던 것 같아요. 여하튼 간에 제가 지금 말씀 드린 군사계획이 무려 5개입니다. 그만큼 한반도 안보상황이 복잡하다는 것을 의미합니다.

정욱식 때로는 불필요해 보일 수 있는 작전계획이나 개념계획들이 한반도 안보상황을 더 복잡하게 만드는 것은 아닌지, 이에 대한 판단이 필요할 것 같은데요.

김종대 물론 작전계획이 많으면 그만큼 여러 다양한 시나리오를 준비할 수 있다는 점도 있고, 여기에 종사하는 사람들이 월급을 받긴 더 수월할 겁니다.(웃음) 특히 북한 급변사태를 강조해온 분이 이명박 전 대통령 아닙니까?

정욱식 이명박 대통령이 흡수통일에 5년 내내 집착했다가 남북관계를 완전히 잃어버리는 결과를 초래했었죠. 북한 급변사태에 대비해서 이른바 5029로 불리는 군사계획이 있는데요, 국정원이 2013년에 무단 공개한 남북정상회담 대화록에도 이 내용이 나옵니다. 그러니까 노무현 대통령이 김정일 위원장한테 "그래도 한국이 자주적인 노력을 하고 있다"면서 그중 하나로 예를 든 게 바로 이 5029였습니다. "미국에서 작전계획으로 격상하자고 자꾸 졸라대는데 개념계획으로 묶어뒀고 사실상 없어진 거다." 이렇게 말한 적이 있습니다.

김종대 그래서 많이 공격받았죠. 북한 급변사태에 대비 안 한다고. 그런데 대놓고 하는 게 능사입니까? 그건 비공개로 착실히 대비하고 먼저 대화와 협력을 통해 문제를 풀자는 게 노무현 정부의 대북정책이었던 겁니다.

정욱식 편집장님께서는 참여정부 때 청와대와 국방부에 계셨기 때문에 5029에 대해서 잘 알고 계실 것 같은데요.

김종대 이것처럼 혼란스러운 문제가 없는데, 참여정부 당시에 미국이 5029를 작전계획으로 하려는 것에 청와대가 제동을 걸었습니다 그래서 작전계획은 안 된다, 5029는 개념계획 정도로 묶어두어야 한다고 주장했죠.

정욱식 작전계획과 개념계획은 어떤 차이가 있습니까?

김종대 개념계획이라는 것은 작전을 수행하는 일선 전투부대까지 전달되지 않고 3스타(중장), 즉 작전사령관급 이상의 지휘부만 공유하는 것으로, 작전사급 이상의 단위에서만 갖고 있는 계획입니다. 이것이 작전계획화 되려면 그 상부에서 군사계획을 예하 전투부대에 하달하여 그 부대의 계획을 별도로 만들어야 되는 거예요. 이게 작전계획인데 그게 안 됐다는 뜻입니다. 때문에 개념계획이 작전계획화 되면 그만큼 실행력이 높아지게 됩니다.

정욱식 그러면 왜 노무현 정부 때는 이걸 작전계획으로 만드는 걸 반대한 겁니까?

김종대 노무현 대통령 시절에 청와대 NSC는 이 계획 자체에 반대했어요. 개념계획이건 작전계획이건 이건 있을 수 없는 계획이라고 봤습니다. 여기에는 두 가지 이유가 있는데, 첫째는 이 계획은 미국 주도의 통일인데, 이건 한국의 주권을 침해하는 것이라고 본 것이고요. 둘째는 우리의 의도와 관계없이 연합사 계획에 의해서 북한의 급변사태 때 군사력을 투입하게 되면 한반도의 안정이 깨질 수 있다고 본 겁니다. 이 부분에서 한미 간에 의견 일치가 안 됐던 것입니다. 이것이 이명박 정부 때까지 그대로 논쟁으로 이어집니다.

김대중 정부 말기인 2002년에 한미 양국은 북한 급변사태 관련 개념을 준비하기 시작했는데요. 참여정부 당시 청와대가 그동안 한미가 합의한 근거가 있기 때문에 이것을 다 무효화시키기는 어렵고, 그렇다면 합의된 개념을 만들자는 수준에서만 계획을 유지해라, 그렇게 작전계획에 제동을 건 겁니다. 이를 비판해왔던 게 보수세력인데, 이들 주장대로라면 이명박 정부 때 이걸 작전계획으로 바꿨어야 했죠. 노무현을 반미주의자라고 욕했던 사람들 생각이 바로 그것이었거든요. 하지만 왜 작전계획을 만들지 못했을까요? 지금도 개념계획이거든요. 이는 한미 간의 입장 차이에서 기인합니다.

| 한국의 이익과 미국의 이익

정욱식 그건 아마도 북한과 휴전선을 사이에 두고 있는 대한민국, 그리고 우리와 태평양을 사이에 두고 있는 미국의 근본적인 이익의 차이에서 기인하는 것 같습니다. 제가 2005년 5월에 펜타곤에 가서 5029에 깊숙이 관여한 미국 관료들을 만난 적이 있습니다. 그 자리에서 저는 "북한에 급변사태가 발생했다고 한미연합군이 들어가면 한반도에서 전면전이 터질 수도 있는데, 어떻게 동맹국인 미국이 당사국인 한국한테 이걸 강요할 수 있느냐"고 따진 적이 있습니다. 그러자 한 미국 장교는 "그 점은 우리도 충분히 이해하지만 미국은 북한 핵무기를 비롯한 대량살상무기가 외부로 유출되는 걸 막는 것이 더 큰 이익이다." 이렇게 얘기를 했던 기억이 납니다.

김종대 바로 그 점이 5029 문제를 둘러싼 한미 간의 의견 통일이 어려운 이유이면서 한미동맹의 마지막 한계점이라고 인식하셔도 됩니다. 우리는 전쟁을 억제해야 되고 그래서 국민의 생명과 안전, 국민의 안위를 보전해야 합니다. 그럼으로써 국체를 유지하고 평화적 방식으로 통일을 해야 되는 주체는 미국이 아니라 사실 한국입니다. 이게 헌법정신이에요. 그런데 국제법적으로는 안 그렇습니다. 국제법적으로 남북한은 별개의 국가로 되어 있습니다. 우리가 북한을 통일한다고 할 때 주변국들의 동의 없이는 안 된다는 겁니다.

정욱식 그렇죠. 당장 유엔 안보리 상임이사국인 중국과 러시아가, 북한 급변사태를 이유로 한미연합군이 들어가려고 할 때, 흔쾌히 동의해줄 리는 만무하죠.

김종대 어떤 사람이건 5029를 작전계획화 하는 데 선뜻 손을 들어줄 수 없습니다. 그건 헌법적 문제가 걸려 있기 때문입니다. 이 부분이 이명박 정부 시기인 2009년, 2010년 키 리졸브/독수리 훈련과 2010년 8월에 있었던 을지프리덤가디언 한미군사연습 시의 논쟁사항이었습니다. 그때 합참의장이었던 김태영 대장이 2년 동안 월터 샤프 주한미군사령관과 격렬하게 논쟁을 벌였지만 결론을 못 냈습니다.

정욱식 그러니까 진보, 보수를 떠나서 대한민국의 근본적인 존망까지 달릴 수 있는 이런 엄청난 문제에 직면할 때는 역시 흔쾌히 미국의 입장에 동의할 수 없다는 걸 확인할 수 있는 거죠. 그런데 지난 10년간의 흐름을 쭉 보면, 한미 간의 역할 분담은 확실히 좀 구체화되는 것 같습니다. 문제는 지금 와서 이 5029의 성격이 변화의 조짐을 보이기 시작했다는 겁니다. 훈련이 포함되기도 하고, 또 근본적인 문제는 너무 군사계획으로만 되어 있다는 점입니다. 외교적인 문제도 따를 것이고 법적인 문제도 따를 것이고 경제적인 문제도 발생할 것이기에 이를 포괄적으로 다뤄야 하는데, 5029 자체가 당시에는 군사계획에 편중되어 있었습니다.

정욱식 저는 특수부대를 투입해 핵무기를 통제하겠다는 것이 현실적으로 가능한지 의문입니다. 미국 정보기관들도 북한에 핵무기가 몇 개 있는지 그리고 그게 어디 있는지 모른다고 얘기하지 않습니까? 이럴진대 어떻게 특수부대를 투입해 무엇을 통제하겠다는 건지, 상식적으로 이해가 안 가는 부분이 있습니다. 실효성은 떨어지는데 그 위험 부담은 너무나도 크고요.

김종대 그렇죠. 최근의 5029는 그 양상이 달라져서, 조금 더 현실성 있게 동북아의 국제정치 현실에 맞게 좀 바꾸자는 의견이 제기되면서 기존 계획을 손질하고 부속문서를 만들기 시작했어요. 그 부속문서는 외교적인 내용이 대폭 보강된 것으로, '유엔 안보리에서 어떻게 할 것인가?' 이런 논의가 주로 담겨 있습니다. 여기에서 한국과 미국 간에 또 논쟁이 발생하고 있어요. 그 내용이 뭐냐 하면 미국은 북한이 불안정해지면 중국과 협력해서 북한을 공동관리한다는 내용입니다. 그래서 북한의 핵무기도 미국 혼자 해결하는 게 아니라 중국과 협조해서 해결하자, 이런 내용으로 돼 있어요. 이게 우리 군사 지도자들에게는 과거의 모스크바 3상 회의나 얄타회담에서 강대국이 우리 의사와 관계없이 한반도 문제를 결정한 것의 재판으로 보인다는 거죠. 이는 헌법적 문제입니다. 그래서 대다수 장군들의 반발을 샀습니다. 이 외에도 또 가장 비현실적인 가정은 북한군이 두 패로 갈라져서 싸운다는 가정입니다. 즉, 내전상황인데 이는 정말 비현실적인 가정이죠.

정욱식 북한 급변사태 대비 계획이 필요할 수는 있습니다. 그러나 이건 비밀리에, 비공개적으로 하는 게 바람직합니다. 공개적으로 자랑하고 다니면 우리 안보에 부메랑으로 돌아올 수 있기 때문입니다. 그런데 정부가 이런 계획을 막 떠들고 다니는 상황이지 않습니까? 김종대 편집장께서 말씀하신 것처럼 그 내용에도 상당한 문제가 있고요.

| 잘못하면 쪽박을 찰 수도…

김종대 이명박 정부가 자랑한 내용은 소위 말하는 부흥계획이라는 건데, 이 계획은 북한 급변사태에 대비한 우리 정부 차원의 계획이에요. 국방부 계획이 아니고 정부 차원의 계획인데, 5029라는 군사계획을 정부 버전으로 바꾼 게 바로 부흥계획입니다. 유사시에는 군대만 동원되는 게 아니고 행정력도 동원해야 되잖아요. 이 개념이 여러 차례 변천을 거치고, 이것이 이명박 정부 들어 '비핵·개방·3000'으로 북한을 부흥시킨다는 의미에서 '부흥계획'이 된 겁니다. 문제는 부흥시키기는커녕 상황을 더 나쁘게 만들었다는 거죠.

정욱식 그러니까 MB 정부 1년차인 2008년 8월에 김정일 위원장이 뇌 관련 질환으로 쓰러지지 않았습니까? 이후에 대통령부터 시작해서 정부 고위관료들 사이에 '이제 북한 무너질 날 얼마 남지 않았다'는 인식이 확산되고, 2009년 키리졸브/독수리 훈련을 전후하여 5029다, 부흥계획이다, 이런 것들이 엄청나게 쏟아졌어요. 언론에서 익명을 전제로 한 보도뿐만 아니라 국방부 장관, 주한미군 사령관, 고위급에 있는 사람들이 직접 나서서 5029를 얘기하고 부흥계획을 얘기했어요. 그 결과 남북관계

5029든 5015든 군사계획에 대한 판단을 하자면 미국은 피를 많이 흘리는 지상전에서 빠지고, 엄청난 병력과 물자와 인명 피해가 불가피한 지상전은 한국군이 맡는다는 겁니다. 이 계획을 위해선 한국군의 엄청난 희생이 따릅니다.

와 한반도 정세가 파탄이 났습니다.

5029든 5015든 군사계획에 대한 판단을 하자면 미국은 피를 많이 흘리는 지상전에서 빠지고, 엄청난 병력과 물자와 인명 피해가 불가피한 지상전은 한국군이 맡는다는 겁니다. 이 계획을 위해선 한국군의 엄청난 희생이 따릅니다. 우선 한미 연구기관들은 북한 안정화 작전에 필요한 한국군의 규모를 50만 명 정도로 추산하고 있는데요. 북한의 정규군은 100만 이상이고 남한의 예비군에 해당하는 노동적위대도 수백만에 달합니다. 또한 북한 국토의 80%가 산악지형이고 1만 개 안팎의 지하터널이 있다고 합니다. 이러한 북한을 상대로 안정화 작전을 펼칠 경우 미국이 이라크와 아프가니스탄에서 치렀던 것보다 훨씬 위험한 결과를 초래할 수밖에 없을 것입니다. 또한 북한의 보복공격에 의한 남한의 피해도 상당할 것입니다. 또 한 가지 지적할 것은 북한 급변사태에 대비한다며 많은 병력을 유지키로 하면서, 박근혜 대통령의 공약사항인 군복무 기간 단축도 공염불이 될 처지에 있다는 겁니다.

김종대 그뿐입니까? 복지도 그렇고 경제민주화도 그렇고 입 싹 닫고 있습니다. 그리고 국방비를 이렇게 많이 쓰는데 이 모든 것이 어떻게 가능하겠습니까?

정욱식 그렇다면 철저하게 군사적 관점으로만 볼 때 북한을 상대로 한 안정화 작전이 가능한 겁니까?

김종대 '안정화 작전'이라는 말은 이라크에서 많이 듣던 말이잖아요. 안정화라는 것은 상대방이 우리 쪽에 회유, 설득되거나 동조할 때 될 수 있는 것 아니겠습니까? 그건 군사력으로 불가능한 거예요. 관계의 문제이고 문화입니다. 이 안정화 작전을 군사작전으로 하려고 했던 것은 서구가 자기네와 다른 문명권에 있는 사람들에 대해 가졌던 대표적인 오해라고 할 수 있겠습니다. 서구의 관점으로 보면 북한은 김일성이 사망하고 대기근이 시작된 1994년에 망한 국가예요. 우선 배급제가 무너졌잖아요. 북한 체제를 유지하는 게 배급제이고 그것만 무너지면 다 무너진다고 예상했습니다. 하지만 안 무너지고 지금까지 나름대로 내구력을 발휘하고 있는데, 도대체 그 망했다고 하는 기준이 뭐냐 이겁니다. 그리고 앞으로 50년 더 가면 어떡할 거냐는 문제가 발생합니다. 이런 점에서 북한에 대한 서구식 기준의 망했다는 판단이나 안정화 작전이라는 의미는 검증할 수 없는 상당히 불확실한 개념이고 군사력으로 이루어지는 일도 아닙니다. 그런데 북한 체제를 우리식 시스템으로 안정화한다는 것은 북한 내에 우리 쪽에 협조할 수 있는 세력이 많아야 가능한 거예요. 예를 들면 북한의 통치, 군, 행정력을 완전히 다 붕괴, 마비시키고 우리가 직접 안정화할 수 있습니까?

정욱식 이명박 정부 때 북한 급변사태 시 흡수통일을 추진한다고 얘기하면서 인도적 지원을 끊은 일이 있었습니다. 그러니까 우리가 북한 급변사태에 대비해야 할 필요성은 있겠습니다만, 그것을 유도하거나 군사계획에 치우친 계획을 세우기보다는 평시에 북한 주민들의 인심을 얻기 위해 노력하고, 지속적인 북한과의 교류협력을 통해 북한 내에 대화 채널을 구축하는 것이 가장 저렴하고 안전하며 미래지향적인 계획이라고 할 수 있습니다.

김종대 그것이 바로 냉전시대에 서독이 동독에 취했던 방식입니다. 그런데 우리는 지금 통일부, 국방부, 국정원 어느 곳에서도 북한 주민의 선호 체계에 대한 종합적인 모델 자체가 존재하지 않습니다. 북한의 민심을 어떻게 확보할 것인가에 대한 구체적인 계획이나 전략은 없이 정치적 구호로만 북한 급변사태 대비를 얘기하고 있습니다. 이렇게 북한 체제의 불안정 요인을 자극하는 것은 북한 붕괴에 대비하는 계획이 아니라 사실상 북한을 붕괴시키는 계획으로 운영되는 심리전이라는 말입니다. 이는 지금까지 좋은 결과보다는 불안을 가중시켜왔습니다.

정욱식 우리가 짚어봐야 되는 또 한 가지 중요한 부분이 지금 미국이 북한에 들어가도, 미군이 아닌 유엔군의 이름으로 들어간다는 계획입니다. 지금 우리에겐 유엔사령부가 있지 않습니까? 명칭을 볼 때는 당연히 유엔의 기구로 인식될 수 있잖아요? 하지만 이건 유엔의 공식기구가 아닙니다. 이것은 아주 중요한 부분이죠. 유엔의 공식기구가 아니기 때문에 북한 급변사태 발생 시 유엔사령부의 이름으로 들어갈 때는 문제가 발생할 수 있습니다. 또한 북한뿐만 아니라 중국도 정전협정상으로는 유엔사와 정전 상태에 있다는 것도 잊어서는 안 됩니다. 그러면 유엔 안보리 결의를 통해서 평화유지군으로 들어가면 되지 않겠느냐? 이렇게 대안을 생각해볼 수 있겠습니다만, 아까 말씀 드린 것처럼 중국과 러시아가 동의해줄 가능성도 대단히 낮습니다. 이런 부분들에 대한 정확한 인식 없이 지금 너무 군사 논리에 치중해 있습니다. 박근혜 대통령이 말한 통일 대박론이 MB의 정책에 이어 잘못하면 쪽박이 될 수도 있는 매우 혼란스러운 상황입니다.

김종대 좋은 말씀이에요. 우리 모두가 정신 바짝 차려야 합니다. 쪽박 차지 않으려면요. 우리 〈진짜안보〉도 더욱 분발해야 할 것 같아요.

최근 미국 전문가들이 '북한 급변사태론'을 봇물처럼 쏟아내고 있다. 그러나 북한과 태평양을 사이에 둔 미국과, 휴전선을 사이에 둔 한국은 다를 수밖에 없고 또 달라야 한다. 미국의 입장에선 '북한 붕괴시키기 게임'이 해볼 만한 도박일 수 있다. 미국의 지정학적 위치와 국력을 놓고 볼 때, 판돈이 그리 크지 않다고 여길 수 있기 때문이다. 그러나 한국은 다르다. 이 게임에 중독되면 재산을 탕진할 뿐만 아니라 목숨까지 걸어야 하기 때문이다.

독일 총참모부 궤멸과 제2차 세계대전

1938년 1월 25일, 히틀러의 측근인 헤르만 괴링은 게슈타포가 작성했던 서류철을 들고 히틀러를 찾았습니다. 서류에는 한스 슈미트라는 한 사기꾼의 진술이 적혀 있었습니다. 이 사기꾼은 "베를린의 한 거리에서 젊은 남성과 동성애에 빠져 있는 육군 장교를 목격했는데, 그는 다름 아닌 폰 프리츠 육군 총사령관이었다"고 말합니다. 괴링이 직접 재판장이 되어서 동성애를 했다는 추문을 재판하여 프리츠 장군은 숙청되었습니다.

그다음 차례는 전쟁성 장관 베르너 폰 블롬베르크 원수였습니다. 오랫동안 홀아비였던 블롬베르크 장군은 그해 1월에 재혼을 했는데, 괴링은 그 여성이 매춘부였다고 사실을 날조했습니다. 괴링은 이를 이유로 독일 육군의 최고위 장교를 파면시킵니다. 군부 숙청은 히틀러에게 비판적이던 16명의 장성을 예편시키고 44명을 좌천시키는 것으로 끝을 맺었습니다.

이어 1938년 2월 4일, 히틀러는 라디오 연설을 통해 "앞으로는 내가 전군의 지휘권을 직접 행사한다"고 긴급령을 공표합니다. 1933년에 바이마르 공화국의 총리로 권력자가 된 히틀러가 독일군 통수권을 행사하는 데 그치지 않고, 스스로 독일군의 최고 사령관이 된 것입니다. 이어 히틀러가 국방군 최고사령부(OKW)를 신설해 육·해·공군을 모두 장악하자 그에게 감히 직언을 할 수 있는 군인은 아무도 없었습니다. 200년 전통의 독일 총참모부는 이렇게 궤멸되었습니다. 그리고 이듬해인 1939년에 2차 세계대전이 일어났습니다.

파죽지세로 민주국가를 점령한 이 파시스트의 군대는 누구도 대적할 수 없는 세계 최강의 군대처럼 보였습니다. 그러나 결정적인 약점이 있었습니다. 히틀러가 실전에 배치된 현장 지휘관의 말을 믿지 않고 단지 자신에게 영합하는 총참모부의 말만 고분고분하게 들었던 것입니다. 그 결과는 참혹했습니다. 총 5000만 명이 사망한 전대미문의 대규모 전쟁으로 인류는 돌이킬 수 없는 큰 상처를 입었습니다. 그러나 이미 눈과 귀가 먼 히틀러의 독단은 계속 이어져 1941년 러시아 원정에서 30만 기갑부대가 궤멸되었고 마침내 독일은 파멸의 길로 치닫게 됩니다.

한 국가의 정치체제에 있어 특히 위험한 독재는, 아무도 독재자에게 직언을 제대로 할 수 없을 때 일어납니다. 지금 북한에서는 숙청의 피바람과 함께 공포의 시간이 이어지고 있습니다. 참혹하게 처형된 장성택은 2013년 2월에 진행된 핵실험을 반대했던 것으로 알려져 있습니다. 한때 권력 주변에 있던 주요 군 인사들도 이제는 보이지 않습니다. 그렇다면 감히 누가 최고사령관이 된 이 독재자가 금지선(red line)을 넘지 않도록 직언할 수 있겠습니까?

우리는 북한의 예측할 수 없는 돌발행동에 대비해야 하겠지만, 동시에 북한이 벼랑 끝에서 무모한 행동을 하지 않도록 안내하는 역할도 해야 합니다. 북한의 김정은 제1위원장이 히틀러의 길을 걷지 않도록 우리의 모든 역량을 투입해야 할 때입니다. 그러지 않고 그를 악마화하면서 이를 조롱만 하면 어떻게 되겠습니까? 김정은은 진짜 악마가 됩니다. 우리 사회가 지금 바로 그렇게 하고 있습니다. 지금 우리의 역할은 김정은의 눈과 귀를 열어서 그가 열린 마음으로 세상을 향해 나올 수 있도록 인도하고 안내하는 것입니다. 여기서 실패한다면 우리는 김정은이 히틀러가 될 수 있다는 사실을 명심해야 할 것입니다.

한반도 통일, 독일 통일로부터 배운다

한반도 통일은 세계사적인 실험이다. 20세기 현대사에서 통일은 크게 세 가지 방식으로 이뤄졌다. 첫째는 베트남식 통일이다. 1950년대 외세에 의해 분단되었다가 1970년대 전쟁을 통해 통일된 사례이다. 둘째는 예멘식 통일이다. 북/남 예멘 정권이 밀실 협의를 통해 통일되었다가 내전에 의해 다시 갈라졌고, 결국 북예멘이 남예멘을 무력으로 진압하면서 통일이 이뤄졌다. 셋째는 독일식 통일이다. 1989년 베를린 장벽이 무너져 많은 동독인들이 서독으로 탈출했고, 결국 서독이 동독을 평화적으로 흡수하는 방식으로 통일이 달성됐다. 그렇다면 우리는 독일 통일로부터 무엇을 배울 수 있을까?

* 2014년 3월 12일 국민TV 카페에서 열린 공개방송을 정리한 것입니다.

정욱식 올해 들어서 통일이 우리 사회에 굉장히 큰 화두로 자리 잡고 있습니다. 박근혜 대통령이 "통일은 대박이다"라는 큰 화두를 던졌고, 〈조선일보〉에서는 "통일은 미래다"라고 하는 등 통일에 대한 장밋빛 청사진을 그리기 바쁜데요. 통일 문제는 단순히 정치인, 언론인들뿐만 아니라 우리 모두가 함께 고민하고 또 힘과 지혜를 모아야 되는 주제가 아닌가 싶습니다.

그런 취지에서 오늘 '한반도 통일 – 독일 통일로부터 배운다'라는 주제로 프리드리히 에버트 재단(Friedrich Ebert Foundation) 한국 사무소의 크리스토프 폴만(Christoph Pollmann) 소장님을 모시고 말씀 들어보도록 하겠습니다. 폴만 소장님은 3년여 동안 한국에서 활동하셨고요, 독일 에버트 재단에 계시기 때문에 독일 통일 과정, 통일 이후 독일 사회에 대해서 상당한 전문성을 갖고 있습니다. 또 북한에도 여러 차례 다녀오셨기 때문에 가장 최근의 북한 소식, 평양 소식도 전해주실 수 있을 것 같습니다. 그러면 폴만 소장님을 모시겠습니다.

크리스토프 폴만 안녕하십니까? 저는 프리드리히 에버트 재단 한국 사무소 소장 크리스토프 폴만입니다. 만나서 반갑습니다. 제가 드릴 말씀은 한국이 독일 통일의 경험으로부터 어떠한 점을 고민해볼 수 있는지에 대한 것입니다. 사실 독일 통일 과정에서 잘한 점보다는 잘못한 점으로부터 배우는 것이 더 효과적이고 의미가 있다고 생각합니다.

저희 프리드리히 에버트 재단은 독일의 대표적인 정치재단으로서 1967년 한국에 처음 사무소를 설립하고 그 이후 계속 한국에서 활동을 하고 있습니다. 주로 독일과 한국의 관계 개선에 힘을 쓰고 있고, 한국의 민주주의 정착, 인권 문제, 시민운동, 노조 활동 등을 지원하기도 합니다. 저희 에버트 재단은 기본적으로 사회민주주의 가치를 표방하기에 독일 사민당의 싱크탱크(think tank)라고도 합니다. 한국에서도 이런 사회민주주의의 기본가치인 자유, 정의, 평화, 연대를 표방하는 많은 단체 및 활동가들과 긴밀히 연대하고 있습니다.

| 한반도 통일과 주변 강대국들의 역학관계

독일과 한국은 여러분이 아시다시피 분단이라는 공통의 경험을 가지고 있긴 하지만, 사실 많은 차이를 가지고 있기도 합니다. 일단 독일 같은 경우는 분단 40년 후에 통일이 되었고, 한국은 분단된 지 훨씬 더 오랜 시간이 흘렀습니다. 또 한국은 분단 이후 전쟁을 겪었고 그 전쟁을 통해서 분단이 고착되었지만, 독일 같은 경우는 2차 세계대전 이후 분단된 뒤 전쟁을 겪지는 않았습니다.

북한 같은 경우는 지금 극단적인 독재정권 체제하에서 국민들이 굉장히 어려움을 겪고 있는데요. 사실 동독 정부는 북한처럼 극단적인 독재정권을 한 번도 제대로 수립하지 못한 채 붕괴됐습니다. 또 서독과 동독 같은 경우는 소련이 붕괴 직전 상황에 있었기 때문에 훨씬 더 쉽게 통일을 할 수 있었습니다. 반면 한국 같은 경우는 중국이나 미국 같은 주변 강대국들의 어려운 역학관계 속에 있기 때문에 통일이 독일보다 더 복잡하고 어려운 과제가 되지 않을까 싶습니다.

말씀 드린 것처럼 독일과 한국의 상황이 상당히 차이가 있기 때문에 사실 독일의 통일 모델을 그대로 한국에 적용하는 것은 굉장히 위험한 일이라고 생각합니다. 또 독일 통일 모델이 무조건 좋은 모델이라고 말하기도 어려울 것 같습니다. 물론 독일의 복지국가 시스템이라든지 사회적 시장경제 같은 체제는 세계적으로 굉장히 모범적이라는 평가를 받고 있지만, 독일 통일 같은 경우에는 논란의 여지가 존재합니다. 그럼에도 불구하고 통일을 경험한 나라가 별로 없기 때문에 독일의 사례가 한국에겐 굉장히 중요할 것입니다.

올해로 독일은 통일된 지 24주년을 맞습니다. 그리고 베를린 장벽이 무너진 지는 25주년이 되는데요. 이러한 시점에서 독일 통일에 대해 평가하면, 전반적으로 독일의 통일은 성공적이었다고 말씀을 드릴 수 있습니다. 1990년대 초중반 통일된 직후 독일은 많은 통일비용을 지불했고, 그로 인해서 경쟁력이 떨어지고 있었습니다. 또 동독 지역에는 굉장히 극단적인 변화와 개혁을 경험하면서 많은 사람들이 실업을 당하거나, 여러 가지 적응하는 데 어려움을 겪었습니다. 그러나 이런 역경을 딛고 지금은 독일이 강대국으로 완전히 자리를 잡았습니다.

독일 통일을 정치, 경제, 사회 분야로 나누어서 살펴보면, 먼저 정치적으로 독일은 굉장히 안정적인 민주주의 국가로 발전하고 있습니다. 구 동독 지역에서도 민주주의가 굉장히 잘 정착, 실현되어가고 있다고 평가할 수 있습니다. 대외적으로 살펴보면 독일이 유럽연합(EU)의 주요 국가이자 리더로 자리를 잡았다고 할 수 있습니다. 구 동독 지역의 경제적인 부분과 사회적인 인프라도 어느 정도 자리를 잡고 있어서, 겉으로 보기에는 사실 동독과 서독 지역의 차이가 크게 나타나지 않고 있습니다.

물론 문제가 없는 것은 아닙니다. 아직까지도 연간 800억 유로의 이전비용이 서독 지역에서 동독 지역으로 계속 지급이 되고 있는데요. 이는 주로 사회보장비용으로 들어가고 있는 것입니다. 아직도 동독 지역의 생산성은 서독에 비해 낮고, 통일 직후 동독 지역의 가장 큰 문제는 대량 실업이었습니다. 현재는 구 동독 지역의 실업률이 비교적 안정화를 찾은 상태이고, 이 지역의 발전이 계속되고 있기 때문에 경제는 점점 나아질 것으로 예상하고 있습니다. 또 중요한 것으로, 제 생각에 어느 나라든 통일이 되면 잃어버린 세대라고 부를 수 있는 세대가 생길 것 같습니다. 독일도 통일 이후 여기에 적응하지 못한 세대가 있었습니다. 남북한의 경우도 마찬가지일 것 같은데요. 주로 45세에서 50~60세까지의 세대가 통일 과정에서 이른바 잃어버린 세대가 될 가능성이 있습니다. 이런 세대는 아무래도 변화에 적응하기 어렵고, 특히 오랫동안 영위해왔던 직업을 갑자기 잃게 되면 굉장히 큰 상실감을 느끼게 될 것입니다.

| 흡수통일 아닌 단계적 통일해야 비용 절감

이러한 독일의 문제점과 또 독일의 경험을 토대로, 한국이 통일을 준비하는 과정에서 어떻게 하면 독일이 했던 실수들을 반복하지 않을 수 있을지에 대해 말씀 드리고 싶습니다. 특별히 독일은 대량실업이라는 큰 문제를 경험했었는데, 이런 문제를 예방할 수 있는 방법에 대한 제 의견

크리스토프 폴만 프리드리히 에버트 재단	빌리 브란트 총리와 헬무트 슈미트 총리가 사민당 정부로서 이러한 동방정책을 추진했는데, 이 동방정책은 단지 두 정권에서 끝나지 않고 그다음 보수정권인 기민당의 헬무트 콜 총리가 정권을 잡은 이후에도 계속 이어져갔습니다. 그 덕분에 사회적으로 이러한 동방정책, 즉 긴장완화와 접근을 통한 통일정책이 계속해서 추진되고 사회적 합의를 이루어낼 수 있었습니다.

을 말씀 드리겠습니다.

먼저, 외교정책으로는 독일의 빌리 브란트 전 총리와 에곤 바(Egon Bahr) 전 특임장관이 추진했던 긴장완화정책이 통일에 있어 가장 중요한 전제였습니다. '동방정책'으로도 불리는 긴장완화정책 같은 경우는 한국이 추진했던 햇볕정책의 모델이 되기도 했습니다. 또한 이와 함께 유럽 통합에 대한 독일의 확고한 의지가 통일의 가장 중요한 전제였다고 말씀 드리고 싶습니다. 독일은 서구로의 통합이라고 해서 서유럽 동맹국들과의 신뢰관계 회복, 그리고 미국과의 신뢰관계 회복에도 굉장히 많은 노력을 기울였지만, 동시에 소련이나 폴란드 같은 동유럽 국가들과의 신뢰관계 구축을 위해서도 상당히 많은 노력을 했습니다. 이 과정에서 가장 중요한 것이 바로 연속성입니다. 빌리 브란트 총리와 헬무트 슈미트 총리가 사민당 정부로서 이러한 동방정책을 추진했는데, 이 동방정책은 단지 두 정권에서 끝나지 않고 그다음에 보수정권인 기민당의 헬무트 콜 총리가 정권을 잡은 이후에도 계속 이어져갔습니다. 그 덕분에 사회적으로 이러한 동방정책, 즉 긴장완화와 접근을 통한 통일정책이 계속해서 추진되고 사회적 합의를 이루어낼 수 있었습니다.

그다음으로 독일의 통일은 흡수통일이었고 일방적인 통일이었습니다. 동독 사람들이 서독에 흡수되기를 원했기 때문에 이러한 흡수통일이 가능했는데요. 개인적으로 저는 한국에서 통일이 일어난다고 하면, 이런 독일 형태의 흡수통일이 아닌, 장기적이고 단계적으로 진행되는 양측의 통합으로 통일이 이루어졌으면 좋겠다는 생각을 합니다. 이는 통일이 단계적이고 장기적으로 이루어질 때만 그 비용을 절감할 수 있기 때문입니다.

이와 관련하여 독일 같은 경우는 통일 과정에서 서독의 법체계, 경제체제, 또 사회보장체제를 그대로 동독에 이식하는 형태로 통일이 이루어졌습니다. 이것은 동독 주민들이 원했던 일이기는 했지만, 결국은 대량실업과 같은 많은 부작용을 낳았습니다. 때문에 제가 드리고 싶은 제안이 있습니다. 통일된 이후 북한을 통째로 하나의 경제 특구로 지정하여 규제를 낮추고 남한보다 낮은 임금을 제공하고 복지 수준도 조금 낮게 설정함으로써, 장기적으로 봤을 때 대량실업을 방지하는 것이 좋지 않을까 하는 것입니다. 현실적으로 북한의 임금과 복지 수준을 남한과 비슷한 수준으로 맞추려고 하면, 북한에 투자할 동기가 위축되고 이에 따라 고용 사정도 좋지 않을 수 있습니다. 물론 이러한 방법은 헌법 개정까지 전제되어야 하는 어려운 과제일 수 있고, 북한 주민들에 대한 일종의 차별대우로 보일 수 있어 논란의 여지가 있을 것입니다. 그러나 이런 장기적이고 단계적 통합을 통해서 통일을 이루는 것이 진정한 내적 통합, 사람과 사람과의 거리를 좁히는 데 훨씬 더 효과적이라는 생각이 듭니다.

다음은 통일에 관해서 일반 시민들을 정치인들이 어떻게 설득할 것인가 하는 부분입니다. 헬무트 콜 총리는 선거에서 통일은 곧 '꽃피는 풍경 (Bluhende Landschaften)'이 될 것이라고 말했습니다. 이는 박근혜 대통령이 말한 '통일대박론'과 비슷한 뉘앙스라는 생각이 듭니다. 개인적으로는 이 '대박'이라는 표현이 부적절하다는 생각이 드는데, 그 이유는 콜 총리가 약속했던 것과 같이 너무 긍정적인 부분만 강조되기 때문입니다. 이러한 번영을 얘기하면서 통일과 함께 독일 사람들이 져야 하는 부담과 희생에 대해서는 제대로 설명하지 않았습니다. 물론 통일은 국가적으로 좋은 기회이고 통일의 기회를 얘기하는 것은 특히 젊은 세대에게 굉장히 중요할 것입니다. 그러나 기회와 함께 통일이 수반하게 될 부담이나 희생, 그리고 리스크에 대해서도 반드시 설명을 해야 합니다.

최근의 유엔 인권보고서를 보면, 북한의 인권 실태가 상당히 심각하다는 것을 알 수 있습니다. 통일과 관련해서 인권 문제 청산은 매우 중요한 부분이 될 것입니다. 즉 통일 이후에 이런 인권 문제의 핵심 책임자들과 일반 주민들 사이에 분명히 구분이 있어야 된다는 것입니다.

끝으로는 내적 통일에 대해서 말씀 드리고 싶습니다. 내적 통일이라는 것은 사실 한 세대 만에 이룰 수 없는 어려운 과제입니다. 아마 한반도 통일 과정에서는 북한 주민들이 더 많은 적응력을 보이고 더 많은 노력을 감수해야 될 것입니다. 이에 대해서 남한 주민들이 많은 이해심을 보이고 인내를 보이지 않으면 내적 통일이 쉽게 달성되지 않을 것입니다. 북한 주민들에게 다가올 충격을 줄이기 위해서는 사전준비 과정은 물론 통일 과정 중에도 교류를 활성화하는 것이 유일한 방법이라고 생각합니다. 이산가족 상봉행사 같은 것들이 있기는 하지만, 이런 행사들을 통해서는 주로 나이 많은 세대가 남북한을 방문할 수 있는 기회를 갖기 때문에, 젊은이들도 상호교류 할 수 있는 장이 마련되어야 한다고 생각합니다. 이상으로 제 강연을 마치겠습니다. 경청해주셔서 감사합니다.

| 민주주의의 기반이 중요하다

정욱식 폴만 선생님, 감사합니다. 독일 통일과 관련해서 우리에게 여러 가지 다양한 시사점을 주는 유익한 강연이었습니다. 폴만 선생님이 말씀하신 것처럼 지금부터 준비를 잘해서, 단순히 국가 대 국가의 통합이나 분단된 민족을 통일한다는 의미뿐만 아니라 사람들의 마음과 마음까지 만나 진정한 통합을 이룰 수 있는 그런 멋진 통일을 준비해야 되지 않을까 생각합니다. 이 자리에는 성균관대 사학과 정현백 교수님도 함께하고 계신데요. 정현백 교수님은 단순히 학계에서뿐만 아니라 참여연대와 시민평화포럼 등 여러 시민단체의 대표도 맡으시며, 실천하는 지식인의 모범을 보이고 계신 분입니다. 선생님께서는 독일에서 공부하셨는데, 독일 통일의 모습을 지켜보시면서 어떤 생각이 가장 많이 드셨습니까?

정현백 아까 폴만 소장님께서 긴장완화정책, 포용정책을 얘기하셨는데요, 저는 사실 독일 사회, 통일 이전의 서독 사회에 민주주의가 뿌리를 내리고 있었기 때문에 통일이 이렇게 진행될 수 있었다고 생각합니다. 또한 통일의 과정이 실질적인 민주주의가 확대되고 사회적 시장경제가 유지되는 데 있어 큰 영향을 주기도 했습니다. 이와 관련하여, 통일이 된 후에 서독 사람들은 단결세(혹은 연대세, Solidarity Tax)를 냈습니다. 이 세금은 월급의 6% 정도로, 200만 원을 버는 사람들은 한 달에 12만 원가량을 지금도 내고 있다고 합니다. 바로 이런 것들이 독일 민주주의의 기반이 있었기에 가능했다는 생각이 듭니다.

크리스토프 폴만 지금 정현백 선생님께서 말씀하신 연대세, 또는 단결세라는 것이 소득의 몇%를 떼는 것이 아니라 소득세의 몇%를 추가로 떼는 그런 형태의 세금인데요. 처음에 이 연대세 또는 단결세가 도입됐을 때는 7.5%가 부과되었습니다. 현재는 5.5% 수준으로 인하된 상태고요. 이 단결세는 동독 주민들도 소득세를 내는 사람이라면 누구나 내야 합니다. 이 세금은 사실 독일 사람들이 전반적으로 필요하다고 이해하고 인정하기에 크게 불만은 없었던 걸로 알고 있습니다. 최근에는 2019년 종료되는 이 세금을 더 지속할 것인지, 더 지속한다면 이 세금을 과연 어디에 쓸 것인지에 대한 논의가 진행되고 있습니다. 그래서 최근에 나온 얘기가 이런 단결세를 걷어서 동독뿐 아니라, 독일 전역의 낙후된 지역에 지원하자는 이야기가 논의되고 있습니다.

정욱식 그럼 이번에는 이 자리에 계신 청중분들의 질문을 받아보도록 하겠습니다.

청중1 폴만 선생님이 강연 중에 북한 인권 문제에 대한 청산이 필요하다고 말씀하셨는데요. 저는 개인적으로 통일 과정에서 정치적으로 북한 정권이나 그 정권의 핵심 인물들에 대해서는 처벌을 면책해주는 협약이나 거래 같은 것이 필요할 수밖에 없지 않을까 하는 생각을 합니다. 독일 통일 과정에서는 어떠했는지 궁금합니다.

크리스토프 폴만 질문하신 부분은 굉장히 중요한 부분이고, 또 어려운 문제인 것 같습니다. '통일 후에 이런 인권 문제 또는 경제적 몰락에 대한 책임자를 어떻게 처벌할 것인가' 하는 것은 통일 과정이 어떻게 이뤄지는지에 따라서 상당히 차이가 날 것이라고 생각합니다. 특히 인권 문제는 완전히 해결되기 어려운 것으로, 인권 문제를 일으킨 가해자들을 100% 처벌하기란 사실 힘든 것 같습니다. 독일 같은 경우에는 1990년대 통일 직후에 이러한 인권 문제 가해자들을 처벌하고 과거사를 청산하는 과정이 굉장히 빠르게 진행됐습니다. 그러다 보니까 굉장히 소수의 사람만이 처벌을 받게 됐고 아직까지도 많은 희생자 단체들이 반발하고 있는 상황입니다. 독일 안에서는 일반 시민들이 참여하고 사회 전반의 공감대를 형성하는 데 있어서 조금 미흡했다고 평가되고 있습니다. 그 점에서 정치인들이 협상하고 문제를 논의하는 것뿐만 아니라 일반 시민들이 참여하고 사회 전반적인 합의를 도출하는 것이 중요하다고 생각합니다.

청중2 우리나라 통일 문제에 대해서 가장 부정적 인식 중 하나로 주변 강대국들이 우리나라의 분단이 고착화되기를 바란다고 생각하는 여론이 많거든요. 이 문제를 해결할 수 있는 방안은 무엇이 있을까요?

크리스토프 폴만 현시점에서 주변 국가들이 한반도의 통일을 어렵게 하는 것이 사실일지도 모르겠습니다. 지금 상황에서 중요한 것은 미국이나 중국 그 어느 쪽으로도 치우쳐서는 안 될 것이고, 양쪽의 지지와 지원하에서 독립적으로 통일을 이뤄나가는 것이라고 생각합니다. 또한 한국이 동북아시아라는 큰 틀의 일원으로 책임감 있게 행동할 것이라는 신뢰를 심어주어야 할 것입니다.

청중3 저는 남북 젊은이들 간의 교류가 가장 중요하다고 생각하는데요. 이를 어떻게 진행시킬 수 있겠는지 여쭤보고 싶습니다.

크리스토프 폴만 인적 교류를 확대하는 것은 하루아침에 이뤄질 수 있는 일이 아니며, 남북한 간의 신뢰가 전제되어야 한다고 생각합니다. 독일의 경우에는 동서독 주민들이 서로 친지 방문을 할 수 있도록 하기 위해서, 서독 측이 상당한 액수의 차관을 동독에 제공했습니다. 지금 한국 같은 경우에는 그러한 여지가 많지 않은데요, 개성공단이 기회의 창구가 될 수 있다고 생각합니다. 개성공단을 이용하면 장기적으로는 인적 교류가 더욱 활발해지지 않을까 생각합니다. 특히 최근 북한이 스포츠 분야를 통해 대외적으로 활발하게 활동하려는 모습이 포착되고, 외국인들의 평양 방문이 예전보다는 자유로워졌습니다. 이러한 변화를 잘 이용한다면 앞으로 남북한 간의 인적 교류도 더 활발하게 확대되지 않을까 생각합니다.

정욱식 정현백 교수님께서는 오랫동안 통일운동, 남북한 여성 교류 분야에 관여해오셨는데요. 우리 사회가 통일을 잘 준비해가고 있는지, 혹시 부족한 점이 있다면 어떤 점이 특히 부족한지에 대해서 말씀해주시면 좋을 것 같습니다.

정현백 폴만 소장님 지적대로 대북정책에 연속성이 없는 것이 가장 큰 문제인 것 같습니다. 햇볕정책으로 갔다가 지금은 인도적 지원까지 끊어버린 상황인데요. 이런 것들이 정부 정책의 연속성 부재를 보여줍니다. 그리고 남북관계를 고도로 정치화시켜서 이용하는 것이 또한 큰 문제입니다. 폴만 소장님께 한 가지 질문을 더 드리겠습니다. 한국의 경우 이명박 정부 때부터, 인도적 지원을 끊으면 북한이 경제적 곤란에 처하고, 그러면 북한은 경제적으로 몰락해서 이것이 곧 북한 체제의 변화를 불러일으킬 것이라고 보는 시선이 강합니다. 소장님이 보신 현재 북한의 경제 상황에 대해 말씀해주시면 좋겠습니다.

크리스토프 폴만 저는 지난 3년 반 동안 총 일곱 번 북한을 방문했습니다. 저보다 북한을 더 자주 방문하는 분들 모두 공통으로 지난 3년 전부터는 북한의 경제가 나아지고 있다고 말합니다. 특히 평양 같은 경우 인프라가 굉장히 개선됐고요. 놀라운 점은 북한 사람들이 휴대폰 또는 스마트폰을 사용하는 모습이 목격된다는 것입니다. 북한에서 직접 생산한 태블릿PC를 사용하고 있는 것도 봤습니다. 그리고 여성들의 헤어스타일이나 옷을 봐도 상당히 많이 현대화됐다는 인상을 받을 수 있었습니다. 이러한 발전된 모습들이 처음에는 평양에 집중되어 있었지만 이제는 점점 지방으로 확산되어가고 있다는 느낌을 개인적으로 받았습니다.

이처럼 북한의 생활수준이 개선되고 일반 주민들의 삶이 좀 나아진 것은 아무래도 중국과의 교역이 확대됐기 때문이라고 생각할 수 있는데요. 지난해 중국과 북한의 교역이 두 자릿수인 11% 정도 증가했다고 알고 있습니다. 이 점에서 이명박 정권이 당시에 도입했던 대북 강경 대응책 같은 경우는 한국 입장에서 봤을 때, 사실 실패라고 평가하는 게 맞지 않을까 싶습니다. 박근혜 대통령도 이러한 부분을 인정하시고 한반도 신뢰프로세스라는 새로운 정책을 도입하지 않았나 하는 생각이 듭니다.

정욱식 끝으로, 서독 사회가 어떻게 동방정책에 대한 초당적인 협력과 사회적인 합의를 이룰 수 있었는지 소개해주시죠.

크리스토프 폴만 독일에서도 1950년대까지는 반공주의가 굉장히 강했습니다. 독일이 이러한 긴장완화정책을 펼칠 수 있던 것은 보수진영 출신의 헬무트 콜 총리가 이러한 동방정책, 긴장완화정책을 계승해서 이어나갔고 오히려 더 심화시켰기 때문에 가능했습니다. 한국의 경우라면 예를 들어 박근혜 정부가 햇볕정책을 보완, 수정하고 과거 이명박 정부의 잘못을 시인한 뒤 제3의 길을 개척해나간다면 어떨까 생각해봅니다.

한국 사회 내부적인 문제들로는 이데올로기적인 갈등도 있고, 사회적인 양극화 문제가 굉장히 심각한데요. 이러한 국내 문제 해결에 대한 국민적 합의가 없는 상태에서, 일관된 통일정책을 지속적으로 시행해나가기는 굉장히 어렵다고 생각합니다. 특히 현재 한국 사회 양극화가 심화되고 있는데, 이와 관련한 문제들을 시민들 입장에서 주도적으로 해결해나가야 되지 않을까 싶습니다.

정욱식 네, 마지막 말씀이 굉장히 인상 깊습니다. 끝으로 구호 한번 외치면서 방송 마무리했으면 합니다. 제가 "가장 늦은 통일을" 하면, 여러분은 "가장 멋진 통일로"를 외쳐주십시오. 가장 늦은 통일을!

모두 가장 멋진 통일로!

한반도는 역사적인 실험에 직면하고 있다. 베트남처럼 전쟁도 아니고, 예맨식의 야합이나 독일식의 흡수가 아닌, 교류협력과 평화공존을 통한 평화적인 통일이 바로 그것이다. 가장 무난한 길처럼 보이지만, 그만큼 낯설고 험난한 길이기도 하다. 그러나 주저해서는 안 된다. 평화통일이야말로 새로운 도약을 가능케 하고 민주주의와 복지, 그리고 '진짜안보'를 실현할 수 있는 가장 좋은 길이기 때문이다.